Hotel Effective Management Series

饭店高效管理丛书

饭店餐饮部高效管理

曾小力⊙著

旅游教育出版社

策划编辑：赖春梅
责任编辑：陈　志

图书在版编目(CIP)数据

饭店餐饮部高效管理/曾小力著. ——北京：旅游教育出版社，2007.9
（饭店高效管理丛书）
ISBN 978-7-5637-1541-1

Ⅰ.饭… Ⅱ.曾… Ⅲ.饭店—企业管理 Ⅳ.F719.2

中国版本图书馆CIP数据核字（2007）第129760号

饭店高效管理丛书
饭店餐饮部高效管理
曾小力 著

出版单位	旅游教育出版社
地址	北京市朝阳区定福庄南里1号
邮编	100024
发行电话	(010)65778403　65728372　65767462(传真)
本社网址	www.tepcb.com
E-mail	tepfx@163.com
印刷单位	北京科普瑞印刷有限责任公司
经销单位	新华书店
开本	787×1092　1/16
印张	19
字数	294千字
版次	2007年10月第1版
印次	2007年10月第1次印刷
印数	1-5000册
定价	33.00元

（图书如有装订差错请与发行部联系）

餐饮业态一家谈（代前言）

试观古今中外，餐饮业的兴衰往往标志着某一时期的经济发展状况。现今，我国国民经济持续增长，人民生活水平日益提高，餐饮业更是一派兴旺，餐饮业长期保持着兴旺发达的良好势头。宾馆、酒楼、快餐店、西餐厅、大小食肆可谓美轮美奂，交相辉映，为平民百姓提供餐饮服务，为商旅开拓事业提供场所，为国家财政增加财源。

一、当今餐饮业发展的有利因素

（1）消费者的需求上升较快，餐饮个性化特色经营突出，特别是时尚、健康和富有特色的品牌餐饮给市场带来新的活力；

（2）节假日市场和旅游市场对餐饮业的拉动作用明显；

（3）社会经济的发展、商务活动的活跃与居民家庭可支配收入的增长，扩大了居民外出就餐的比重。

二、餐饮业供应市场发展态势

（一）餐饮企业向更广大的地域范围扩展

从某一城市、某一地区的餐饮企业发展为跨地区、跨省市的餐饮企业；由小城市的餐饮企业向大中城市的餐饮企业发展；由东南部沿海地区的餐饮企业向西北部（内陆城市）的餐饮企业发展，打破了地域概念，共同的特点是寻求向外地发展扩张，插足和占领外地市场。

（二）竞争日趋向规模化全方位发展

从单店竞争、单一业态竞争，发展到多业态、连锁化、集团化、大规模、全方位的竞争。

（三）竞争日趋向高层次发展

由单纯的价格竞争、产品质量竞争，发展到企业品牌的竞争、文化品位的竞争。

（四）餐饮业供应市场目前是一个多元化的市场

目前餐饮业的供应市场可以讲是全方位、多元化的市场。

高级食府、饮食名家专门供应美食精品，其餐饮选料精良、出品上乘、服务周到、装修气派，大有大型企业的气派和风范。

美食广场、餐厅、快餐店专门供应大众快餐，既大众化，又卫生舒适、方便快捷，且花钱不多。

排档式风味街、粥城突出地方风味，成为当地的旅游景观。

大型自选式海鲜酒楼、港式直落茶楼（早、午、晚茶市直落）众多，顾客可自由选择就餐，吃法任选，饮食品加工简便。

各个菜系的餐馆林林总总，数量众多，供应菜肴口味正宗，各自形成了自己的消费群体。

总之，这全方位、多元化的餐饮经营使餐饮业分属于不同的层次、不同的结构、不同的范围。在整个餐饮业市场中，这些不同的餐饮企业各有长处和特点，也各自拥有自己的生存空间。问题是在这个多元化的竞争环境中，这些不同的餐饮企业应如何根据自己的实力、长处、特点去适应市场的变化，去确定自己的经营策略、经营方法和经营特色，使自己处于一个有利的位置上，保持不断变通、不断进步的势头。

（五）社会餐馆和饭店餐厅形成互补格局

1．饭店餐厅的优势

星级饭店餐饮服务专业化、规范化；由于饭店规模大，设施齐全，环境优雅，对客人有一定的吸引力；饭店餐饮产品可和娱乐、客房产品等进行组合营销，推出系列组合套餐，形成配套服务等优势。

2．社会餐馆的优势

经营机制灵活，实行有效的成本控制，实行随行就市的价格体系；社会餐馆个性鲜明，富有经营特色；社会餐馆翻新快速菜点，采供便捷，服务模式灵活。

为了巩固和扩大自己的竞争优势，饭店餐厅与社会餐馆应该互相学习。许多高星级饭店一方面开始实施精品战略，使高档餐饮更具品位；另一方面开始走出象牙塔，走进平民百姓的生活。许多社会餐馆则向专业化、规范化方向努力。由此形成了饭店餐饮和社会餐饮相互补充、相互促进的竞争格局。

（六）突出文化兴店，主题餐饮独领风骚

越来越多的企业已意识到，拥有高品位、高层次的文化是企业立足市场的基础。而中国餐饮本身就是中国文化的瑰宝，因此许多饭店举起了“文化兴店”的大旗，创造文化性的餐饮品牌，各类主题餐饮活动形式悄然兴起。如结合中国四大古典名著和嵩山少林寺开发“三国宴”、“红楼宴”、“少林素食宴”、“西游宴”、“梁山宴”；结合市井文化开发百姓餐饮；结合地域特色开发博大精深的小吃文化；结合1949年中华人民共和国诞生这一重大历史事件开发“开国大典宴”；结合古代餐饮文化开发“六朝餐饮”；结合官宦餐

饮习俗开发“满汉全席”；引进外国餐饮文化开发“异域餐饮”。这些主题餐饮由于富有深刻的内涵和情趣，使消费者体验到一种特殊而难忘的经历，因而深受消费者的青睐。

（七）休闲餐饮，寓乐于食

由于顾客有休闲的需要，餐饮管理者在传统餐饮经营模式的基础上，融入了更多的参与性、休闲性，把餐饮与表演、音乐、运动、书画欣赏结合起来。

此外，越来越多饭店关注到边缘餐饮的生命力。边缘餐饮多以各类特色吧的形式出现，它们以独特的氛围布置、新奇的主题文化、丰富的小吃点心满足现代人茶余饭后寻求休闲的需要。如各类茶吧、音乐流声吧、布艺吧、玩具吧、书吧、咖啡吧、网吧、舞吧、影吧、陶吧、首饰吧、特饮屋等。这些边缘餐饮吧屋的出现不仅扩大了饭店的服务特色，而且赋予了饭店新的功能，使其日益成为社会交际、联络感情、商业洽谈的舞台，联络感情，为饭店带来了广阔的全新发展契机。

（八）我国餐饮供应市场的特点

（1）餐饮经营更加讲究特色品牌；

（2）餐饮经营品牌化、规模化，品牌餐饮企业连锁扩张的步伐不断加快；

（3）餐饮企业巨大化，餐饮企业的并购重组不断增多，很多大型的餐饮集团已出现；

（4）餐饮主题多元化，餐饮企业对饮食文化内涵的挖掘提高了消费者“吃”的品位；

（5）餐厅的娱乐功能将逐渐加强，人们在用餐的同时还能获得全方位的娱乐体验；

（6）团体宴会服务会得到进一步加强。餐厅的商务和社交功能会继续保持且不断加强，饭店的餐厅仍将是商务宴请、社交活动、节庆会宴、婚庆宴会等的首选场地；

（7）营销举措力度加大，以节兴市，促进市场的繁荣。

三、餐饮业需求市场发展态势

（一）消费观念发生变化，感性消费代替理性消费

现今消费者的消费观念正在发生变化，感性消费代替理性消费。理性消费，追求的是“量”和“质”的满足；感性消费，是“吃文化，品情调”，追求的是一种不可言传的消费氛围。追求感性消费的消费者不仅要满足基本的功能需要，更讲究“味觉、嗅觉、视觉乃至精神的全方位满足”，即要吃得

饱、吃得美、吃得香、吃得好、吃出文化、吃出品位、吃出感觉。

（二）大众消费成为主体

据国外经验，人均月收入在6000元以上时，食品行业包括餐饮业进入大发展时期，我国包括北京、上海、广州、深圳、杭州等在内的许多城市已达到这一水平。在这种背景下，饭店餐饮迎来了庞大的内需市场，大众消费刺激饭店餐饮的持续发展，大众餐饮将成为餐饮市场的消费主流之一。

当然，集团型公款消费也仍是管理者需要注重的对象。

（三）顾客消费日趋理性化

顾客餐饮消费日趋理性，以往的突击消费、跟风消费等现象逐渐减少。

（四）顾客口味需求多样性

随着不同国家、不同地区、不同民族之间的交往日益频繁，人们的饮食习惯相互影响，多种餐饮文化水乳交融，顾客口味呈现多样性，传统“靠山吃山，靠水吃水”、“北方吃牛羊，南方吃鱼虾”的消费观念也发生了变化。同时，在猎奇心态的促使下，人们会不断地品尝、鉴赏新的餐饮产品，逐渐形成了中菜西吃、西菜中吃，粤菜北伐、北菜南烹，川菜东突、淮扬菜西进，韩国烧烤、日本料理、泰国菜、马来菜大举进攻的局面。

餐饮经营者只要适应了顾客的消费需求，办出了自己的经营特色，不管经营什么风味的餐厅，都能获得目标市场顾客的青睐。

（五）顾客对菜点有利于身体健康的关注越来越强烈

具体表现在：

1．菜点特征的变化

逐步从以前重油、重盐、重酱色、重味过渡到现今重本色、原味道和清淡；从以前“三高”（高热量、高脂肪、高蛋白）食品过渡到现今蔬菜、水果类食物；绿色食品、绿色蔬菜将覆盖餐饮市场等。

2．膳食平衡

餐饮将朝营养化、健康化的方向发展，注重各种营养的平衡搭配。

3．功能类膳食的需求增大

养生和食疗膳食的需求上升，在我国，人们向来就很重视“医食同源”、“药膳合一”，利用食物原料的药用价值，烹成各种美味的佳肴，达到对某些疾病防治的目的。

4．消费者越来越注重“三养哲学”——营养、保养、修养

尤其是老年消费者更注重养生保健，以求延年益寿。

（六）餐饮生产从饭店制作向消费者订购、委托饭店制作过渡

餐饮生产传统方式是客人从餐厅提供的菜点（菜谱）中选择合适的菜点，然后厨房按事先制定的标准菜谱进行生产。随着人们生活水平的提高，客人可以提前提出自己设计的“家庭式菜单”，由饭店负责制作。到餐厅就

餐，从简单的购买性行为转变成了“订购”行为和“委托制作”行为。

（七）热衷于休闲餐饮

随着物质条件的提高、顾客消费意识的觉醒及现代人精神压力的增加，使得现代消费者在餐饮消费上融入了更多的休闲需求，休闲开始注入餐饮市场。

（八）家庭消费将迅速增加

由于人们工作繁忙，越来越多的家庭不再在自家厨房做饭，而是在餐厅解决一日三餐。卫生、方便、价格合理的社区餐厅将主要承担这一任务，越来越多的餐厅将提供外卖和送餐服务。

（九）较高消费水平的客人将会增多

随着生活水平的日益提高，人们对于美食的追求会日益加强。选料讲究、加工细致、出品正宗优质的高档餐厅是具有较高饮食品位的客人定期光顾的地方。

四、餐饮经营管理存在的问题

(1) 发展失衡化，不仅地区发展不平衡，而且不同规模企业发展也不平衡，中小企业发展步伐较慢；

(2) 扩张盲目化，有些企业急于做大，管理能力不足，导致后续发展无力；

(3) 竞争无序化，行业运作欠规范；

(4) 经营雷同化，总体特色经营水平不高，企业之间复制的现象普遍；

(5) 人才匮乏，尤其是复合型人才更是奇缺；

(6) 原材料成本涨幅较大，水、电、煤气及米、面、蔬菜等原料涨幅较大，提高了企业的经营成本，导致企业营业额比去年提高，利润却下降；

(7) 对食品营养和安全卫生问题重视程度依然不够，管理部门的方法与政策有待完善。

五、餐饮经营管理的发展态势

(1) 规模化、规范化、集团化、创新化仍然是餐饮产业发展的主题；

(2) 善于引进并能够运用现代管理方法的职业经理人成为行业争夺的焦点人才；

(3) 食品安全和营养健康问题将得到进一步重视；

(4) 以人为本，客人和员工同样重要，人才就是生产力；

(5) 服务质量的标准和内涵正在向以标准化、程序化为基础的个性化和感情化方向发展；

(6) 经济效益管理正在向以预算目标为中心的多元化和多方位控制的方向发展，并寻求餐饮收益管理的方法；

(7) 信息化和现代化进程加快。已经有众多的餐馆开始运作“无纸厨房”，侍者通过电脑向厨师发送餐单，再不用跑前跑后团团转了。越来越多的快餐店开始启用饮料自动售货机，这一方面是为了节省人力，另一方面也是为缩短顾客排队等候的时间。网上订餐又将成为食客中流行的新潮方式，而且大有越来越火暴的势头。这些做法将给全球餐饮界带来新一轮的经营模式。

目　录

第一章 餐饮经营管理

管理要点

- 餐饮经营的环节
- 餐饮经营管理的具体内容
- 如何进行餐饮决策
- 餐饮生产、经营管理的特点及如何突破特点的限制
- 餐饮部制度建设
- 餐饮外包策略的实施
- 日常管理工作

引子

餐饮部经理（职业经理人）必须是一位杂家。餐饮经营管理环节多，管理复杂；经营决策内容多，决策难度大；餐饮经营受制多，但灵活经营空间仍比较大；饭店餐厅种类多，亦存在外包经营的可能。

第一节 餐饮经营管理概述

餐饮部是饭店主要经营收入部门之一，负责经营中、西餐厅，酒吧等，向宾客提供中、西式散餐，自助餐，团体包餐，宴会（酒会），客房送餐及酒吧服务。餐饮服务的质量水平和风格特色，在很大程度上反映着饭店整体质量水平和风格特色。

餐厅是饭店的配套设施，亦是客人重要的社交场所。餐厅经营能为饭店带来较为稳定的现金流。提供良好的餐饮服务能增加客人对饭店服务的认同感。餐厅提供服务的好坏不仅直接关系到饭店的声誉和形象，而且影响到饭店的客源和经济效益。

一、餐饮经营的作业程序

饭店餐饮计划的制订是饭店经营运转的第一个步骤。它包含了餐饮的总体市场定位；餐饮经营档次、风格的定位；餐饮经营场所的选择；餐饮经营产品的确定等，其作业程序请参见图 1–1。

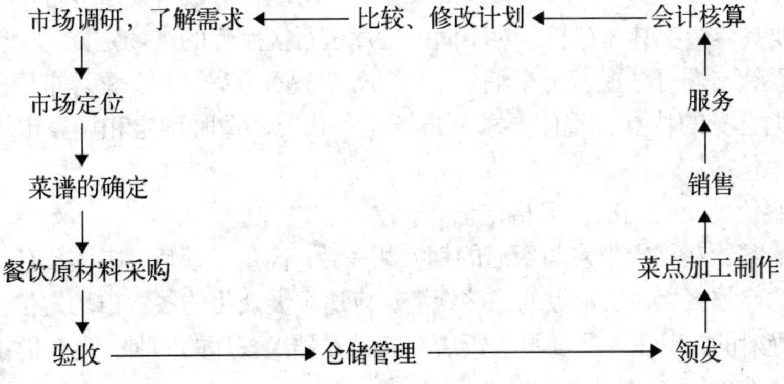

图 1-1　餐饮经营的作业程序

（一）市场调研，了解需求

这是餐饮经营的首要环节，其实质就是寻找市场机会。饭店餐饮的客源主要包括两部分，一是饭店住店客人，二是饭店所在地的当地居民。必须对这两部分客源进行调研，以了解他们的需求。

对住店客人的需求研究，必须结合饭店的整体定位以及客房的市场定位情况。对当地居民的调研，是指对餐厅的市场区域内（餐厅的消费者所分布的地域范围）的人口情况、职业情况、机关事业单位情况、社区特征（文化、商贸、会展、工矿）的调研。

此外，竞争者也是调查的对象。对竞争者的情况进行调研，主要是对直接竞争者的调查。直接竞争者是在本餐厅的中心市场区内有着与本餐厅类似的经营范围和目标顾客、提供与本餐厅类似的产品和服务的餐馆。

市场调研必须回答的问题有：

（1）竞争对手是谁？其优势与劣势何在？

（2）当地市场的人口结构如何？

（3）本餐厅的目标顾客是谁？

（4）本餐厅的潜在顾客对餐厅的氛围、菜式选择及服务方式有何要求？

（5）顾客对餐饮产品价格与价值的对比有何看法？

（二）市场定位

餐饮企业必须根据市场的竞争情况和企业自身的条件，寻找到属于自己的那部分市场。市场定位准确与否，直接关系到餐饮经营的成败。准确的市场定位可以帮助企业及时把握市场机会，制订相应的营销计划，采取有效的竞争策略和手段，树立企业及产品的形象，迅速占领目标市场。

饭店在进行餐饮市场定位的时候，首先就要对餐厅类型进行决策，如确定中餐厅、西餐厅、酒吧、宴会厅（多功能厅）等；在中餐厅、西餐厅类型的决策中，还要考虑中、西主餐厅的设立等。所以在对饭店餐厅进行市场定位时，要具体情况具体分析，对不同的餐厅进行区别性的市场定位。一般来说饭店餐饮市场可分成若干个细分市场，如中餐可分粤、川、鲁等市场。饭店要根据自身的特点、整体要求及市场竞争状况，适时确定和调整市场定位。具体包括：

1.餐饮经营的档次、风格定位

饭店餐饮在档次上应与饭店的档次相一致。高星级饭店，应该具有与之相适应的高档餐饮；低星级的经济饭店，应追求大众化的餐饮市场定位。但这不是绝对的，现在一些高星级饭店在开设高档次餐厅的同时，也开辟了一些大众化的食街。

2.餐饮经营场所的安排

饭店安排餐饮经营场所时应遵循两个原则：一是方便客人；二是服从、服务于整个饭店的总体利益需要。一般在进出饭店比较方便的门厅或大堂附近设立为客人提供快捷餐饮服务的咖啡厅及大堂吧，而在饭店的二层、三层安排团队会议餐厅和大宴会餐厅的居多，饭店中高档的主题餐厅或高级宴会厅一般位于整个饭店观景最佳处。

（三）菜谱的确定

菜谱的确定就是确定各个餐厅所能提供的菜肴产品。菜谱在餐饮经营和管理中也起着非常重要的作用。这是因为，不论是菜肴原料的采购、菜肴成本的控制、菜肴的生产和服务、厨师和服务人员的招聘还是餐厅和厨房的设计与布局等都要根据菜谱上的产品风格和特色而定，违背这一原则餐饮经营就会失败。因此，菜谱是饭店和餐厅重要的经营管理工具。菜谱一旦成功制定，该餐厅的经营目标也就确定无疑了。

（四）餐饮原料采购

餐饮原料的采购是为厨房等加工部门提供适当数量的食品原材料的过程。它是餐饮经营活动的重要环节之一。原料采购的目的在于以合理的价格、在适当的时间、从安全可靠的货源、按规格标准和预定数量采购餐厅所需的各种食品原料，保证餐厅业务活动顺利进行。

要完成采购任务，餐饮部应该制定完整的采购方针、原则和规程，同时选派具有相当专业知识的人执行具体的采购任务。

（五）餐饮原材料验收

饭店按质按量并以合理价格订购原料并不能保证供货单位也按质按量并以合理价格为饭店提供原料物品。验收的主要目的是检查送货的数量是否符合订购的数量，原料的质量是否符合规格标准，价格是否符合原先的报价等。

（六）餐饮食品原材料仓储管理

餐饮食品原料的储存管理是办好餐饮企业的一个重要环节。餐饮原料经采购、验收之后，大部分原料直接进厨房进入生产阶段，另有少部分原料进入食品原料仓库，转为仓储环节。在该环节，首先，要使所有食品原料“对号入座”，进入对应的仓库，在合适的库存环境中保存；其次，在库期间，要保证所有原料在保质期内获得应有的“呵护”；第三，保证库存食品原料与这些原料所代表的资金价值量处于合理可控状态；最后，向厨房等用料部门提供相应的发料服务。

许多餐饮企业由于对餐饮食品原料的仓储管理混乱，引起食品饮料原料变质腐败，或致使食品饮料原料遭偷盗、丢失、被私自挪用，使企业的餐饮成本和经营费用提高。

（七）餐饮食品原材料领发

厨房各出品部门按流程填写领货单到仓库领出原材料，领出的原材料计入生产成本。

（八）菜点加工制作

菜点加工制作是餐饮业务管理的中心环节之一，是将食品原料按饭店标准菜谱的要求，加工成菜点成品的过程。其管理过程涉及生产流程安排、原料加工管理、后镬（炉灶）制作和生产管理协调等方面。该环节管理的好坏直接决定产品质量和风味特点，影响客源多少、成本消耗和经济效益。菜点加工制作必须保证在最大限度上满足客人对菜点的合理需求，还必须保证卫生、安全，并且能使企业获得最佳的赢利。

（九）销售

销售是指将菜点、酒水介绍给顾客，并力争使顾客知晓、接受菜点和酒水的过程。饭店餐饮经营管理人员与市场营销部的工作人员通过店内、店外两个促销阵地，采用人员推销、媒体促销、重大事件活动促销以及公共关系等手段，将企业的餐饮产品推介给市场。

（十）餐饮服务

餐饮服务是餐厅为顾客提供订餐服务、迎宾服务、就餐服务、结账服务等一系列服务的总和。这一环节的核心问题是如何为客人提供个性化服务。

（十一）会计核算

会计核算的内容有：

（1）编制餐饮成本费用的预算；

（2）对餐饮营运阶段实施实时控制，主要包括成本控制和销售控制；

（3）确定实际经营成果，进行成本—业务量—利润分析；

（4）对预算和实际经营成果进行比对，寻找差异。

通过对会计核算，可以及时掌握营运的实际情况，便于管理者总结经验、吸取教训。

（十二）比较、修正

根据经营实绩与预算比较的情况，对各个环节进行修正、调整。

二、餐饮经营管理的内容

餐饮经营管理主要包括两大块，即经营与管理。具体包括：

（一）餐饮营销管理

根据饭店市场环境和内部条件，选准目标市场；确定经营特色，安排花色品种；研究制定经营方针、经营策略；广泛招徕客源，扩大产品销售。

具体工作有：市场定位管理、菜谱设计、顾客管理、文化营销、主题营销、全员营销等。

（二）人力资源管理

严格核定劳动定额，满负荷运转；撤并冗岗冗员，节约人力成本；加强培训，提高人员素质；精兵简政，优化组织机构，优化职能配置。

具体工作有：组织模式设计、人员编制核定、人员安排、人员培训、减员增效等。

（三）厨房生产管理

合理安排生产流程，继承和发展烹调艺术，组织好厨房生产过程，确保产品质量。具体工作有：

（1）人、财、物合理配置，使厨房生产能力与楼面接待能力适配。

（2）生产流程调控。食品原料粗加工、细加工、打荷、烹调过程中的每一个岗位都应制定明确的职责要求和作业指导书，用制度来保证每项工作达到标准，合乎质量规定，合乎效率规定。

（3）烹饪技术管理。

（4）菜点质量管理。菜点要在色、香、味、形、器、营养等方面符合顾客的需要。

（四）楼面服务质量管理

提供优良就餐环境，合理安排接待程序，制定质量标准。

（五）企业利润管理

餐饮固定成本高，餐饮经营已属微利经营，要提高企业利润，必须做好两大方面的工作：一是控制成本费用；二是加强对营业收入的控制。

成本费用具体控制措施有：

（1）控制食品原料采购价格；

（2）仓储控制；

（3）生产成本控制；

（4）水电、燃料节约；

（5）控制管理费用。

营业收入控制的具体措施有：

（1）建立顾客账单的控制体系；

（2）防止贪污盗窃，包括服务员贪污盗窃、收银员贪污盗窃、顾客逃账等；

（3）改变员工的饮食习惯。

（六）餐厅的形象管理

餐厅的形象是由多种要素所组成的，这些要素共同起作用。一般来说，餐厅在客源市场中的形象主要由以下几个要素构成：

（1）产品形象；

（2）服务形象；

(3) 员工形象；

(4) 管理人员形象；

(5) 价格形象；

(6) 设施设备形象等。

(七) 品牌与规模管理

随着市场的发育成熟，优胜劣汰规律日益显现出它的作用。顾客消费倾向从选择特色产品转向名优产品，进而转向品牌产品、品牌店铺。餐饮管理必须实施品牌战略。品牌一般需要与经营规模相匹配。所以，做大、做强成为餐饮管理主要的目标方向。

三、饭店餐饮部的任务

饭店餐饮部的任务是在饭店经营思想的指导下，在餐饮部总监（经理）的领导下，以计划管理、经营目标为前提，以市场开发和客源组织为基础，科学合理地组织餐饮产品生产和销售。具体包括：

(1) 根据市场环境和饭店实际情况，进行目标市场定位，研究制定各餐厅的经营方针、经营策略；确定各餐厅经营特色，进行菜谱设计；广泛组织客源，扩大产品销售。

(2) 建立成本管理制度，制定标准成本和消耗定额。以经营计划为指导，以菜谱为准绳，组织采购业务，做好仓储管理，控制领料、发料，在保证质量的前提下，降低成本消耗，加强销售过程的成本控制。

(3) 合理安排生产流程，组织好厨房生产过程，确保菜点质量。

(4) 提供优良就餐环境，合理安排接待程序，制定质量标准，切实做好各餐厅销售服务过程的组织工作，提供高质量、高效率的服务。

(5) 扩大服务领域，搞好多种经营。将餐厅日常销售和主题营销结合起来（如美食节、主题宴会等），采用多种销售方式，增加经济收入。

四、餐饮决策的内容

(一) 饭店餐饮经营模式的决策

目前，饭店餐饮经营模式有三种情况：

(1) 饭店自行经营餐饮业务；

(2) 所有餐饮业务外包经营（Outsourcing），邀请品牌餐饮企业进店经营餐饮业务。现在社会上较多的房地产饭店的餐饮进行原料外包经营。

(3) 从饭店产品组合营销的目的出发，饭店只经营咖啡厅（咖啡厅提供早餐自助餐)、酒吧，其余正餐餐厅外包经营。

由于餐饮经营专业性强，技术分工细，且市场竞争激烈，饭店在决定餐厅经营模式时必须慎重，需考虑饭店所在地的餐饮市场的竞争情况、饭店客房的客源市场（定位)、饭店的餐饮经营管理人才等综合因素。如餐饮自己经营，则应突出餐饮的经营特色，创新经营理念，理顺管理机制，狠抓出品质量，加强对客服务，加大销售力度；自营扭亏无望的，则应立即停止经营予以出租外包经营；自己经营有一定的赢利，也要把握好市场，并不排除对外出租的可能。

餐饮产品生产过程的管理难度大，餐饮经营成本高（固定成本、人员工资、管理费用高)，饮食潮流变化快，以饭店有限的资金、人力资源较难适应客人的需要，故建议将部分餐厅出租，以便达到精减人员、提高工作效率与效益的目的，同时如果承租的企业有自己的品牌，反过来能提升本饭店的品牌。

餐厅出租并不意味着将饭店所有的餐厅都出租，为了便于饭店产品的营销组合，便于客房的销售，饭店应保留一定的餐饮服务项目进行自主经营，如咖啡厅（送餐服务)、大堂吧等。保留的餐饮服务项目可由前台部归口管理。

（二）餐饮服务项目的决策

饭店餐饮的服务项目大致可分为普通服务项目和特殊服务项目两类。

1．普通服务项目

按餐饮场所及设施的功能又可分为：

(1）中餐：早餐、正餐、宴会服务；

(2）西餐：早餐、正餐、宴会、鸡尾酒会服务（零点、套餐)；

(3）中、西自助餐服务（早餐、正餐)；

(4）会议服务；

(5）酒吧服务等。

2．特殊服务项目

(1）客房送餐服务（Room Service)；

(2）到会服务：亦称外卖服务（Outside catering)，是指饭店根据客人需求派员工到客人驻地或客人指定地点提供酒会服务或中、西餐宴会服务或主题庆祝活动服务等。

(3）主题庆祝活动（Theme Parties)

主题庆祝活动是指饭店根据客人所提出的主题或为了营造节日的气氛而精心策划和组织的餐饮娱乐活动，如圣诞晚会、化装狂欢舞会、国庆晚会等。

（三）出品风格特色的决策

饭店属下各餐厅出品风格特色的决策，即各餐厅的性质的决策。饭店各餐厅必须坚持差异性营销，一般来说，饭店主餐厅经营当地特色菜肴，风味餐厅可经营其他菜系菜肴。当然，饭店也可以把经营高档粤菜的餐厅作为饭店主餐厅。在高星级饭店，设一个高级西餐厅——扒房（Grill Room）、一个咖啡厅即可。

（四）各个餐厅主题的决策

饭店根据各餐厅的出品风格特色，来决定餐厅的主题。主题是餐厅环境布置的主调和灵魂，它反映餐厅总体形象，形成餐厅风格。餐厅类型不同，主题也不完全一样。餐厅的主题实质就是餐厅经营、贩卖的文化的主题。我们可以赋予餐厅特殊的地域文化、时空文化、乡土文化、历史文化和都市文化，这些文化主要通过装修材料、环境布置、餐厅的名称、家具用具、服饰、服务方式等方面来展现。

餐厅主题的选择办法：

(1) 根据餐厅性质确定主题。餐厅性质是由餐厅所提供的产品类型决定的。中餐厅环境布置的主题必须是中国风格，反映中华民族文化特点；西餐厅环境布置的主题必须是西洋风格，反映西方民族文化特点；同样，日餐厅环境布置的主题必须是日式风格，反映日本民族文化特点。

(2) 根据出品风格选择主题。餐厅性质只能确定环境布置的主题分类，为此，环境布置的主题选择还要在餐厅性质分类的基础上，根据不同餐厅的出品风格来确定。同是中餐餐厅，粤菜餐厅应突出岭南风格；川菜餐厅应突出巴蜀风格，具有四川地区的民族文化情趣。同是西餐餐厅，法式餐厅应突出法国风格，反映法兰西民族文化特点；美式餐厅应突出美国风格，具有美利坚民族文化情趣。同样，海味餐厅、野味餐厅的主题选择，也要同产品风味相适应，或突出海边风格，或突出山地风光。

（五）餐厅设施结构和布局的决策

在餐厅设施结构和布局的决策中，要考虑以下几个方面的内容：

(1) 餐厅与厨房的面积的比例；

(2) 厨房内部各种设施的比例；

(3) 服务设施与工作用房的比例；

(4) 餐饮设施布局的决策等。

要求餐饮布局必须紧凑，客人活动路线、员工活动路线、物资路线三线设计合理，尽量使一个餐厅的设施处于同一平面。

（六）菜谱的决策

饭店根据餐厅的主题、出品风格特色来设计菜谱。不同餐厅菜谱应有差异，包括不同菜系的菜点品种、不同的价格等。

（七）餐饮标准的决策

餐饮标准包括环境布置标准、菜点出品标准、卫生标准、服务标准等方面。标准的制定要考虑饭店的整体市场定位、饭店的档次水平。

（八）组织人事决策

现在，一些饭店的厨房采取了项目承包制，定工资总额，定出品毛利率，定创新菜式指标，定参考的出品营业额等。一些高星级饭店对餐厅也采取了目标管理的办法，充分发挥管理人员、服务人员的积极性，并在一定的范围内提高他们的待遇。

在用工方面，从减少人力成本计，各餐厅人员保持70%的编制，饭店对全体员工进行交叉培训，在繁忙季节，餐饮部员工、饭店员工综合调配，同时利用社会资源，向各相关专业学校寻求人力支持。

（九）信用决策

餐饮部的信用政策包括了信用期限、信用标准和收款方针等内容。

信用政策的松紧直接决定了饭店赊销数额的大小，决定了餐饮应收账款数额的大小。松弛的信用政策虽然能够刺激销售，增加收入，但同时也增加了餐饮应收款的数额和一些信用管理上的费用；而紧缩的信用政策虽然能减少餐饮应收账款，减少信用管理费用，但也会影响生意而减少餐饮收入。

信用期限是指饭店允许客人推迟付款的时间。延长信用期限，意味着给客户的信用条件较为优越，因此可以增加饭店餐饮的竞争能力，刺激销售。另一方面会使得餐饮应收账款得不到回收的可能性增大。

信用标准是指饭店同意给客人以信用所要求的最低标准，即什么样的客人才可以得到信用，这要求饭店要对客户情况进行综合评估。评估内容包括：

（1）客户对饭店餐饮的贡献力；

（2）客户履行偿债义务的可能性；

（3）客户还款的能力，通过咨询调查其资本、赢利等情况了解其在信用期满时的还款能力；

（4）社会经济形势、地区经济的发展对客户的影响。

收款方针是指饭店对超过信用期限尚未支付的餐饮应收账款所采用的收款方法。一般地说，饭店可采用寄信件、打电话或派人登门催收。

（十）营销策略和促销措施的决策

常见的营销策略包括以市场为导向的营销策略、以竞争为导向的营销策略。随着市场的变化和竞争的加剧，现在饭店餐饮还出现了一些新型的营销策略，包括餐饮特色营销策略、餐饮品牌营销策略、文化营销策略、忠诚顾客营销策略、感情营销策略、体验营销策略等。

在营销策略的主导下，制定餐饮饭店内部、外部促销措施。内部促销有全员促销、菜谱促销、展示促销、特殊主题活动促销等措施；外部促销有人员上门促销、广告促销等措施。

饭店餐饮管理决策人员要根据实际情况，选择合适的营销策略和促销措施。

五、收费权限控制

一般的餐厅运作，收费权限主要有定价权限、折扣权限、饭店招待用餐签单权限、品种取消权限、免茶芥权限、赠品权限等。

（一）定价权限

定价权限，就是餐厅出品定售价的权限。一般的饭店餐厅出品定价由财务部门成本会计负责。有的饭店将定价交由餐饮营业部经理或餐饮部经理负责，对餐厅里销售菜单上的品种、海鲜品种、临时增加的品种，营业部经理或餐饮部经理都作出明确的售价规定，并一式三份通知餐厅经理、收银处和财务部。售价一旦确定，任何人无权改动。收款处是以此作为收款的依据，财务部则以此作为稽查的凭证。

（二）折扣权限

餐厅折扣主要分账单部分项目折扣和整单折扣。餐厅账单部分项目折扣主要指厨房部、烧卤部和点心部的出品按特定折扣打折，其余酒水、海鲜类不打折。有些餐厅为了吸引顾客，采取"整单折扣"，整单折扣就是指整张账单按特定折扣打折。其中账单部分项目折扣又分礼貌折扣、公司折扣。礼貌折扣是指餐厅根据客人情况给予一定的折扣优惠；公司折扣，又指公司价格、商业价格，有些公司与饭店（餐厅）建立长期的联系，饭店（餐厅）考虑该公司的情况、市场竞争情况、市场需求情况和饭店（餐厅）的自身情况，给予该公司一定的商业折扣。餐厅折扣优惠的范围必须要明确。

有些餐厅把折扣权限放到餐厅经理手上，有些餐厅则把折扣权限牢牢控制在餐饮部经理手上。有些餐厅则是按不同的管理层次分解不同的折扣权限，如餐厅主管有九折优惠权限，餐厅经理可以有八五折优惠权限，餐饮部经理可有八折优惠权限。

（三）饭店招待用餐签单权

招待用餐，必须要明确报批、审批的程序和制度。

（四）品种取消权限

这是餐厅主管(或餐厅部长)以上管理人员的权限。在顾客点菜和就餐过程中，经常发生品种的增加、改动、取消的事情，此类事情的处理一般由餐厅主管以上的管理人员在食品卡和点菜单上签字生效，或通过权限直接在电脑上操作。

（五）免茶芥权限

这是餐厅主管(或餐厅部长)以上管理人员的权限。在餐厅经营中，对熟客经常采取免茶芥的办法予以优惠。免茶芥操作一般是在食品卡上签上管理人员的名字，并注明原因，然后交由收银处处理。

（六）赠品权限

有些餐厅为了吸引顾客，采取送啤酒、送水果的优惠手段，这些赠品权限一般放到餐厅主管以上层次。其操作是在食品卡写上赠品内容并签上名字即可生效。

第二节 餐饮经营管理的特点

餐饮经营管理较其他产品乃至饭店客房产品经营管理相比，在菜点生产、销售等方面都独具特点。餐饮管理人员要掌握餐饮菜点生产及经营管理上的特点，在此基础上，突破特点的限制，进行餐饮灵活经营。

一、菜点生产的特点

菜点生产与一般产品生产相比，有着自己的特点。

（一）菜点品种繁多，规格各异

餐饮菜点产品的花色品种有数千种，如中菜就有广东菜（粤菜）、山东菜（鲁菜）、四川菜（川菜）及江苏菜（苏菜）四大菜系之分，也有八大菜系之说；西菜有法、意、英、德、俄等国菜式；亚洲还有日本料理、东南亚菜式、韩国菜式等。每一个菜系都有数千个品种，而每一个品种的制作方法又不尽相同。更何况随着人们交往的日益频繁、厨师的互相学习，如今中菜各大菜系的差别已慢慢缩小。在一些独立的餐饮企业，其菜谱上的菜式品种就是以国家进行分类的。

菜肴的规格，可分为例牌、中牌、大牌；又可分为位、份和盅等。点心的规格，可分为小点、中点、大点、特点、顶点；又可分为个、只、打（半打）等。

（二）产品原料品种多，易变质和损耗

由于菜点的品种多，造成产品原料品种多。菜点的原料主要来自动植物，且大多是鲜活的，含有各种营养素，如果在运输、加工过程中保管不善，极易腐败变质。菜点的成品如不及时销售，也容易被细菌、灰尘污染，甚至被内部职工偷吃消耗。

（三）批量生产少，生产量难以控制

菜点产品的制作量根据宾客多少和菜点种类的多少而决定。因此，菜点生产往往表现为个别的、零星的、时断时续的、规格不一的作业方式，菜点的生产很少像工业产品一样采用机械化流水线作业，而大都是一份一份的生产。

菜点的生产是先有宾客订货而后进行生产，然而宾客经常会受到天气、季节、交通、节假日等因素的影响而决定是否到餐厅用餐，这就使菜点的生产量难以准确预计，从而给厨房的备料、人员安排和管理带来一定的困难。一般来讲，餐厅的管理者根据以往的销售资料和生产经验来作出较为准确的预测。

饭店餐饮部可在自助餐和宴会方面多想办法，力求批量生产。

（四）生产制作的手工性

由于菜点品种繁多，规格各异，生产量少，技术复杂程度不一，决定了生产方式以手工操作为主，其中在中菜生产中表现得尤为突出。

（五）生产过程业务环节多，管理难度大

菜点生产环节包括采购原料、储存、领发、粗加工、细加工等环节，每一个环节的工作都决定着菜点的质量，由于环节多，牵涉的岗位多，从而增加了管理上的难度。

（六）质量评价的复杂性

1.菜点本身质量具有不稳定性

(1) 同样的烹饪原料，由于产地不同、季节不同，在烹饪加工中也会发生不同的变化。

(2) 菜点生产以手工操作为主，手工生产具有模糊性和经验性，造成生产人员对菜点的质量要求不同。每一位厨师的技术都存在差异，所做菜点的质量就有所不同；即使是同一位厨师，往往因为体力、情绪、环境等因素的影响，同样会生产出不同质量的产品。

(3) 菜点生产具有一定的协作性，因为一道菜点需要数人共同协作才能制作完成，如果上一道工序不合格，就会影响下一道工序的质量，以致整个产品的质量都受到影响。

2.顾客的口味影响到对菜点质量的评价

顾客的口味多样，造成顾客对菜点的评价标准各异；即使是同一个顾客，也会受情绪、环境等方面因素的影响，产生口味的变化，从而影响到对菜点质量的评价。

（七）菜点产品缺乏专利性

一款特色菜肴或点心一经出现，很快就会有其他餐厅的人员来学习，有

些人还打包回去研究，并在原来基础上进行改良，使原来的餐厅一下子失去了竞争的优势。现在社会上出现了专门的品菜师（商业间谍），这些人厨师出身，有超强的记忆力和较高的分析能力，专门到各餐厅，特别是新开张的餐厅去就餐，将其招牌菜、特色菜的标准菜谱破译出来，然后提供给其他餐厅以获利。

因此，企业应加强对品牌的保护，同时在竞争中应预留一手，不能吃老本，必须时刻跟上社会潮流，摸准市场脉搏，不断更新菜点。另外，菜点虽然可以照搬、模仿，但文化与服务是复制不了的，所以餐饮企业可在菜点的服务上想办法，赋予菜点、餐厅更多的文化内涵。

二、餐饮销售的特点

（一）销售量受活动场所的限制

饭店传统餐饮经营是菜点的生产、销售和服务在饭店的各类餐厅中进行的，因此餐饮销售受活动场所的限制主要包括：餐厅的面积、餐位数；餐厅的可进入性；停车场的大小；内部及周边的经营环境等。

1.受餐厅的面积、餐位数的影响

餐饮销售零售性强，餐厅只有提高座位周转率和宾客的平均消费额，才能提高餐厅销售业绩。

2.可进入性，主要指餐厅的交通方便程度

餐饮经营企业，特别是以当地居民为主要客源的企业要接近目标市场。

3.受停车场大小的影响

目前私家车越来越多，停车也就越来越困难，停车场容量大的餐厅生意越来越好慢慢就成了一种趋势。

4.受餐厅内部环境及周边的环境的影响

对餐厅内部环境的要求：

（1）舒适性：餐厅的室内装修气氛、格调、色彩等要给人以舒适的感觉。

（2）整洁性：餐厅的整体布局包括墙壁、家具、台面、地板、饰品每一个细部都要整齐洁净，卫生间要保持绝对干净，保持空气清新。

（3）文明性：餐厅不仅是一个就餐的场所，同时也是一个传播文化、展现地方风貌的地方。餐厅员工和宾客要密切配合，言行举止都要文明高雅。

外部环境，主要是指餐厅的坐落地点及其周围环境。外部环境决定着餐厅类型和餐厅档次高低。高档餐厅一般要设在城市中心和商业区，市区边缘和主干公路上可设中低档的快餐厅。

在餐饮业创新经营的今天，餐饮管理人员应想尽一切办法来突破餐饮经营受餐厅的地理位置限制的特点，拓展餐饮经营的空间。

（二）餐饮销售受时间的限制

我国传统餐饮经营有“午餐是银，晚餐是金”一说，许多饭店餐饮将其经营的黄金时间定位于晚上。在这种理念的指导下，餐饮销售受时间的限制，表现在四个方面：

(1) 菜点的生产时间。一份菜点的制作往往只需要几分钟或十几分钟，即使是一次宴会也不过几小时。

(2) 销售量受进餐时间的限制。餐饮产品的销售主要限定在早餐、中餐、晚餐的时段，其他时间一般没有销售量。

(3) 每周的波动。周一的生意差一些，周五和周六、周日的生意又达到高峰，其他天则相对平稳。

(4) 销售量受淡旺季的影响。

餐饮管理人员应想方设法，尽量延长销售时间，以获取更多的销售额。

另外，餐饮企业可根据经营的时间限制特点，采取灵活的用工制度，即不仅要聘用合同工，也要聘用季节工、临时工、半日制工和钟点工等。灵活的用工制度可以支持灵活的时间营销。

（三）固定成本高，开支较大

餐厅的折旧成本高；由于餐厅是劳动力密集型企业，人工成本高；水电、燃料的支出也越来越高。

餐饮管理必须采用现代科技，提高工作效率，减少员工数量，厉行节约，减少不必要的开支，以提高部门的经济效益。

（四）经营利润低

餐厅由于规模限制，再加上市场竞争，造成餐饮利润率、利润额都不太高。目前我国餐饮业属于微利行业。

（五）实物销售以自制产品为主，外购商品为辅

自制产品主要指菜点成品、鸡尾酒、果盘等；外购商品包括酒水（除鸡尾酒外）、烟草等。

（六）销售方式灵活多样

各类产品花样品种多，市场销售竞争激烈，因此要求饭店餐饮销售方式灵活多样，可以举办各种美食节、食品周、烧烤会、啤酒节，还可与钢琴伴奏、歌曲演唱、文娱演出、音乐茶座等结合起来。

三、服务管理的特点

（一）客人对就餐环境要求高

在感性消费阶段，前来用餐的客人既追求物质享受，又追求精神享受。

因此，饭店必须根据各餐厅的市场定位和特色定位，搞好餐厅氛围布置，以吸引客人。餐厅要力求做到设计美观、布置典雅、设备舒适、气氛和谐。

（二）客人对服务质量要求高

餐饮服务质量的高低直接影响客人需求和餐厅形象及声誉。为此，餐厅必须提供高质量、高效率的服务，要研究客人心理，尊重客人需求，合理安排接待服务程序，培养强烈的服务意识，为客人提供热情、细致、体贴、周到的个性化服务。

（三）根据餐厅的类型和特色设计服务方式

饭店餐厅有零点餐厅、团体餐厅、宴会厅、自助餐厅、咖啡厅和酒吧，餐厅类型多，其服务方式、服务程序、操作方法也理应各有不同。饭店要根据不同类型的餐厅，根据不同的服务方式，分别制定质量标准、服务程序和操作方法，加强现场管理，使菜点销售和餐厅类型结合起来，形成不同服务风格，从而有针对性地提供优质服务。

第三节 餐饮部管理制度

餐饮部在贯彻饭店各项管理制度、工作方针的基础上，要根据自己的业务特点，制定餐饮部的相关管理制度，严格组织贯彻实施，并由此形成规范化管理。

餐饮部的管理制度包括原料采购、库房管理、厨房生产、餐饮服务、安全生产、菜谱管理、成本核算与控制等各项制度。同时，还要制定人员管理和餐厅服务、厨房生产、宴会服务、酒吧服务等各级、各部门、各环节、各岗位的职责规范、工作程序、质量标准等。

一、卫生管理制度

（一）环境卫生管理制度

（1）不把食物储藏在角落、衣箱及橱柜内；

（2）不把余渣丢弃在暗处、水沟及门缝；

（3）凡已腐败的食物，不留置或丢在地上；

（4）不随地吐痰；

(5) 时时保持工作区域内的整洁；

(6) 员工感冒、生病时立即请医生医治；

(7) 餐厅内须经常保持清洁整齐；

(8) 客人用餐后的残渣立即收拾；

(9) 发现有苍蝇或其他昆虫出现，立即报告，并作彻底的扑灭和消毒。

(二) 设备餐具卫生管理制度

(1) 所有设备、餐具都应洗涤之后再经过消毒处理；

(2) 加工食物原料用的设备、厨具，由于它们与生料直接接触，消毒应更加仔细；

(3) 烹调设备和工具如不注意清理油垢和残渣，往往影响烹调效果并会缩短设备的寿命；

(4) 餐厅内冷藏设备的清洁卫生工作应派专人负责；

(5) 清洁消毒设备，保证清洁卫生；

(6) 储藏和输送设备要经常进行消毒，清理；

(7) 制订设备卫生计划和制定各种设备洗涤操作规程，并教育训练职工。

(三) 食物卫生管理制度

(1) 采购把关，对各类食品的卫生要求非常熟悉，把好质量关；

(2) 验收时也要把好质量关，做好食物的检查工作，然后入库；

(3) 厨房出品时，保证各类食品的卫生；

(4) 传菜部要检查熟食品的质量，确保熟食品的卫生；

(5) 楼面服务员也要做好菜肴、酒类、水果、冷饮的卫生检查工作；

(6) 所有工作人员要身体健康，手指、头发清洁，并有良好的卫生习惯；

(7) 厨师尽量避免使用手拿食物，餐厅人员亦切勿用手拿食物；

(8) 上菜前，务必先行检视菜肴的分类，热类菜肴用热盘服务，冷类菜肴用冷盘服务。

(四) 卫生岗位责任制

1.楼面卫生岗位责任制

(1) 台椅、工用具、台布做到无积污、无油渍、摆设整齐；

(2) 已消毒的餐具存放于保洁柜内；

(3) 茶壶每次用后要清倒茶渣，清洗壶身，不能留有茶叶、茶水；

(4) 倒酒水时，瓶口不能与杯口接触；

(5) 上菜时服务员的手不能接触直接入口的食品，分菜、加汤时汤勺不能接触顾客用过的食具，保持客人进食时台面干净；

(6) 收位时剩的茶、用过的餐具要直接收到管事部洗涤间，不得在楼面摆放；

(7) 分发给客人的餐巾要经过消毒；

(8) 上班时检查各自岗位，发现卫生问题及时清洁。

2.粗加工间卫生岗位责任制

(1) 肉类加工

①加工肉类时首先注意肉类新鲜度。病死、毒死、死因不明、腐烂变质的禽畜肉不得加工；

②海鲜类不得与鱼肉类混合清洗；

③禽、畜、鱼肉类食品不得落地；

④加工好的肉类必须保持无血、无毛、无污物、无畜味；

⑤砧板保持“三面”(砧板面、砧板底、砧板边)光洁，并在收市后刮洗清洁竖放。

(2) 蔬菜加工

①蔬菜瓜果进货后分类存放于蔬菜架上，不得随地堆放；

②加工蔬菜做到一拣、二洁、三切，洗涤蔬菜时要用足量清洁的水洗，洗涤后的蔬菜不能有泥沙、杂草、昆虫等脏杂物；

③腐烂的蔬菜、瓜果不得用于出品；

④每天下班后必须清洗水池及地面，保持沟渠畅通；

⑤工用具(菜架、容器)保持清洁；

⑥上班时首先检查各自工作岗位卫生，下班后亦保持各自岗位卫生清洁。

3.点心部卫生岗位责任制

(1) 验收原料要符合食品卫生标准；

(2) 腐烂、变质、虫蛀、霉变、脂肪酸败和含有杂质的原料不得用作出品用途；

(3) 用于生产加工的工用具、容器、砧板等要天天清洗，保持清洁卫生；

(4) 每周必须对所有冰柜进行清洗、消毒，做到霜薄气足；

(5) 使用食品添加剂时必须符合国家卫生法规；

(6) 下班时搞好各自岗位的卫生工作。食品生产场地应保持环境整洁、卫生，不能存在有害昆虫活动。

4.冷菜间卫生岗位责任制

(1) 原料要新鲜、无异味、无杂物，不采用病死、死因不明等的禽畜肉类用于出品；

(2) 原料粗加工、腌制、晾胚、烧烤到成品凉冻应连成一线，严格分开生熟食品；

(3) 每周必须对所有冰柜进行清洗、消毒，做到霜薄气足；

(4) 妥善存放作料，蜜糖和麦芽糖在使用前应经过过滤、煮沸消毒，用后加盖存放，防止污染；

（5）使用食品添加剂必须符合国家卫生法规；

（6）上班时首先检查原料及使用工用具的卫生，下班时应将工用具洗净存放好，搞好内外环境卫生。

5.后镬岗（打荷岗）卫生岗位责任制

（1）工作人员上班穿洁净的工作服，戴工作帽，穿工作鞋，上岗前要先洗手；

（2）工作前检查自己的岗位卫生，发现问题马上清洁；

（3）配菜人员先检查已加工好的原料，发现不新鲜、有异味的不给配菜，配菜碟要干净，配好菜后放在打荷台；

（4）烹调人员要注意原料的质量，烹调时要煮（炒）熟煮（炒）透；

（5）严禁在厨房吃零食，保持岗位整洁、地面干爽、无杂物，地面、沟渠、柜内无老鼠、蟑螂、苍蝇及昆虫出现；

（6）每周必须对冰柜进行清洗、消毒，做到霜薄气足。食品存放做到生熟分开、成品与半成品分开。存放入冰柜内的食品应先进先出。冰柜内要保持干净，不得有异味；

（7）工用具保持洁净，容器保持内外光洁；

（8）下班前做好岗位卫生，工用具摆放整齐。

6.酒吧卫生岗位责任制

（1）早晚班清洁酒架、吧台，抹净杯具、杯架；

（2）定期清洁水柜、保鲜柜、冷藏柜。

7.洗碗间卫生岗位责任制

（1）由专人负责洗碗消毒，必须有足够周转的食具；

（2）食具清洗做到一洗、二刷、三冲、四消毒、五保洁；

（3）清洗消毒后的食具应保持无水干爽、无污垢、无油渍、无食物残渣、无异味；

（4）将消毒后的食具与未消毒的食具分放，防止交叉污染；

（5）用消毒水每天清洁保洁柜，做到无杂物、无苍蝇和蟑螂活动；

（6）每天下班后冲洗干净食物残渣管道；

（7）每天上班前检查各自工作岗位的卫生，下班后搞好各自岗位卫生工作，经领班检查合格后方可下班。

（五）个人卫生管理制度

（1）每天工作前或饭前洗手一次，并注意剪手指甲；

（2）个人卫生要做到“四勤”，即勤洗手剪指甲、勤洗澡理发、勤洗衣服被褥、勤换工作服；

（3）头发梳洗干净，女性工作时应戴发网；

（4）工作时不穿拖鞋或木屐；

(5) 不用重味的香水及发油；

(6) 不留胡须及长发（男性方面）；

(7) 打喷嚏时，应用手帕遮住，并离开工作地方洗手一遍；

(8) 不用手指掏鼻孔、剔牙缝以及掏耳朵；

(9) 不用手摸头发、揉眼睛；

(10) 上厕所后，必须洗手，并擦拭干净；

(11) 服务员必须保持身体健康，患了呼吸道、肠道疾病，或皮肤病、红眼病等传染性疾病，应主动向上级汇报，暂时离开岗位，待完全康复后再上岗；

(12) 在上岗前不要吃大蒜、洋葱、韭菜等有强烈气味的食品。

二、服务人员工作管理制度

(1) 准时刷卡上下班，不准代为他人刷卡；

(2) 上班时必须穿着规定制服，制服不可携出用作私人服装；

(3) 下班后立即离去，勿在公司内逗留；

(4) 不可在店内喝酒，亦不可在工作场所内吸烟；

(5) 员工限制使用客人电梯；

(6) 在工作时间内不可接待私人访客或打私人电话以及拨打外线电话；

(7) 工作人员勿在餐饮营业场所用餐；

(8) 除经批准或上级规定，不得在店内住宿过夜；

(9) 除因公务，不可在非本人工作场所徘徊逗留；

(10) 公物财产不可擅自赠予，更不可私自外携；

(11) 同事间应互相敬重，不要背后评论、造谣生事；

(12) 公款私款要绝对分明，不可混淆不清。

三、服务管理制度

（一）员工对客服务注意事项

(1) 注意仪容、举止、语言，要常带微笑；

(2) 保持环境的整洁与安静；

(3) 熟记餐厅的产品与价格；

(4) 随时推销餐厅的产品；

(5) 积极增进客务关系；

(6) 积极征求客人的意见，记录后反映给上级；

(7) 以客人的姓氏或头衔来称呼客人；

(8) 对客人要温和有礼，细致周到；

(9) 不在客人或同事面前评论饭店；

(10) 不故意倾听客人的谈话；

(11) 不私取或使用客人的物品；

(12) 不在小孩儿身边上菜；

(13) 没有客人的同意不要取走任何未用完的食品或饮料。

(二)服务安全制度

(1) 加强日常安全的检查，加强安全服务的培训，以预防为主；

(2) 随时检查餐厅内各项服务设施的运转情况，发现隐患，及时处理；

(3) 所有就餐客人的行李和财物，须及时提醒或协助客人妥善保管；

(4) 搬运重物或运送装满物品的托盘时，须掌握重心，注意稳定；

(5) 为客人提供食品、饮料及倒咖啡、茶水服务时，须事前提示客人；

(6) 为客人点烟时，注意避免烫伤客人；

(7) 随时检查自助餐台上主盘的温度，避免烫伤客人；

(8) 检查自动餐炉的酒精燃烧情况，消除火情隐患；

(9) 擦拭玻璃器皿刀叉时，要按规定动作操作；

(10) 进出门时，要慢推门，防止撞到人而发生事故；

(11) 在刚擦过的地面上放置告示牌，以免客人滑倒；

(12) 供客人使用的餐具不允许有破损，防止割伤客人；

(13) 不准用瓷器和玻璃器皿从制冰机取冰，防止破碎物混入冰中伤人；

(14) 协助客人照顾他们的孩子，不让其在餐厅内乱跑，防止受伤；不让儿童使用锋利的餐具，以免被割伤；

(15) 按规定开酒瓶，防止伤人；

(16) 避免在客人身后整理物品；

(17) 超越前面的客人时须先示意；

(18) 从厨房内取菜，特别是热菜，要注意安全；

(19) 使用服务车运送物品时，须将其摆放稳定；

(20) 在餐厅使用明火为客人服务时，要注意安全；

(21) 发生意外时，保持冷静，安慰好客人；

(22) 对于受伤的客人须及时给予周到的照顾。

(三)客人酒水寄存保管制度

(1) 登记留酒客人姓名（全名），确认酒的剩余量，以精确到十份为计量单位；

(2) 将酒送到酒吧，酒吧当班员工确认后，当即填写存酒牌，包括客人姓名、酒名、分量、时间等内容，并将酒牌挂于酒瓶颈上；

(3) 酒吧当班员工同时填写“存取酒登记本”，注明客人姓名、酒名、分量、时间，并由经手调酒员签名后将酒存放于酒吧柜内；

(4) 当客人取用存酒时，服务员须问明客人姓名、酒名和大约分量；

(5) 服务员到酒吧台查证是否确有此客人所存之酒；

(6) 经确认客人有该存酒时，酒吧当班员工将其交给服务员；

(7) 服务员取酒时在“存取酒登记本”签名并注明时间。

(四) 客人遗留物品处理制度

(1) 按饭店统一安排，归口客房部管理；

(2) 当员工发现客人遗留物品，须立即交当值领班、主任或经理，并登记在失物记录本上；

(3) 尽快寻找失主；

(4) 寻找失主未果，将遗留物品移交大堂副理处理。

四、菜式推出程序

(一) 一般菜式推出程序

餐饮部要根据经营需要和季节变化，定期推出特别介绍（时令菜），总厨／主管提供菜式的用料、分量、烹饪方式、成本，提出建议销售价交财务部核对毛利率，由财务部编制成表格批准实施。

为便于推销，要求组织有关人员试菜、拍摄照片，并将新菜照片和菜谱进行张贴。

(二) 客人特别要求菜式推出程序

当客人要求制作菜谱上没有的菜式时，由楼面领班级以上人员通知出品部主管／总厨，如出品部主管／总厨审核可行即拟定菜价，并通知楼面领班级以上人员，征得客人同意后，由楼面领班级以上人员下出品单给出品部，同时通知收银员。如客人不同意此菜价，则向客人解释不能出此菜式。

五、对厨房出品的控制制度

(1) 保证每张订单上的菜得到及时生产；

(2) 厨房只根据账单副联（点菜单）所列的菜名生产菜品，每份送出厨房的菜都应在点菜单副联上有记载；

(3) 传菜部要检查每份生产好的菜品的份额和质量是否符合标准；

(4) 服务员取菜正确并送菜到合适餐桌；

(5) 传菜做到“五不取”：数量不够不取；温度不够不取；颜色不正不取；配料、调料不齐不取；器皿不洁、破损和不合规格不取。

六、采购价格控制制度

餐饮原料的价格受多种因素的影响，如市场供应状况、采购数量、原料质量、供应渠道、供应商的垄断程度、季节、消费趋势等等。许多品种的原料在不同时间价格波动大。

1.规定采购价格

在调查了解市场行情的前提下，饭店对某些餐饮食品原料提出购货限价，规定在一定的幅度内进行市场采购。

2.控制贵重原料和大批量原料的购货权

贵重原料和大批量原料所耗的采购成本往往占所有采购成本的大部分，因此在这类原料的采购上，有些饭店由餐饮部门、采购部门提供建议和信息，由饭店决策层决定购买的数量、方式和供应对象。

3.提高购货数量和改变购货规格

大批量购货可以得到供应商的价格优惠，但是大量购入某种原料又会占用大量资金，使这些资金不能用于其他能产生收益的地方。大批量购货还会加大仓储成本，这也是决策前需考虑的。

4.规定供货渠道和供应单位

对那些日常采购的原料，饭店经过比较选择，已预先同供应商议定了价格，采购部门只能向那些指定的供应单位或供货渠道采购，当然，对方提供的价格也会比较优惠。

5.减少供应环节

对日常使用量大的原料，饭店应绕开不必要的供应环节，直接到原料的产地进行采购。

6.根据价格变动趋势调整采购数量

在储存条件足以保证原料质量的前提下，当某种原料的市场价格趋于上升时，可以加大采购数量，以减少价格上涨时的开支；某些时令原料刚上市时，价格往往较高，采购数量应以满足厨房当时生产为好，等价格稳定时，再适当减少采购批次，加大采购数量。

七、仓库管理制度

为保证食品原材料储藏、保管安全，认真贯彻食品卫生法，必须建立以下食品原材料库房管理基本制度：

（一）“四禁”制度

禁止无关人员入库；禁止为个人存放物品；禁止在库房饮酒；禁止危险

物品入库。

（二）“四不”制度

采购人员不购腐坏变质的食品原材料；库房人员不收腐坏变质的食品原材料；厨房人员不用腐坏变质的原材料制作食品；餐厅楼面不售变质变味的食品。

（三）“四隔离”制度

在食品原材料保管、储存过程中，坚持生、熟隔离；成品和半成品隔离；食品和杂物、药物隔离；食品和天然冰隔离。预防食品污染和食物中毒。

（四）“三先一不”原则

在食品原材料出库管理中坚持先进先出，易腐易变的先出，有效期短的先出，腐坏变质的不出，及时报损处理。

（五）“三防”制度

认真做好防火、防盗、防毒工作。

(1) 一切进库人员不得携带火种、背包、手提袋等，因业务工作需要进入库房的人员，入库前要办理入库登记手续，并有库房人员陪同，否则不得擅自入库；

(2) 凡入库人员工作完毕，出库时应主动请库房管理人员检查；

(3) 在库房范围及库房办公地点不得会客，其他部门职工不得在此围聚闲聊，不许带亲友和无关人员到库房参观；

(4) 在库房范围不得生火，也不准堆放易燃易爆物品；

(5) 库房每月要检查防火、防盗、防毒等设施，接受企业安全部门的检查、监督，以确保库房安全。

（六）制定科学的存放方法

对原料科学合理地存放，可以保持较高的工作效率，便于原料的入库上架、清仓盘点和领用发放。

1.分区分类

根据原料的类别，合理地规划货品摆放的固定区域。

2.四号定位

“四号定位”就是用四个号码来表示原料在仓库中的存放位置。这四个号码依次是库号、架号、层号和位号。任何原料都要对号入位，并在该原料的货品标牌上标明与账页一致的编号。

3.立牌立卡

对定位、编号的各类原料建立食品存货标签和永续盘存卡。料牌上写明原料的名称、编号和到货日期，卡片上记录物品的进出情况和结存数量。

4.五五摆放

根据分类后的物资形状，对罐装、瓶装、盒装、箱装的原料，以五为计量基数堆放，即做到“五五成堆、五五成行、五五成排、五五成串、五五成捆、五五成层”。

八、营业收入控制相关制度

（一）点菜单与账单核对点

收入稽核人员将厨房交来的点菜单与收银员交来的账单进行核对，以检查账单上的项目是否与点菜单的项目相符，即账单是否完全根据点菜单的内容开立、有无遗漏。如有不符，应追查原因并写出处理报告或建议。其基本内容和程序如下：

（1）先检查餐费账单是否清晰、整洁，有无数据重叠，乱改乱画的情况。

（2）检查费用账单制作是否符合规定的要求：

- 是否有金额总计；
- 账单挂账是否符合规定；
- 饭店款待（House use）的账单是否符合饭店规定的制度和程序；
- 作废的账单是否符合财务规定。

（3）检查账单与点菜单的一致性：账单与点菜单项目是否相符；账单的台号、就餐人数等内容是否与点菜单一致；账单上菜肴的规格、价格是否与点菜单一致等。

（4）沽清取消的手续是否正确，是否有饭店规定人员的签字。

（二）现金流的控制

（1）餐厅客人结账由专门人员（如由领班及以上管理人员）负责账单、现金、信用卡传递。

（2）收款、找零、开票由收银员负责。

（3）如客人用信用卡、挂账、支票等非现金结算，收银员应严格按照有关程序办理结算。

（4）收银员下班时，按票面清点现金，填写交款信封，将现金装进封妥后，投进指定的保险箱，或送交财务部。

（5）总出纳员与监点人一起打开保险箱，点收当日全部收银员投交的现金，并将现金送交银行。

（6）根据现金送存银行的回单，编制“总出纳员报告”，并把银行回单附在此报告上，送交日间收入稽核人员审核。

（三）账单与货币核对点

账单与货币核对点主要应该检查以下内容：

（1）核对收银员报告的项目与总金额。收银员交来的收银报告应按现金、挂账、信用卡、饭店接待、住客签单等结算方式分类。稽核时应把这些种类的账单分别汇总与收银报告的相同项目进行核对，然后再将各类账单汇总与收银员报告的总金额核对。

(2) 核对账单使用情况。收银员报告下面填有账单使用情况的数字，在核对完金额后，应检查收银员所填的账单使用总数和各个项目使用数与交来的各类账单数目是否相符。

(3) 核对餐饮收入日报表中的现金结算数与总出纳员交来的总出纳员报表及银行存款回单，根据核对的结果，编制现金收入控制表并对现金溢缺写出追查结果的报告。

(四) 单据稽查制度

餐饮运作必须要建立完善的监督和稽查机制。这意味着每一个部门的操作程序中每一个环节都要记录在案，对每个品种、酒水、纸巾、烟的销售都要有明确的记录。同时，财务部对所有记录的单据进行稽查，以保证不发生漏洞和差错。

通常在财务部都设有稽查一职，其主要职责是对餐饮部门所发生的单据进行核对查实，起到监督的作用，能够及时发现问题。

对单据的稽查主要分为出品稽查、海鲜稽查、酒水稽查3类。

九、餐具管理制度

(1) 所有餐具要分类按指定位置存放；

(2) 瓷器餐具要存放于消毒柜内，供应各餐厅所需；

(3) 金器、银器、不锈钢餐具要及时清洁消毒，交由所使用部门存放；

(4) 除瓷器、银器以外的餐具要按各部门要求统一存放；

(5) 领取餐具，由各餐厅专人负责做好“领货申领单”报表，送餐饮部办公室批准；

(6) 待餐饮部办公室审批后，再交财务审批核算价钱，审核无误发货；

(7) 饮食各部门所有的领货单统一交于管事部。

十、餐厅设备日常维护制度

(一) 餐厅设备日常维护分工

餐厅设备日常使用和维护管理应该贯彻谁主管谁负责、谁使用谁负责的原则。餐厅经理(主管)是本餐厅各种设备的主要负责人。在日常使用过程中则要指定专人负责设备的日常维护，并将设备的日常使用和维护责任同岗位责任制度结合起来，以共同做好餐厅设备的日常维护。

（二）餐厅设备服务人员的日常使用和维护

各餐厅服务人员要在“谁使用谁负责”的原则下熟悉本餐厅和自己分工负责的设备名称、种类、用途、摆放和安装位置、使用方法。每天、每次使用前，都要做好检查、调试。家具用具和工作台面要擦拭干净，各种餐车要紧固，上好润滑油，各种售卖机械要保证卫生。使用过程中要加强保护，减少频繁移动，防止损坏。

（三）经理领班的日常检查

各餐厅经理、领班每天在检查餐厅环境卫生、开餐服务中都要检查餐厅桌椅、工作台面、各种餐车、售卖机柜等各种设备是否完好，有无随意移动、丢失、损坏，发现问题要及时处理或报修。

（四）餐厅设备的定期清点

在每个餐厅的各种设备配备完成和建立账面等级的基础上，至少每半年要以餐厅设备的账面资料为依据，全面清查一次，以保证各种设备的分布、位置、名称、数量、规格、型号与账面记录一致，发现问题要及时处理。

十一、客人投诉处理规程

1.客人投诉方式

(1) 客人将投诉填写在“宾客意见卡”上。

(2) 客人以口头的方式向服务员或管理人员提出。

(3) 大堂副理以口头或书面形式收集到客人的投诉，向餐饮部反映和提出要求。

2.客人投诉处理

(1) 当收到“宾客意见卡”上的客人投诉时，有关人员需及时向上司反映，并视内容予以处理。如需要作书面记录。

(2) 属客人口头投诉出品问题时，当值管理人员需及时和出品部主管沟通，及时查验，如属实应及时作出妥善处理。出品部主管需将有关客人投诉内容和处理方法记录下来。

(3) 属客人口头投诉服务质量问题时，有关人员需及时向上司反映。接到客人投诉者亦需根据实际，立即采取切实可行的措施予以纠正和处理，并向客人当面致歉和说明，使客人接受。

(4) 属大堂副理以口头或书面形式收集到客人的投诉，向餐饮部反映和提出要求时，餐饮部应根据投诉内容，及时向有关人员指出。通过调查了解，查实后妥善处理，并视情况，要求出品部或楼面填写记录，并将处理结果向大堂副理反馈。

第四节　饭店餐饮外包策略

目前，我国饭店餐饮经营面临尴尬局面，一方面餐饮部作为饭店的配套部门，必须要有；另一方面餐饮市场竞争激烈，餐饮部经营成本高，经营赢利少，饭店经营餐饮负担重。在这种局面下，饭店何不改变自己经营餐饮的传统做法，尝试外包呢？

一、饭店餐饮经营外包的原因

随着中国经济的发展、人们心态的回归和商业躁动的逐渐平息，大而全的饭店逐步向小而精靠拢，饭店的硬件更趋实用与舒适。

餐饮经营专业性强，技术分工细，产品生产过程管理难度大，经营成本高（固定成本、人员工资、管理费用高），市场竞争激烈，客人的饮食潮流变化快，饭店有限的资金、人力资源较难适应客人的需要，饭店在决定餐饮经营方式时必须慎重，需考虑饭店所在地的餐饮市场的竞争、饭店客房的客源市场（定位）、饭店的餐饮经营管理人才等综合因素。

一家饭店不可能将所有的业务活动都做成社会上最杰出的。要在激烈的市场竞争中取得战略性优势，饭店不仅应集中本企业内部资源，做好自己的核心业务，提高核心竞争力，还应充分利用企业外部资源，“DO WHAT YOU DO BEST (YOUR CORE COMPETENCY) AND OUTSOURCE THE REST!”基于这种思想，饭店企业应做自己最擅长的业务（核心竞争力），其余的则可外包。专业的人做专业的工作，专业公司提供的外包服务比饭店自己的服务部门来完成更为高效、专业化、优质。

星级饭店为提高经济效益，走出低谷，一方面要广开门路，扩展客源，增加收入；另一方面要从内部挖潜，开展“瘦身运动”，减员增效，“退干还员”，以降低成本。随着社会保障体系的日趋完善，用工费用不断提高，饭店要赢利，减少人员数量势在必行。将饭店餐饮外包经营是一个立竿见影的办法。

饭店餐饮外包可极大地减少资本投入，降低投资风险，提高资本周转率。特别是在市场需求量周期性下降或者临时性下降时期，饭店可减少餐饮存货损失和闲置损失，降低经营风险。

二、如何选择外包餐饮企业

首先，饭店应初步物色几个有特色、有实力、有商誉和有丰富经营经验的专业餐饮企业为候选单位，并对所有候选单位的企业文化和理念、可持续性发展战略、商业信誉、已有的服务业绩、业务强项和弱项、员工的技术水平、人员更替率等因素进行综合分析，对几个候选单位之间进行客观的比较。

接着，洽谈具体的租金或费用。饭店谈判者以市场价格为依据，用较好的谈判技巧，扬长避短，克服谈判中的难点，力争获得最高租金或较低的费用，不必追求过低的费用报价，因为报价过低必然会以降低服务质量为代价。对于出租的场地，力争对方投入资金装修，这样有利于饭店整体效益。

其次，规定餐饮经营项目。承租方不能与饭店方自己经营的内容相同，例如：饭店在外包餐厅时往往考虑到方便向住店旅客免费供应早餐而自营咖啡厅，于是规定承租方不能也经营相同类型的餐厅，以免分流顾客而损害饭店的利益。

最后，饭店实行“阳光”招标的原则，公平公正，质优者得，价优者得。

饭店管理者要有高度的法律意识，依法治店，以法规来规范饭店的服务和管理。洽谈合同，应请律师审定，对业务出租尽量争取在签合同的时候收取押金，以免损害饭店的利益。

三、饭店餐饮外包的管理措施

饭店餐饮业务外包后，并不意味着饭店可以甩手不管，还要进行一系列有效的管理。

（一）正确界定饭店与外包餐饮企业的关系

饭店与外包单位应建立一种长期合作、共同发展的战略伙伴关系。双方应该相互信任，以发展的眼光看待合作，避免或减少可能产生的各种纠纷，将更多的精力投入到最终的服务质量管理方面。

（二）树立全局观念

饭店还应维护自身统一的企业形象，因此有必要进行饭店形象的一体化建设。饭店应根据自己的市场定位，对承包的餐饮企业提出一定的要求，要求其按饭店统一的标准进行硬件与服务的设计和管理，完善饭店的市场形象和配套功能。饭店应从饭店管理的专业角度对承包的餐饮企业进行督导，加强双方的信息沟通，从可持续发展的角度考虑整体的经营效应。

（三）进行战略跟踪

饭店对承租单位的经营状况进行跟踪，根据市场行情对租金进行微调，尽量避免对方违约欠租现象发生，确保租金收入的相对稳定与良性循环。对经营状况已经陷入恶性循环的承租单位，饭店要提高抗风险意识，并采取相关的防范措施，以变应变，可以提前终止合同，避免饭店遭受损失。为此，饭店必须在合同中明确提前终止合同的条款，并订立淘汰不符合要求承包商的制度，实施定期检查和评估。

（四）确定联络方式

双方高层管理人员、项目管理人员要保持密切的联系，相互沟通。双方员工要了解对方的工作程序和决策规则。饭店还应圈定负责协调外包单位的部门，而具体的部门应视饭店的具体情况而定：有物业部的饭店，可由物业部统一协调管理；对没有物业部的饭店，则可由管家部进行统一协调。协调内容包括合同的洽谈、工程维修、安全检查、质量控制等。

（五）加强信息沟通

外包合同生效后，顾客在饭店所接受的各项服务将由不同的单位来提供，而顾客只认饭店一个品牌，如果顾客对饭店有某种需求，不论是自营的还是外包的都应该做到最好。因此，饭店应综合协调，双方信息要互通，特别是外包单位要全面了解饭店的产品和服务，加强对本企业员工的培训。

（六）预防潜在的风险

(1) 防止过分依赖外包单位，否则就可能丧失饭店的控制权。因此饭店应有意识地选择几个相互竞争的外包企业，以便在必要时更换更合适的合作单位。

(2) 饭店应学习有关法律和当地的法规，以更高度、更严密的眼光审视双方的合作关系以及承包单位的经营状况，防范承租商的违法违规行为，防范承租商转嫁债权债务的潜在风险。

(3) 餐饮外包可以达到饭店机构精简、降低人工成本的目的，但是饭店原来的员工也会产生包括职业保障、工作前途、发展机会、薪酬、福利等多方面的顾虑。饭店应根据法律制定相关的政策向员工发布，对员工进行引导，做好分流员工的安置工作，保持社会安定。对于留下来的员工也要有相应的安抚措施，有一定的激励机制，促使他们更努力地为饭店工作。

案例 1–1

餐饮业的投资和创业

市场经济体制的确立，把中国的餐饮战车推向全速前进的快车道——随着人民生活水平的不断提高和市场经济的日趋繁荣，餐饮业开始步入品牌竞争、规模经营和连锁经营的后餐饮业时代，从而宣告“混沌无序”的传统餐饮业时代的终结。眼下，不少餐饮企业正在拼命切割有限的餐饮市场，投资餐饮业是否有钱可赚?遍布大街小巷的餐饮店的“熊熊炉火”容易让人产生一个错觉，认为再投资这一行当已无市场可言。然而，现实却是适合工薪阶层需求的餐饮店不是太多，而是太少。只要选准地点，上规模，品牌经营，连锁扩张，摸清顾客需求，营造饮食文化氛围，投资餐饮业的商机无限。

一、投资和创业要点

1.思路

一个良好的思路是涵盖市场、资金和业务各方面的，是对投资前景的科学预测，包括：餐厅的客流来源；餐厅的类型，是综合式的、单纯式的，还是半综合式的；餐厅的选址；费用预算；餐厅的设计风格、服务方式和项目，选择什么样的厨师；菜单的设计、价格、经营方针、营销方针、管理细则、经营的利润分析；策划餐厅未来的发展等。

2.环境

好的地点。餐厅一般要求在人流量大的地区；以接待旅游客人为主的餐厅则要求离景点较近，或在去景点的必经之地；其他餐厅则要求交通、停车方便、商业发达或居民密集的地方。

好的营业环境。餐厅内部的装修、菜单及菜单封面的设计、服务员的制服、客人所用的器具以及桌布、餐巾等方面，都应合适、和谐。

好的停车场地。任何一家兴旺的餐厅，都必须有良好的停车设施和足够的停车位。这已越来越受到人们的重视。

3.文化氛围

到中高档餐厅就餐的人们的消费欲望不仅仅局限在菜肴的精美度上。高雅、有文化底蕴的就餐环境更能吸引消费者。20世纪90年代初期就小有名气的“老三届”酒店，店中的所有装饰都与当年知青们在“上山下乡”年代中的生活经历有关，这种怀旧的文化氛围让许多“老三届”知青激动不已。“老三届”酒店的成功说明，文化氛围在餐饮业中的地位非常的重要。

二、创业运作

一个小型的、中等档次、数百平方米的餐厅所需的投资可多可少。首先，要办理一系列的手续：营业执照、卫生许可证等。这个过程需要手续费、押金，数百平方米的房子年租金预算在投资的40％左右。除去装修和餐饮器具的开支，剩余的部分就是流动资金了，另外，还有员工工资。经营过餐饮业的人士都有这样一种感觉，一家酒店餐馆在经过一段时间的经营后，回头客就成了顾客的主流。如何抓住这些回头客是一件颇费脑筋的事情。大凡精明的老板常常给顾客一些意外的惊喜，比如赠送免费的酒水，发放优惠卡等，这些花费不多的“小动作”极大地缩短了消费者与经营者之间的距离，人情味浓了，气氛活跃了，回头率高了，利润多了。还要注意服务质量和服务项目的更新。

三、如何赢得市场

1.研究特色

餐饮业缺乏特色已是不争的事实，这样很难吸引顾客，很多菜肴陈旧，且相互“克隆”，给人以“千店一面”之感，真正独具特色的餐馆寥寥无几。在此种情况下，餐饮业主应从主观上多努力，挑战自我，改变“千店一面”，以特色经营吸引顾客，提高效益。作为餐饮经营者要确立自己的市场定位，了解不同层次的消费心理，分析自身的地理位置，研究消费者的消费水平，以确立相应的服务对象，结合本地区的情况，推出特色型、风格型的发展计划。

2.研究顾客

为顾客服务没有“休止符”。研究顾客，争取顾客，企业不仅要在市场上有可观的占有率，更要在顾客心中有地位。企业要有这样的观念：顾客的满意是企业一切工作的准则。

3.研究营销

要在营销上下一番工夫，不能像零售商业那样，用“供应型”的思维去组织经营，要进行“差别”营销，要抓新菜肴的开发与推广，引导顾客消费，创造消费潮流。营销是餐饮经营的手段，在与新闻界、企业界和同行之间的相互联系的过程中可以提高餐厅的知名度,加深客人对餐厅业务及经营品种的了解。在营销过程中，除了日常的“特别介绍”、“赠送菜点”、“打折优惠”、“活动抽奖”外，最重要的还是如何与客人加强相互了解，加深感情，使他们产生一种信任感，觉得到你的餐厅能够得到经理及服务人员的特别关照，不会挨宰。

4.研究管理

主要要做好以下工作：一是控制好收支两条线，做好成本分析、核算，并经常计算、分析、比较各种数据以便找出问题。二是建立各种标准，包括营业和非营业的各种标准，经营者要定期检查，观察员工执行标准的情况。三是要制定好餐饮价格，对餐饮成本和其他主要的费用能做出正确估算。四是收集好营运资料，以备制作定期的营业报告，作为各种决策的依据。在实际工作中，最重要的是运用适当的成本核算使餐饮的价格在市场上具有竞争力。

——《投资餐饮备忘录》，贾钢都，《企业研究》2000 年第 11 期。

思考与讨论

1.参观所在地的档次最高的餐饮企业，并分析其档次高高在哪些方面。

2.你认为餐饮作业中的“比较、修正”环节该如何做？

3. 你认为餐厅外包经营对饭店的星级、档次有影响吗？如果有，该如何做才能将影响降到最低程度？

4. 餐饮决策的内容有哪些？

5. 菜点在生产方面的特点有哪些？该如何突破？

6. 餐饮销售上的特点有哪些？该如何突破？

7. 你认为本章中介绍的管理制度齐全吗？如不齐全，还缺哪些内容？

8. 参观一家饭店餐饮外包的餐厅，了解它们的运转情况。

第二章 餐饮组织与人力资源管理

管理要点

- 组织设置
- 建立岗位责任制
- 定编办法
- 招聘管理人员
- 了解员工需要
- 根据员工气质、性格特点来安排工作

引子

“西装革履貌似高贵，其实生活极其琐碎；逢年过节家不能回，分分秒秒不能离位；日不能息夜不能寐，一年到头加班受罪；抛家舍业愧对长辈，身在其中方知其味。”

这是一些饭店人对自己的调侃，也可能是一些饭店人的真实的写照。细究造成饭店职工这些苦恼的原因，可能还是要从饭店人自身找问题，不能将责任一股脑儿全推给饭店业。饭店人应该在组织设置、定岗定编、人员挑选等方面找原因。

第一节　组织管理能力

一、组织设计与管理的基本要素

1961年，W·斯科特提出了古典组织理论赖以建立的四大支柱是：分工、指挥系统（等级与职能结构）、控制范围、结构，这四大支柱仍然可以看做是现代饭店组织设计与管理的基本要素。

（一）分工

分工，指将餐饮管理目标进行恰当的分解与定位。在设计餐饮产品生产流程的基础上，对各服务岗位和管理岗位进行最优化设置，并明确工作标准、岗位职责、工作内容和程序设计。

（二）指挥系统

指挥体系，是指指令的传输通道、方式及服从、反馈机制。如层级管理制、授权与分权、PDCA（Plan计划、Do执行、Check检查、Action行动）管理、管理作风优化制、员工合理化建议制等。

（三）控制范围

管理层级与管理幅度。指一个人能直接有效管理下属的人数。

（四）结构

反映的是各层级与部门之间的关系，在组织设计与管理中，应有一种合理的结构关系来协调各层级和各部门之间在实现餐饮总体目标的过程中出现的种种冲突。

二、饭店餐饮生产、销售、服务的组织结构模式

饭店餐饮生产、销售、服务的组织结构模式分两种。

模式一：

尽可能将餐饮经营外包，饭店按合同来提供相关的后勤保障服务。饭店不设餐饮部，与承包商协调具体日常事务由管家部或物业部负责。

为保障饭店VIP的接待，饭店可从其他部门，如前台抽调员工进行餐饮服务的培训，协助饭店餐饮承租方提供餐饮服务。

模式二：

饭店设立餐饮部，自己经营餐饮业务。

三、餐饮组织机构设置原则

（一）任务与分工原则

任务与分工原则就是餐厅组织结构必须有利于经营目标。餐饮管理者必须根据餐饮部乃至各餐厅的经营特色和工作需要确定组织结构，部门应专业化，数量要适当，有利于经营管理。

组织功能的目标就是建立稳定的经营秩序，使餐饮部能高效地经营，能适应动态环境。过度的专业化和分工会使员工对职务厌倦，工作效率低下。部门应鼓励员工在搞好专业的基础上，具备多种职务工作能力。

（二）精简和效率相统一原则

精简，就是餐饮组织机构在符合业务需要的前提下，将人员减少到最低限度。

精简的目的是为了减少内耗，提高效率，因此，精简和效率相统一的主要标志是：各级各岗配备的人员数量与所承担的任务相适应。

机构内部分工精细得当，职责权限明确，做到人人有事做，事事有人做。

（三）坚持垂直领导，逐级负责

一个下级只能有一个直接主管上级。要防止多头领导；要坚持逐级授权，逐级领导，逐级指挥，逐级负责。只有同时做到权、责、利结合，才能充分调动各级主管人员和广大服务人员的主动性、积极性和首创精神，保证餐饮管理各项目标的顺利完成。

四、餐饮部组织设置的方法

（一）以管理的各种职能为基础而设置组织

如图 2-1 所示：

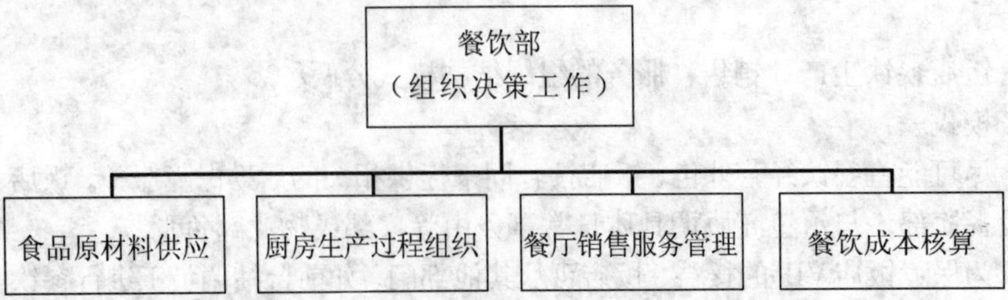

图 2-1　以管理的各种职能为基础而设置组织

1.组织决策工作

组织决策属于餐饮高层管理工作。决策层由餐饮总监（经理）、各餐厅经理等组成。决策内容包括：

（1）餐饮部乃至各餐厅管理经营方针、经营策略、管理目标的制定，全面组织业务经营活动的开展；

（2）市场管理；

（3）人力资源管理等。

2.食品原材料供应

根据食品原材料供应的需要设置采购部、验收和仓储部门。配备采购部经理、主管、采购员；仓储库经理、主管、库保管员、收货员等岗位。

采购部、验收和仓储部门的主要工作：

（1）以最有利的价格购买合适质量、合适数量的各种餐饮原材料；

（2）定期作出市场价格、质量的调查分析；

（3）负责监督采购、验收、库存和领用等制度的执行；

（4）负责进行餐饮成本控制和仓库存货控制。

3.厨房生产过程组织

厨房生产是餐饮管理的中心环节。饭店设置中厨房和西厨房，分别设立行政总厨，各餐厅再设厨师长、厨师。厨房生产过程组织是指根据各餐厅的风格定位，安排菜点花色品种，编制菜谱；合理安排生产任务，做好粗加工、细加工、烹制、冷荤、面点制作等，确保产品质量；控制厨房生产毛利率；组织员工创新菜点出品等。

4.餐厅销售服务管理

餐厅销售服务是满足客人需求的最终体现，它直接影响服务质量和饭店声誉，是扩大产品销售的重要环节。各餐厅设立经理、副经理、主管（部长）、服务员等岗位。

各餐厅的主要工作：

（1）各类餐厅、酒吧、宴会厅和客房送餐服务必须按照规定的标准和规格程序，用娴熟的服务技能、热情的服务态度为宾客提供餐饮服务，保证宾客饮食需要；

（2）推销餐饮产品，扩大销售，正确计算和收取价款，保证经济利益的实现；

（3）加强对餐厅财产和物品的管理，控制费用开支，降低经营成本；

（4）及时检查餐厅设备的使用状况，做好维修保养工作、餐厅安全工作和防火工作。

5.餐饮成本核算

成本核算是控制成本消耗、提高经济效益的重要手段。餐饮成本核算一般由财务部成本会计负责。按照既定的要求，成本会计制定标准成本和成本定额，核算实际成本消耗，提出改进措施，确保餐饮管理经济效益的实现。

（二）在出售的环节，以服务方式不同而设置组织

如图 2–2 所示：

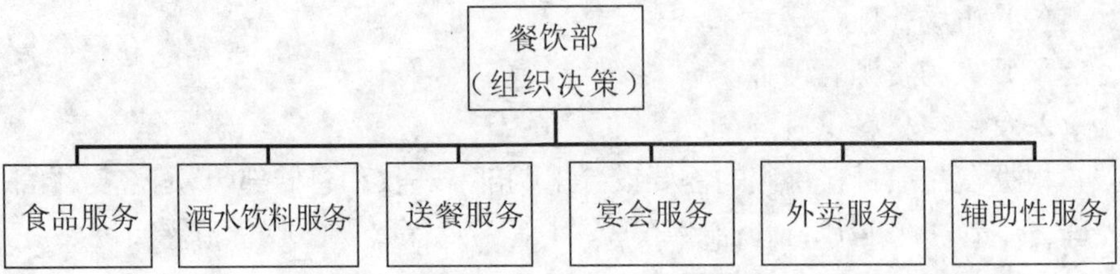

图 2-2　以服务方式不同而设置组织

1.食品服务

由各餐厅提供。配备餐厅经理、副经理、主管（部长）、领班、服务员等岗位。

2.饮料服务

由各酒吧提供。配备酒吧经理、主管（部长）、领班、调酒员等岗位。

3.送餐服务

由送餐服务中心（钟仔房）提供，为住客在客房内提供饮食和服务。配备主管（部长）、接线生、送餐员等岗位。

4.宴会服务

由宴会部提供。配备经理、副经理、主管（部长）、领班、文员、服务员等岗位。宴会部负责宴会推销、预订和协助服务。

5.外卖服务

由各餐厅门市点提供。扩大饭店营业额的一种方式，为本地客人或住客提供销售服务。配备餐店长、服务员等岗位。

6.辅助性服务

由管事部提供。配备主管（部长）、管事员、清洁工等岗位。管事部的主要工作：

（1）负责所有餐具、器皿的请领、供给、洗涤、消毒、存放、保管和控制；

（2）负责有关部门和区域的清洁卫生及机器设备的正常使用和维护保养；

（3）负责收集和运走垃圾，送洗布单，收集和处理用过的空瓶；

（4）支援各餐饮部门的临时需求。

（三）按管理层次来设置组织

如图 2–3 所示：

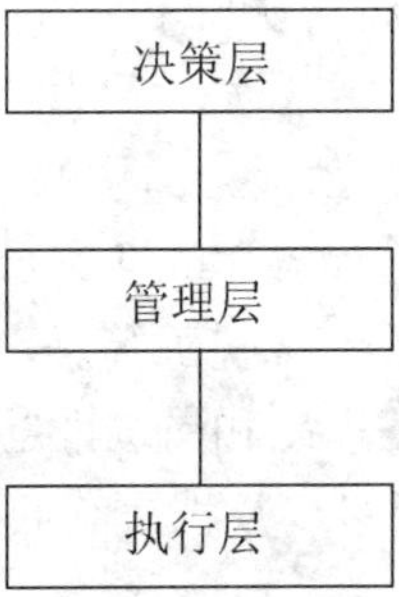

图 2-3　按管理层次来设置组织

决策层，指的是投资者和决策者，他们同心同德与否，目标方向相同与否，直接关系着餐饮企业的成败。

管理层，指的是部门经理、厨师长等。这些是实实在在的中流砥柱。选、育、用、留很大程度是针对他们。

执行层，指的是中低层的技术工，服务、后勤、行政人员。

五、餐饮部组织管理的具体内容

餐饮部门的组织管理是根据饭店及餐饮部门的战略目标和市场来制定的，内容包括：

（一）工作任务量分析

工作任务是决定岗位设置、各个岗位的人数及组织机构的大小的主要依据。

工作任务量分析主要包括三个方面：

(1) 企业餐饮管理的工作任务量有多大？需要采用几个管理层次？需要使用多少个管理人员？

(2) 厨房生产的任务量有多大？有多少个厨房？每个镬头负责多少个座位？厨房需要配备多少岗位？不同岗位的厨师各应有多少人？

(3) 餐厅楼面服务的工作任务量有多大？需要用多少名服务人员？包括每个餐厅、酒吧、宴会厅的服务人员等。

通过分析工作任务量，要做到人人有事做，事事有人做，杜绝人浮于事、互相扯皮的现象。

（二）确定专业分工和岗位设置

在分析工作任务量的基础上，再确定专业分工和岗位设置。其包括三方面：

(1) 管理专业岗位的设置。具体包括设置多少个岗位，配备多少人。

(2) 技术工作岗位的设置。主要指厨房，包括设置多少个岗位、配备多少人等，如行政总厨、各厨房厨师长、主厨、后镬、面点、冷荤厨师、厨工等。

(3) 餐厅楼面服务人员和勤杂工岗位的设置。具体包括设置多少个岗位，每个岗位各设置多少人，如餐厅的迎宾员、传菜员（地哩）、值台服务员、酒水员，管事部的清洁工、洗碗工等。

上述三个方面的专业分工程度和岗位设置及其每个岗位的人数多少，都取决于餐饮部规模大小、餐厅多少及档次高低（将在本章第二节详细说明）。

（三）管理跨度

管理层次的存在是因为一位管理人员能有效地管理的人数是有限的，这种限制随情况不同而有变化。管理跨度宽是与组织层次多少相关的，管理跨度窄会造成组织层次多。窄跨度组织的优点是监督严密、控制严密和上下级间联络迅速；缺点是上级过多地参与下级的工作，管理层次多引起高费用，最低层与最高层间距离过长。宽跨度组织的优点是迫使上级授权，必须制定明确的政策和必须谨慎地选择下属人员；缺点是上级负担过重，要求管理人员具备特殊的素质。

在每个机构中，必须决定一个管理人员能管理多少个下属人员。管理学者们已经发现，对高层管理人员来说，他们通常能管理 4～8 人；而对较低层的管理人员来说，他们通常能管理 8～15 人。饭店的管理跨度的选择要根据饭店的具体情况而定。

（四）设计组织架构

1.组织机构图的作用

为便于管理，饭店餐饮部应配有组织机构图，该图是全面反映餐饮部业务内容、部门组成、业务区域划分、组织结构、权责关系、岗位分工、人员安排的综合图解。其主要作用有：

(1) 可以清楚地反映每个部门和个人在企业中的位置及其职责；

(2) 可以防止重复工作；

(3) 可以直观地反映层级关系，可以看出每个员工该对谁汇报工作，避免越级或横向指挥；

(4) 使每个员工清楚自己在本部门中的位置和发展方向。

2.组织机构图的要素

(1) 在明确业务分工的情况下进行部门设置；

(2) 按直线制的形式对部门下属业务单元和班组进行设置；

(3) 对职位的规定。对组织的每一个层次、每一个结点都可以作职位的规定。

在这里还涉及餐饮采购的组织模式问题，大致有三种模式：

模式一：餐饮部内部设专门的采购部门，负责餐饮部的食品原材料采购等；

模式二：饭店设立独立的采购部，直属于总经理，负责整个饭店的采购事项，但验收、仓储等业务由财务部管理；

模式三：采购部是财务部的一个下属部门，负责整个饭店的采购事宜。采购、验收、仓储、生产制作、销售服务全过程在成本总监的管辖之下。

（五）建立岗位责任制

岗位责任制用来规定各个岗位在组织机构图中所处的位置、岗位的职责要求、岗位的权利、日常工作、工作标准、岗位的素质要求等。

岗位责任制规范的内容一般包括三个方面：

(1) 岗位职务的描述，又称岗职说明书。采用表格形式逐项列出岗位名称、上下级关系等。

(2) 岗位职责规范。逐项列出某一岗位的具体岗位职责、工作内容、权责范围等。

(3) 任职条件。即担任这一岗位的人员需要具备的资历、学历、能力等。

（六）部门的组织联系

餐饮部的组织联系主要包括两个方面：

(1) 上下级联系。主要采用垂直领导、逐级负责、逐级协调、逐级反馈和报告、不越级指挥的管理体制。

(2) 横向联系。指同级单位或部门间的联系。主要通过岗位职责规范和有关组织管理制度来作出规定。

餐饮部组织联系的具体内容：

(1) 饭店的工作系统设计。把各岗位工作通过纵横的联系连成一个个工作过程，再把一个个过程通过纵横联系连成整个饭店的工作系统。

(2) 各部门衔接。饭店在制定服务规程时，要使各工作部门能相互衔接。

(3) 工作信息系统设计。餐饮部内部信息渠道要畅通，各部门之间信息要交流，要互通有无，以形成一个信息系统。

（七）人员配备

按照岗位责任制的要求和定编的情况，坚持因职择人、量才录用、动态平衡原则来配备管理人员、厨房生产人员、服务人员。

（八）充分发挥员工能力

1.了解员工的能力，安排与员工能力相符的岗位

餐饮部门的每个岗位对员工能力都有独特的要求。管理人员在考核和选拔人才及安排工作岗位时，除考虑员工的一般能力外，还必须对员工的特殊能力及进行鉴别，这样，才能充分发挥员工的能力。

2.掌握能力阈限与工作的配合关系

能力是有阈限的，能力阈限是指一个人恰好具有完成某项工作的能力水平，不高不低。一个人从事的工作应该与其能力阈限之间存在一个匹配的关系，这是因为智商过高的人从事比较容易的工作往往会感到乏味，不能对该项工作保持兴趣，当然也就会影响到工作效率；反之，一个能力水平较低的人去做比较复杂或困难的工作，会感到压力很大，产生焦虑，甚至产生人格异常而导致严重事故。所以，一个好的管理者不在于能积聚最优秀的人才，而在于正确地组织和使用人才。

3.要注意员工的情绪和心理

一个人的工作成绩除与能力水平因素有关外，还与主观心理有密切的关系，他在感兴趣、心境好的时候，可能会取得较好的成绩；而在相反的主观心理支配下，就可能业绩平平。因此，一个优秀管理者还应该重视员工的主观心理和情绪。

六、加强对厨房的非正式组织的管理

厨房的厨师之间很多存在师徒关系，这其中的缺陷是徒弟很难超越师父的厨艺，绝大多数的厨师出身学徒，缺乏扎实的理论基础，缺乏创新改良能力。另外，师徒结成小团体，容易对外来人员进行排斥。因此，必须加强对厨房师徒关系的管理。

第二节　餐饮部各餐厅人员定编的办法

确定人员编制、合理选配人员是做好餐饮管理的前提和基础，也是搞好餐饮管理最重要的条件之一。餐厅人员的配备主要包括管理人员的配备、厨房生产人员的配备、楼面服务人员的配备及辅助性工作人员的配备。

一、影响人员定编的主要因素

（一）经营规模

经营规模包括餐厅的座位数及翻台率情况。经营规模的大小决定了烹调规模的大小，也决定了烹调人员的多少及楼面服务人员的多少。这是影响人

员定编的重要参考因素。一般来说，餐厅座位数越多、翻台率越高，餐厅生产、销售、服务各部门所需要的人员就越多。

（二）餐厅的档次

餐厅档次越高，服务质量要求越高，分工越细致，用人就越多；反之，低档次餐厅用人就少一些。

中高档经营与大众化经营对烹调出品的要求是不同的。相对而言，前者可能分工较细，强调环节的紧凑和保证出品质量，因此要求人员多些；而后者在各方面的要求没有那么高，所需人员就相对少些。

（三）经营方式

饭店各餐厅的经营方式不尽相同，有的为零点（散餐）餐厅，有的为宴会厅，有的为团体餐厅，有的零点、宴会者兼而有之。由于经营方式不同，各餐厅人员配置也就各异。

（四）服务方式

楼面服务人员的配备最受服务方式的影响。在餐饮服务中，VIP服务要求人员最多，宴会服务次之，一般零点散餐服务又次之，自助餐、快餐服务要求人员较少，自动售货机就不需要服务人员。

总的来说，服务程度低、服务技能要求简单的餐厅，人员配置相对地少些；而随着服务程度的逐渐增大和服务技能要求的相应提高，人员配置相对也就增多。

（五）菜谱品种构成

菜谱品种的构成主要影响厨房人员的配备。如果菜谱品种丰富、规格齐全、加工制作复杂、加工产品标准较高，无疑就需要较多的生产人员；反之，人员即可减少。而生产单一品种的餐饮企业，由于产品的质量、品种、菜式等相对固定，厨房人员可以更加精简，同时也不需太多的原料采购和保管人员。

（六）经营时间

经营时间的长短对人员配置的影响是十分明显的。饭店有的餐厅只经营午餐和晚餐，有的经营早、中、晚三餐，有的由早上至次日凌晨连续经营。饭店餐饮部为了满足较长的营业时间的工作需要，必须安排不同的生产班次。班次的增加必然使生产、销售、服务人员的数量增加。

（七）员工技术熟练程度

餐厅楼面员工素质越高，操作技术越熟练，每个服务员能接待的客人数量可以相对提高；反之，则会相对减少。

厨房员工技术全面、发挥稳定、操作熟练程度高，那么厨房生产效率较高，相对地会减少厨房生产人员数量；相反，员工大多为新进员工，技术发挥不稳定，员工彼此缺少协作，那么相对地就会增加厨房生产人员数量。

（八）厨房生产能力、厨房的布局和设备

厨房生产能力以炒锅（镬头）多少为主要标志，厨房的生产能力要与餐厅接待能力相配套，炒锅（镬头）数量越多，厨房用人必然越多。

厨房结构紧凑，布局合理，生产流程顺畅，相同岗位功能合并，货物运输路程短，餐饮生产人员就可减少；厨房多而分散，各加工、生产厨房间隔或相距较远，或不在同一座建筑物、同一楼层，配备的餐饮生产人员必然较多。

手工操作程度比较高的厨房，餐饮生产人员的配备相对多一些；现代化的厨房技术设备先进，人员配备就可以减少些。

（九）餐饮经营的淡旺季

餐饮经营有一定的淡旺季波动性。从节约人事成本、减少人员编制、合理使用劳动力的要求来看，餐饮人员编制应以平季为基础。旺季人员不足时，可以利用短期合同工或利用淡季安排员工休假、旺季不休假来调节，淡季人员富余时又可多安排休假或开展员工培训，从而可以减少人员编制。

（十）成本限制

即饭店管理当局对各部门员工人数在成本上的总体限制，即对人工成本的总体把握。

（十一）行业参数

即行业在上述几方面的参考数据，这是测定基数的重要坐标。

可供借鉴的参数有：

1.按照早、午、晚三市正常班次计，餐饮部所有员工数(包括管理者)与餐位数的比例一般是 35∶100；

2.按照早、午、晚三市正常班次计，专业性餐饮企业的员工数与餐位数之间的比例是 1∶18 左右；

3.以一个厨房部和一个零点餐厅的员工总数计，厨房人员数与餐厅楼面人数之间的比例约为 4∶6，有时可达 3∶7。

（十二）班次安排和出勤率高低

在餐饮经营中，员工上班一般执行两班制，即早、晚班。日夜餐厅三班倒，必然增加用人。此外，每周工作天数也是影响餐厅人员编制的重要因素。

（十三）科学管理软件的运用

现代餐饮管理技术的运用可减少餐厅与厨房沟通的环节，提高沟通效率。也可借助现代科技来完成统计、核算等工作，达到减少人员编制的目的。

二、科学制定劳动定额

餐饮部人员定编通常按各工种的上班时间数来确定，如厨师、洗碗工等岗位的定额大多以每天8小时来确定，通常要求厨师在8小时内烹制80～120份菜肴。在制定各岗位劳动定额的基础上，餐饮企业应根据各自的规模、营业时间、营业的季节性等因素来配置适量的人员。但经过一段时间的试验期后，应根据实际每天或每餐的营业量，来判断各岗位员工的实际生产效率是否符合预先规定的劳动定额，然后再作相应的人员调整，做到科学定编，合理排班。

在满足餐饮经营需要的前提下，既要发挥员工的潜力，又要考虑员工的承受能力和实际困难，还须符合《劳动法》的有关规定，尽可能提高员工的工作效率，并保持一个良好的工作环境。

三、餐饮人员定编方法

可参考图2-4。

（一）管理人员定编方法

（1）根据工作需要来确定管理人员系列；

（2）在考虑管理幅度的基础上，决定每个系列的管理层次数。

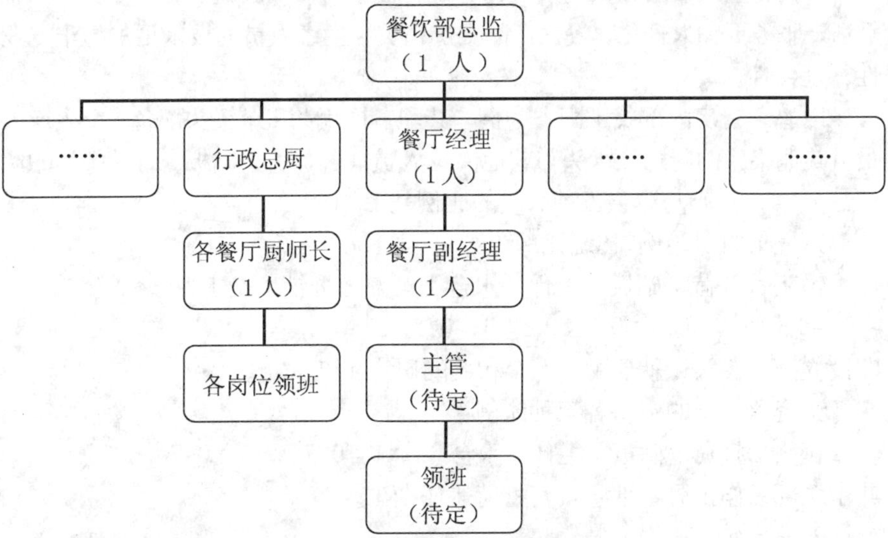

图 2-4 餐饮人员定编方法

管理人员岗、职人数必须根据组织机构设计和岗位设置而定，人数固定，不能随意增减，更不能因人设岗、因事设岗。是否设立副经理要视餐厅的规模而定；按照管理幅度，主管的数量根据领班的人数定；领班人数根据员工的人数定。

(二) 厨房生产人员与楼面服务人员的定编方法

(1) 制定劳动定额；

(2) 确定上岗人数。即一个岗位维持正常运转一天需要的上岗人数；

(3) 定编。在确定上岗人数的基础上，考虑员工的休息时间和出勤率，确定厨房与楼面的人员编制。

(三) 厨房生产人员定编

1.确定劳动定额

(1) 根据餐位数，确定镬头数。餐位数决定餐厅的接待能力，镬头数决定厨房的生产能力，这两个能力之间必须达到协调。

——零点散餐餐厅厨房：镬头∶餐位数=1∶30；

——团队和会议餐厅厨房：镬头∶餐位数=1∶40~50；

——宴会厅厨房：镬头∶餐位数=1∶35~40。

随着厨房人员的精简，镬头与餐位数的比例也在发生变化，散餐变成1∶50~60,团体、宴会变成1∶60~80。

(2) 根据镬头数确定厨房其他工种的人员。镬头是厨房生产规模的一个标志，与其他工种存在必然的联系。餐厅一般是15个餐位配1名餐饮生产人员；规模小或规格高的特色餐饮，甚至有每7~8个餐位就配1名生产人员的。现代高星级饭店餐饮的发展趋势是，餐厅的餐位数减少，环境更加幽雅舒适，服务更加人性化，餐饮产品更加精美，生产人员的技术更加趋于专业性、复合性。

以粤菜厨房内部员工配备为例，其配备比例为1个镬头配备6个生产人员。其他菜系的厨房，镬头与其他岗位人员（含加工、砧板、打荷等）的比例是1∶4，点心与冷菜工种人员的比例是1∶1。

以粤菜厨房为例，传统比例为：

镬头∶打荷∶砧板∶上什∶水台∶菜部∶推销∶杂工

=1∶1∶1∶0.5∶0.5∶0.5∶1∶0.5

即设立一个镬头，就要配备5个相关的厨房生产人员。

工资承包下的厨房各工种比例：

镬头∶打荷∶砧板∶上什∶水台=1∶1∶0.7∶0.7∶0.7

其中菜部工作由管事部负责，打荷兼任杂工。

2.确定每日上岗人数

一般来说，如果餐厅没有供应早餐，厨房则实行一班制；如果供应早餐，则应安排点心师并灵活安排后镬厨师。

3.定编

定编＝每日上岗人数×7÷5÷出勤率

（四）餐厅楼面服务人员定编方法

餐厅楼面服务人员包括：迎宾员、值台服务员、传菜员（地哩）、杂工等。

1.值台服务员的确定

（1）核定服务定额。即值台服务员在正常开餐情况下每人可以接待多少就餐客人或看管多少个座位。

零点散餐：一个服务员可接待20人左右；

团体或宴会：一个服务员可接待30～40人；

高档宴会及宴会主桌：一个服务员只接待1桌客人；

西餐扒房：2名服务员接待1桌客人。

（2）确定每日上岗人数。确定每日上岗人数要考虑计划班次与餐厅翻台率。

每日上岗人数＝餐厅餐位数×计划班次×翻台率÷服务定额

（3）定编。

2.餐厅其他岗位人员定编方法

（1）传菜员：根据餐位数决定传菜员的人数。一般是1位传菜员负责60个餐位的传菜。在这个基础上再考虑班次、经营时间的安排。具体方法可参照值台服务员的定编做法。

（2）迎宾员：迎宾员的定编一般是取决于餐厅的档次和服务要求，档次和服务要求越高，需配置的迎宾员人数也越多。

此外，还要根据经营情况综合考虑吧台服务员的配置及楼面杂工的配置。这里需要注意的是，餐厅人员定编与人员使用是有区别的。在人员编制的基础上，不同季节的用人多少和日常人员安排还要根据业务经营的繁忙程度来确定。

第三节 餐饮服务对管理人员的素质要求

一、餐饮服务人员的素质要求

任何卓越有效的服务都是人创造出来的。所以，一流的餐饮服务必须具有一流的餐饮服务人员。

（一）要有良好的工作态度

心态不端正，没有良好的工作态度，就不能正常对待工作。要做到有良好的心态和工作态度：一要有服从意识，无论是对客人还是对领导的要求，必须无条件服从，不能我行我素；二要有认真负责精神，工作要一丝不苟，不能偷工减料；三要有爱岗敬业精神，要始终本着“工作是快乐的”的理念以及高度的主人翁意识去做好服务工作。

（二）要有良好的纪律观念

餐饮服务人员要自觉地遵守店规和部门的各种规章制度，培养良好的组织纪律性。

（三）要有强烈的服务意识

1.对客服务意识

对客服务意识是服务人员应具备的基本意识，也是服务人员开展服务工作的思想基础。它要求服务人员在工作岗位上心中时刻装着客人，能时刻为客人着想，能将任务式的服务转化为真正的用心服务，能在关键时刻、危急时刻将安全、快乐留给客人，将困难、危险留给自己。

2.为同事服务的意识

员工之间应有合作的团队精神，当临近的服务区域出现服务空档应及时补位，当同事出现困难应主动帮助而不是拆台，同事之间应该始终保持精诚合作，相互帮助，不求回报。

（四）要有健康的身体条件

餐饮服务人员都是站立服务、托盘服务，走动巡台，“日行百里不出门”，工作量较大，有时候需要加班加点，有时候会超负荷工作，有时候需要搬、拿、抬较重餐具和物品，有时候要完成其他协调任务、进行补位等等。站立、行走、托盘等都要有一定的腿力、臂力。另外，餐饮服务人员向顾客提供饮食产品，为防止病从口入，要求餐饮服务人员定期体检，确保没有传染性疾病。这些都要求餐饮服务人员必须要有好的身体条件。

（五）要有优雅的举止仪表

人的举止仪表是人的容貌、服饰、表情、姿态、动作等，是人的精神面貌。餐饮服务人员的举止仪表是给客人的第一印象，对客人的用餐心情有着直接的影响。餐饮服务人员必须做到容貌端庄，化妆得体，服饰整洁，表情自然，动作得体，举止文雅，精神饱满，体现出健康和蓬勃向上的良好职业形象。

（六）要有良好的礼貌修养

餐饮服务人员在客人面前应有良好的礼貌修养，要以礼待人。特别是当客人表现出不礼貌的言行举止时，服务人员更要表出良好的礼貌修养。

（七）要有恰如其分的语言沟通能力

餐饮服务人员需要掌握适当的语言沟通能力，没有一定的语言沟通能力，不可能做好餐饮服务。因为，词不达意或者强词夺理，必然给客人造成不好的印象。因此，餐饮服务人员在实施服务的过程中，要紧紧围绕客人的感受，与顾客进行适度的语言沟通，使客人产生良好的情绪。

餐饮服务过程中的语言沟通大致包含四个方面的内容：回答客人的提问；解决出现的问题；烘托就餐的气氛；彰显客人的尊贵。不同的内容对语言技巧的要求也不相同。回答提问要正确，解决问题要妥善，烘托气氛要适当，彰显客人的尊贵要到位。餐饮服务无疑是一种针对性很强的工作，在什么样的场合下使用什么样的语言，需要进行不断地探索和总结。

（八）要有卓越的服务技能

服务技能即为客人服务的技术和能力。餐饮服务人员的服务技能主要有六个方面：一是敏锐细致的观察能力，要求服务人员做有心人，在服务的过程中炼就一双火眼金睛，做到“眼观六路，耳听八方”，能从客人的衣着打扮、言谈举止、姿态表情中准确地判断客人的身份、特征，及时把握客人的需求，随时满足客人的要求，在客人刚刚表现出某种消费倾向时，就能提前预测客人的想法，在第一时间达成客人的满意。二是良好的记忆能力，即能熟记客人的姓名、习惯及需要。三是卓越的推销能力，即有强烈的推销意识和高超的推销技巧。四是灵活机智的应变能力，即能根据不同的情景、不同的场合、不同的客人灵活提供针对性的服务，善于应付各种突发事件。五是良好的语言表达能力，即说话的感染力强，能说到客人的心坎上。六是娴熟的操作技术，如托盘，斟酒、上菜、摆台等技术，要求操作准确熟练，动作姿态优美。

（九）要有丰富的知识储备

具有良好的文化素质和专业素养、广博的社会知识，是做好服务工作的基础，有利于餐饮服务人员形成高雅的气质和坚韧不拔的意志。

1.具有良好的文化素质

良好的文化素养，包括文史知识、美学知识、音乐欣赏知识、民俗和法律知识、外语知识及电脑知识等。

2.专业素养

餐饮服务人员应了解和掌握菜肴知识、烹饪知识、食品营养与卫生知识、心理学知识、电器设备的使用保养维修常识等。

3.广博的社会知识

具有广博的社会知识是通向个性化超值服务的必由之路。就餐的客人有不同的需求，除了就餐之外，也可能关注诸如旅游资源、商务活动、列车时刻、城市发展等诸多方面的情况。如果员工平时注意积累这些方面的知识，在客人咨询诸如此类的问题时，就可能给客人一个满意的答复，从而给客人留下美好的印象。

服务人员的知识储备可包括如下几个方面：

（1）基础文化知识、语言能力、审美能力等；

（2）业务知识，比如服务规范、菜品知识、营养搭配知识等；

（3）本饭店的信息，以及关联企业的有关信息；

（4）本地区当前的热门话题和消费动向；

（5）城市发展和会展信息；

（6）周边的旅游资源及相关信息；

（7）土特产及相关知识。

（十）能经得住时间的考验

这是做好餐饮工作最根本的条件。餐饮工作的时间是不固定的，没有一定的上下班时间，一切以客人的意愿为转移。客人要提前进餐，你就必须提前上班；客人过了下班时间还不走，还在餐厅喝酒聊天，你也不能赶客人走，必须等客人用完餐之后，才能下班。很多时候甚至更晚，从早上6点多钟一直到晚上9点多钟才下班。所以，餐饮从业人员最需要经得住时间的考验，能够排除时间因素的干扰，不以上班早、下班迟为烦恼。

二、餐饮管理人员的素质要求

餐饮管理人员的素质有多个方面。对这些方面的素质都有要求。

（一）职业道德

1.公平待客

公平待客是餐饮管理人员职业道德的起码要求。要以诚信待客，对所有客人要一视同仁。不能欺骗客人，不能对客人厚此薄彼。

2.负责的责任观

负责的责任观，指的是管理人员既对饭店负责，又对客人负责，还对员工负责。

对饭店负责，首先就要竭尽所能向客人提供优质的服务，努力提高客人对饭店的忠诚度。其次要贯彻好饭店的经营策略，适度进行菜品、酒水等的促销。

对客人负责，首先要优质完成接待客人任务，使接待方和被接待方都能达到较高程度的满意。其次要在允许的范围内有效降低客人的消费成本，努力做到“吃得好，不浪费”。比如向客人推荐合适的菜品，帮助客人控制菜品的数量以及选择适当档次的酒水等。

对员工负责，就是要根据员工的个性和能力为其提供充分展示自我，发挥个人潜能的机会和位置。对员工负责还要求管理人员的任何决策都要考虑到员工的切身利益。

3.廉洁奉公

廉洁奉公、不谋私利是一个基本要求。

(二)专业能力

餐饮管理人员专业能力包括:

(1)餐饮管理能力:包括对餐饮管理理论、管理思想、管理知识、管理方法的掌握和运用的能力,还有心理成熟程度和应变能力。

(2)业务知识和业务能力:包括餐饮各方面的业务知识、与饭店相关的各种业务知识。

(三)建立和谐人际关系的能力

1.与上司保持和谐关系

(1)给上司足够的尊重,服从领导,听从指挥,按照指示开展工作;

(2)即使对上司的指示有不同意见,也要先执行,后辩解,不要在任何公开场合顶撞上司,而应选择与上司单独相处的时候解释、说明自己的观点;

(3)在上司面前主动承担责任,不相互推诿、扯皮,企图推卸责任;

(4)认真收集、整理客人的意见,积极向上司反映,做客人与上司之间联系的桥梁;

(5)为促进企业的发展而积极为上司出谋划策,供上司参考;

(6)多理解、关心上司,替其分忧解愁。

2.与同事友好相处

餐饮管理者也要处理好同事间的关系,包括:

(1)互相尊重,以礼相待。同事之间不管是熟悉还是初识,都应当做到以礼相待、相互尊重。

(2)互相帮助,不求回报。在营业的高峰时段,同事之间应主动地互相支援、彼此帮忙,使餐饮服务工作顺利进行。

(3)宽容忍让,相互体谅。在同事相处的过程中,难免会因个人情绪的变化或工作上的分歧而产生摩擦。这时候,就需要宽容大度地体谅对方的心情和处境,作出忍让。

第四节　餐饮部岗位工作职责

饭店按照扁平化的组织原则设置岗位，应力求精简高效。本节只选择几个具有代表性的岗位进行职责描述。

一、餐饮部总监（餐饮部经理）

岗位名称：餐饮部总监（餐饮部经理）

直接上司：饭店营运副总经理

直接管理对象：各餐厅经理、酒水部经理、宴会部经理、行政总厨

具体职责：

（1）执行饭店经营策略和方针，全面负责餐饮部经营预算的制定和实施，组织餐饮产品的生产、销售、服务，并确保服务产品质量。

（2）定期研究分析餐饮市场，掌握客人需求，根据饭店餐饮客源的结构，确定餐饮经营和管理的基本策略；制订年度、各月的工作计划，推出各季节的食品节或食品周，并督导各部门管理人员完成计划，特别注意大型活动的组织和服务工作。

（3）根据饭店预算管理要求，分析餐饮市场及经营情况，提出餐饮部的预算指导原则，制定并控制预算指标。

（4）定期检查各部门经营情况，会同财务部进行成本控制，制定和审查标准成本预算，控制餐饮部收支情况，监督采购部采购的食品，有效地控制餐饮成本；掌握控制部门综合毛利率和各餐厅的毛利水平，控制产品价格，及时提出价格策略和价格调整方案，报上级批准后实行。

（5）组织实施餐饮部的促销活动，推出食品节、特殊食品和特殊菜式；研究餐饮市场，通过调查，向上级提出餐饮经营建议，制订餐饮推销、促销计划，扩大餐饮销售渠道，提高餐饮销售量。

（6）建立并完善餐饮部的各项规章制度，建立服务程序与标准，并督导各部门落实。

（7）督导各部门制订工作计划并检查执行情况；督导各部门建立规章制度、工作手册及服务程序与标准，检查执行情况。

（8）确保餐饮服务质量，督导各部门主管解决营销、服务中的问题。

(9) 召开餐饮部每日例会，传达饭店新的政策和决定，提出对各部门工作的要求。

(10) 检查餐饮部卫生，严格按食品卫生法规要求厨房和餐厅服务工作，确保宾客的饮食安全；检查机械设备的正常运转情况，确保安全生产。

(11) 负责直属下级管理人员的选择、任命、提升工作，并对他们的日常工作进行检查、督导。

(12) 发挥全体员工的积极性，督导并落实餐饮部的培训工作，实施有效的激励手段，提高员工素质；对员工进行定期的考核、评估；严格执行考勤制度和奖惩制度。

(13) 协调餐饮部内各部门的工作，协调餐饮部与其他部门的工作，以确保餐饮部服务工作正常运转，确保一流的服务质量。

(14) 关注贵宾，倾听他们的意见，有效地处理宾客投诉。

(15) 健全管事部的组织，发挥管事部的后勤保障职能，加强餐饮物资、设备的储藏维护和保养。

二、餐厅楼面岗位责任制

(一) 中 (西) 餐楼面经理

岗位名称：楼面经理

直接上司：餐饮总监（经理）

直接管理对象：楼面主管、传菜（地哩）主管

具体职责：

(1) 对餐饮部总监（经理）负责，及时汇报及请示工作。

(2) 每日作出餐饮销售统计，每月制作营业报告，作好销售及市场分析，收集客人的反馈意见协助餐饮部总监（经理）制定餐厅经营方针以及营销措施，并加以贯彻实施。

(3) 协助餐饮部、营业部经理做好业务营销、广告宣传策划等。

(4) 根据饭店制定的餐饮服务程序与标准，督导餐厅的服务工作，确保餐厅的正常运作。

(5) 执行上级的指示，完成上级指派的各项任务或各类重要客人的接待工作。

(6) 协调餐厅与厨房的关系，使之能密切合作。

(7) 制订部门业务培训计划，有效地开展员工的培训工作及技能比拼活动。

(8) 按照食品卫生法规定，严格遵守卫生管理制度，确保餐厅卫生达标。

(9) 定期巡查餐厅使用设备、设施的情况，餐厅的环境情况，发现问题

采取措施及时整改。

（二）楼面主管

岗位名称：楼面主管

直接上司：餐厅经理

直接管理对象：值台服务员、迎宾员、杂工

具体职责：

(1) 协助楼面经理工作，负责楼面财产如布草、餐具、餐厅用具家具等的管理和发放工作，确保财产安全。

(2) 协助做好员工的管理工作（含出勤、考核等）以及思想工作，稳定员工队伍。

(3) 负责餐厅楼面的服务质量，做好个性化、细微服务以及重要接待、宴会的安排和督促检查工作。

(4) 协助经理制订业务培训计划，督导员工培训工作，尤其是搞好现场督导，对发生案例进行分析总结，及时纠正、改进服务工作中的问题。

(5) 加强与客户的沟通，积极促销，稳定客户。

(6) 保持与出品部门联系，了解每天供应品种，及时向客人推介，随时了解客人对出品及服务的意见，经统计分析后及时向上司及出品部反馈。

(7) 及时妥善处理客人的投诉，并将资料归档，作为今后工作的借鉴。

(8) 落实每周卫生工作计划，保持餐厅环境整洁、清新，巡查餐厅防火、水电安全，确保餐厅的正常运作。

(9) 做好开餐前的准备工作，如对新菜作特别介绍、检查餐具摆设情况、检查环境卫生情况等。

(10) 做好收市后的收尾工作，如检查门窗是否关严、空调是否停止运转。

（三）传菜（地哩）主管

岗位名称：传菜（地哩）主管

直接上司：楼面经理

直接管理对象：传菜（地哩）员

具体职责：

(1) 负责开餐前的检查工作，如检查当日的调料、配料、茶叶是否齐备，检查员工仪表仪容、个人卫生以及其他设施、设备的使用情况等。

(2) 负责妥善安排当班传菜员的工作，并督导其做好服务工作。

(3) 负责楼面与厨房的衔接工作，严把出菜质量关。

(4) 做好传菜员的业务培训工作，注重现场督导及培训。

（四）值台服务员（侍应生）

岗位名称：值台服务员

直接上司：楼面主管

具体职责：

(1) 熟悉餐厅的服务程序和操作规程，为宾客提供热情、周到、快速、优质的服务，满足宾客的个性化要求。

(2) 服务具有主动性、灵活性，随时保持餐台整洁，帮助客人点菜，准确无误地将食物饮料送到客人面前。

(3) 按实际营业需要做好餐前准备工作，预备汁酱、餐具、布草及其他物品，并做好补充的准备。

(4) 做好餐厅卫生清洁工作，保持餐具的洁净、光亮，使餐具符合卫生标准。

(5) 保持良好的个人卫生及整洁的仪容仪表，用礼貌的语言和微笑接待每一位客人。

(6) 遇到宾客投诉或发现异常情况时，应立即报告。

(7) 与各级同事协调工作，为客人提供优质服务。

（五）迎宾员（咨客）

岗位名称：迎宾员（咨客）

直接上司：楼面主管

具体职责：

(1) 灵活安排、分配订台，遵照餐厅的订台程序，接受订台或取消订台。

(2) 热情、礼貌地迎接宾客，满足宾客的需要，耐心地回答宾客的咨询。

(3) 熟悉客史档案。

(4) 耐心倾听客人的投诉，及时向主管反映客人的意见和要求。

(5) 与主管及时沟通，协调服务过程中出现的各种问题（如订台情况，宾客的特殊要求）。

(6) 保存宾客的遗留／遗失物品，做好登记，按规定办理。

三、管事部岗位责任制

（一）管事部主管

岗位名称：管事部主管

直接上司：管事部经理

具体职责：

(1) 负责本部门员工的工作安排与考勤登记。

(2) 负责本部门领料工作及使用安排工作。

(3) 掌握餐具的品种、名称、数量。

(4) 保证餐具的卫生、环境的卫生。

(5) 做好餐具的盘点工作。

(6) 负责金、银餐具的保养与翻新。

(7) 根据餐饮部的营业计划，提出补充餐具、用具的年度预算，报上级审批。

(8) 管理、控制清洁用品的使用，降低成本。

(9) 经常与厨房、餐厅取得联系，提前为其准备足够的清洁餐具、用具。

(二) 洁净工

岗位名称：洁净工

直接上司：管事部主管

具体职责：

(1) 负责对餐具进行清洗和消毒，必须保证有足够的餐具周转。

(2) 餐具清洗必须做到一洗、二刷、三冲、四消毒、五保洁。

一洗　指冲洗餐具上的食物残渣；

二刷　刷洗餐具；

三冲　把餐具里外冲洗干净；

四消毒　按要求对餐具进行消毒；

五保洁　消毒过的餐具放入保洁柜，由专人保管；

(3) 负责金、银餐具的定期保养及翻新工作。

四、厨房各主要岗位的岗位责任制

(一) 行政总厨

岗位名称：行政总厨

直接上司：餐饮部总监

直接管理对象：厨师长

具体职责：

(1) 负责厨房全面指挥工作及整个出品计划，把好质量关，制订季节性新菜的研究制作计划，跟厨房各部门沟通各项工作，协助餐饮部进行工作。

(2) 负责整个厨房的行政管理及人事调动。

(3) 制定部门安全生产操作规程、卫生操作规程，制定岗位工作程序与标准。

(4) 重要宴会要亲临指挥，进行现场督导。

(5) 抓好全年营业额指标、毛利、成本核算。

(6) 根据饭店经营政策，创新菜谱，促进销售，确保预算指标的完成。

(7) 与餐厅沟通，听取客人意见，妥善处理客人有关出品投诉意见。

(二) 厨师长

岗位名称：厨师长

直接上司：行政总厨

直接管理对象：厨房各岗位的负责人（领班）

具体职责：

（1）全面协助行政总厨的工作，明确地掌握整个厨房的成本控制和把好出品质量关。

（2）合理计划、安排原料的分配，统筹各岗位的工作任务。

（3）监督本部门厨师做好本职工作。

（4）必要时，协助厨房出品工作。

（5）抓好厨房的卫生、安全工作，消防设备的检查工作，食品的保管工作，并参与季节性新菜的研究。

（三）点心主管

岗位名称：点心主管

直接上司：厨师长

直接管理对象：点心部各岗位的负责人（领班）

具体职责：

（1）协助行政总厨、主厨统筹本部所有事务。

（2）安排所需设备、工具摆放事宜。

（3）负责安排点心部各岗位的责任的分工。

（4）编排本部的休假、当值表。

（5）编写及呈报员工病、事假表。

（6）传达并完成上级下达的工作任务。

（7）掌握员工每天上下班的情况，指导每组员工每天工作程序。

（8）负责督导各组每天写单、提仓、采购各类肉食和什货用品工作。

（9）负责统筹点心的出品制作，安排各种点心的出品先后次序。

（10）考察中餐厅每天客源量，接触中餐厅负责人，共同做好早、午、晚市的各项工作。

（11）直接参与每天的各项日常工作及事务。

（12）控制成品的成本。

（13）领导属下员工做好环境卫生、工具卫生及设备保管工作。

第五节 对员工的认识

一、对员工的定位

现代管理理论认为，员工是企业顾客群中重要的一部分，是饭店的内部顾客，饭店要赢得顾客的满意与忠诚，必须先赢得员工的满意与忠诚。因此，饭店应采取一系列措施以吸引、留住优秀员工，对员工进激励。除此之外，还要开发新的人力资源，满足企业发展的需要。

二、对员工需要的认识

根据马斯洛的需要层次理论，员工的需要有如下几个方面：

（1）生理和生存上的需要：即员工的衣、食、住、行等方面的需要。

（2）安全需要：即社会安全和工作安全的需要。

（3）感情与归属上的需要：即每个员工都渴望有一个温暖的工作环境，希望自己所在的企业成为一个温暖的大家庭。在这个大家庭中人与人之间相互平等，感情相互融洽，工作互相协调。

（4）受人尊重的需要：员工要求或希望自己的上司能够尊重自己，特别是尊重自己所做的工作。

（5）自我实现的需要：即达到发挥自己才干的理想地位和目标。

三、员工能力差异

（1）能力水平差异。能力水平差异是指能力的程度差异。例如，如果某个员工反应准确和迅速，注意范围广，记忆力好，思维灵活，这说明他的能力水平高。相反，如果一个员工知觉速度慢，注意范围狭窄，记忆力差，这反映其能力水平低。

（2）能力类型差异。能力类型差异是指能力的方向差异。例如，有的员工反应敏捷，处事灵活；有的员工反应迟钝，处事呆板；有的员工善于形象思维，爱好写文艺作品；有的员工善于逻辑思维，逻辑性强，做事条理清楚。

(3) 能力的年龄差异。一个人的能力也会随着年龄的不同而发生变化。如随着年龄的增长，人的理解能力越来越强，人的记忆能力越来越差。在饭店里，年龄大的员工服务经验可能比较丰富，比年轻、刚进入饭店工作的员工更能处理好与客人的关系，能更好地解决服务中出现的难题。因此，目前有些饭店只招聘那些年纪很轻的员工，在短期内就很难提高饭店的服务质量。

四、员工气质差异

古希腊医生希波克拉底在公元前5世纪提出了气质学说。他认为，有些人易怒，动作剧烈，是由于黄胆汁过多，所以称之为“胆汁质”；有些人热心，喜欢活动，是由于血液过多，所以称之为“多血质”；另一些人冷静，善于计算，是由于黏液过多，所以称之为“黏液质”；还有一些人神经过敏，易于郁闷，是由于黑胆汁过多，就称之为“抑郁质”，这就是气质的四种类型。参见表2-1：

表 2-1 高级神经活动类型与气质类型

神经过程的基本特征			高级神经活动类型	气质类型
强度	平衡性	灵活性		
强	不平衡		兴奋型(不可遏制型)	胆汁质
强	平衡	灵活	活泼型(灵活型)	多血质
强	平衡	不灵活	安静型(不灵活型)	黏液质
弱	不平衡		弱型(抑郁型)	抑郁质

上述四种气质类型是基本的、典型的代表，现实中属于典型气质类型的人很少，大多是以一种气质为主，兼有其他气质的表现。

气质是个性的重要组成部分，它不仅影响人的外部表现，而且贯穿到心理活动的所有方面。气质类型对人的兴趣、爱好等都有重要的影响，是人的能力发展的自然前提。气质虽然对人的实践活动不起决定性的作用，但也有一定的影响，气质影响着活动进行的性质和效率。

对于多血质类型的人来说，较适合迎宾、值台服务工作。同时，营销等工作也适合多血质类型的人来承担。对于收银岗位，要求认真仔细，那么这个工作由黏液质和抑郁质类型的人来做较为适合。

把各种不同气质类型的人搭配在一起，可以发挥各种气质人的积极因素，弥补其中的消极因素。比如，一个班组如果全部是由多血质和胆汁质类型的人组成，那么这个集体将活泼有余而严肃不足，同时容易产生摩擦，不易处理人际关系；同样，一个班组如果全部由黏液质和抑郁质类型的人组成，那么这个集体将毫无生气，死气沉沉。因此，如果一个集体同时具备了这些不同气质类型的人，就比同一气质类型的人在一起工作更容易搞好人际关系，发挥更高的工作效率。

管理人员对员工进行教育，首先，应了解员工的气质，掌握各种不同气质类型员工的特点，帮助员工发展其积极面，克服其消极面；其次，依据人的不同气质类型，要采用不同的教育方法，如对胆汁质类型的员工要有耐心，不要轻易激怒他们；对多血质类型的员工不要放松要求，要多给活动机会；对抑郁质类型的员工，不要在公开场合指责他们，要加倍关怀、体贴，鼓励其前进的信心。

五、员工性格差异

瑞士心理学家希格把性格分为外向和内向两类，在此基础上麦迪把性格分为四个类型：外向高忧虑型、外向低忧虑型、内向高忧虑型、内向低忧虑型。参见 2–2：

表 2-2　麦迪的性格分类

	高忧虑	低忧虑
外向	紧张、激动、情绪不稳定、爱社交、依赖	镇静、有信心、信任人、适应、热情、爱社交、依赖
内向	紧张、激动、情绪不稳定、冷淡、羞怯	镇静、有信心、信任人、适应、温和、冷淡、羞怯

培养适合工作需要的性格是饭店管理的重点，下表可供参考：

表 2-3　不同性格类型的人所适应的工作

	特点	适合的工作	应培养的性格
外向高忧虑	紧张、激动、情绪不稳定	与顾客接触不多、挑战性不强	镇静、有信心、信任人、适应
外向低忧虑	镇静、有信心、信任人、适应、热情	与顾客接触多、挑战性强	独立
内向高忧虑	紧张、激动、情绪不稳定、冷淡、羞怯	与顾客接触不多、挑战性不强	镇静、有信心、信任人、适应
内向低忧虑	镇静、有信心、信任人、适应、温和、冷淡、羞怯	与顾客接触不多、挑战性强	热情

六、了解员工的压力

经过研究，员工的压力主要来自于：

(1) 知识和技能需要不断的补充和更新。

(2) 劳动强度超过一般水平。

(3) 人际关系比较紧张。

(4) 客人的不认可与不合作。

(5) 宾客对服务员比较无礼或者态度粗暴。

(6) 管理人员方法简单、粗暴。

(7) 饭店制度严格。

(8) 奖惩超过心理预期。

(9) 管理中常常不够公平公正。

(10) 晋升中更强调学历。

(11) 管理人员能力不够，不能很好地指导工作。

(12) 员工在饭店里面没有发展空间。

(13) 饭店经营形势严峻，压力很大。

(14) 沟通不顺畅，不能合理表达想法。

饭店（餐饮企业）决策层应向内部顾客提供建立共同愿景、价值分享、人力资本增值等人力资源服务，为员工完成个人与组织发展的目标创造条件。

七、员工对饭店（餐厅）的期待

美国著名的管理学家西蒙和恩兹曾经用序数效应的方法，让香港的12家饭店278名员工对柯维奇的十因素进行排序，结果发现员工对饭店（餐厅）的三个最重要的期待依次是：职业发展机会、对员工的忠诚和良好的工资报酬。

案例2-1

餐饮人力资源现状

从对酒店餐饮从业人员的调查来看，目前酒店餐饮人员结构，餐厅服务及管理人员占总比例的52.66%，厨房管理人员及厨师占47.34%。目前酒店餐饮的从业人员，初中及以下学历约占总人数的24%，高中学历的约占总人数的71%，大专学历（包括进修取得的学历）的占总人数的4.66%，本科学历的占总人数的0.34%。

从统计的数据来看，酒店餐饮从业人员中，主管以上人员的来源主要是社会上有相关经验的人员占50%，专业院校毕业的占18%，社会非相关人员占18%。进一步细化分析，厨房主管以上人员来自社会相关人员占58%，学校占26%；餐厅部门主管以上人员来自社会有相关经验的占63%，无经验人员占31%，来自学校的仅占6%。

员工流失率：近一年来，酒店餐饮从业人员的平均流失率达到了33.6558%。餐厅员工的流失率为27.1383%，厨房员工流失率为37.9537%。

从人员结构和学历结构来看，餐饮显然是传统的劳动密集型产业，人力集中。由于面临新时期的挑战，有必要重新审视目前这种基本构架。特别是从可持续发展的角度来看，餐饮的人力结构有岌岌可危的表象，迫切需要改善整个餐饮的人力资源结构状况。

——《酒店餐饮人才现状堪忧》，甘圣宏，2004年10月22日《中国旅游报》第5版，节选自《浙江开元国际酒店管理公司调研结果》。

思考与讨论

1. 餐饮部组织管理的主要内容有哪些?
2. 你所在饭店采购部是如何设置的?
3. 影响餐厅人员定编的主要因素有哪些?
4. 对管理人员的素质要求是什么?
5. 饭店该如何对员工进行定位?
6. 试分析你所在餐厅员工的需要。
7. 如何根据员工的气质、性格来安排工作?
8. 你所在单位员工的压力来自何处?
9. 餐厅为什么要建立岗位责任制?

第三章 餐饮产品管理

管理要点

- 餐饮产品的构成要素
- 菜点质量的构成
- 餐饮服务设计
- 餐厅氛围布置
- 把握“体验经济”
- 设计菜谱

引子

就餐饮产品构成而言，附加值（服务+氛围）已成为重要组成部分，而且体验经济是未来服务发展的方向。

餐饮决策者不仅要懂得餐饮产品的构成，而且要会从组成要素的各个方面设计和管理餐饮产品。

第一节 餐饮产品构成

餐饮产品是餐饮经营的核心，餐饮管理者必须理解餐饮产品的含义和本质。餐饮产品既是传统意义上的服务产品，同时又具有制造业产品的某些特征，因此成为了一种混合型商品。

一、餐饮产品的组成要素

餐饮产品的组成要素，是随着人们的消费观念变化和经济发展而丰富的。

在经济相对落后的时期，消费者追求的是“填饱肚子”——追求量的满足，饭店餐饮在经营时强调的是向消费者提供“充足的可以充饥”的食品，有形的菜点便成为餐饮产品的全部内涵。

随着社会的进步，传统消费观念中那种“只求廉价”的消费趋向开始淡化，消费者的消费观念从原先“量”的追求转变为“质”的追求，他们开始重视菜点或服务带来的心理上的满足，认为产品或服务的“情绪、心理价值”胜过其功能价值（生理满足），人们在追求菜点高质的基础上，对服务提出了较高的要求。

在当今感性消费（体验经济）时代，绝大多数顾客消费时采用的是心理上的感性标准，其消费行为是建立在感觉之上的，以感性的、价值或心理感受作为消费行为的依据。人们对产品或服务的要求不仅仅停留在图实惠上，而且讲究消费的档次和品位，要求所购买的产品或服务能给人以某种美妙的感觉和遐想。消费者是“吃文化，品情调”，追求的是一种不可言传的消费氛围，他们不仅要满足基本的“胃觉需求”，更讲究“味觉、嗅觉、视觉乃至精神的全方位满足”，即要吃得饱、吃得美、吃得香、吃得好、吃出文化、吃出品位、吃出感觉。在现阶段来说，餐饮产品包括菜点、服务、氛围三要素，其中菜点是餐饮产品的主要因素和载体，用公式表示就是：

餐饮产品价值 = 菜点 + 服务 + 氛围

餐饮企业和食品零售企业可能出售同样的食品，但是餐饮企业的毛利率与这些企业相比，确实要高得多。那是因为餐饮企业的食品中是加入了更多附加值之后再出售的，而一般的食品零售企业出售的食品中很少加入服务这种附加值。餐饮产品的附加值是由服务和氛围构成的，即：

餐饮产品价值 = 菜点 + 附加值（服务 + 氛围）

餐饮企业只有清楚地认识到这三要素的重要性，才会受到顾客欢迎。随着餐饮企业对这三要素要求水平的不断提高，餐饮企业会越来越兴旺。

二、菜点质量构成要素

菜点质量是指菜点能满足客人生理及心理需要的各种特性。客人对菜点质量的评价，是根据以往的经验，结合菜点质量的内在要素，通过嗅觉、视觉、听觉、味觉和触觉等感觉得出的综合评价。

（一）对菜点的基本要求

（1）菜点要有特色，饭店必须在发扬传统菜点的基础上，推陈出新；

（2）适应人们口味要求的变化；

（3）注重营养，菜点要注意合理的营养成分；

（4）艺术性，菜点在刀工、色泽、造型等方面要给人一种美的享受。

（二）构成菜点质量的要素

1. 卫生

卫生，这是菜点质量的首要要素，是客人评价菜点质量的基本标准。卫生标准包括生化标准和视觉标准。菜点卫生包括菜点原料无害、加工烹制过程中杀灭有害细菌、烹制按照卫生操作程序操作以及装盘器皿卫生等内容。

2. 色

即菜点的颜色。菜点的颜色是客人评定菜点质量的视觉标准，对客人的心理直接产生作用。菜点颜色以自然清新、色彩鲜明、色泽光亮、搭配和谐为佳。当然，菜点的颜色还必须考虑季节的特点和地区的差异，并注意适应消费者的审美标准和饮食习惯。

3. 香

即菜的馔香。这是客人鉴定菜点质量的嗅觉标准，对客人的食欲有着直接的影响。菜点的气味大部分来自菜点原料本身，一部分来自调味，一部分来自烹调方法的创造。菜点的气味应该是芳香浓郁、清新隽永、诱人食欲、催人下箸。

4. 味

口味，即菜点的味道，是指菜点入口后对人的口腔、舌头上的味觉系统产生作用，给人口中留下的感受。口味是菜点质量的关键要素，是客人评价菜点质量的最主要指标。菜点口味的最基本要求是口味纯正、味道鲜美、调味适中。

5．形

即菜点的形状，是指菜点的成形、造型、装盘、围边装饰，这也是客人评定菜点质量的视觉标准。菜点的形状一般由原料本身的形态、加工处理的技法以及烹调装盘的拼摆而构成。

菜点的形状，应该做到刀工粗细兼备、整齐划一、匀称和谐、点缀得体、装盘巧妙、造型优美、形象生动。

6．器

器皿，即用来盛装菜点的容器，这也是客人评定菜点质量的视觉标准。器皿是否合适，不仅会影响到菜点的身价，而且有时还会直接影响到菜点本身的质量。

对菜点器皿的基本要求是，不同的菜点应配以不同的盛器，盛器的大小与菜点的分量一致，菜点的特色与盛器相统一。

7．质

即菜点的质感，即菜点给人质地方面的印象，是客人评定菜点质量的触觉标准。它主要取决于原料本身的质量和烹调技术水平。菜点的质感一般包括韧性、弹性、胶性、黏附性、纤维性及脆性等属性。

一般来说，菜点的质感分别有酥、脆、韧、嫩、烂等要求。菜点的质感主要取决于原料本身的质量、刀工及烹制的时间和油温的控制。

8．温度

即出品菜点的温度。同一菜点，温度不同，口感质量会有明显的差异。菜点必须依据自身不同的特点，保持恰当的温度，该冰的要冰，该冷的要冷，该热的要热，该烫的要烫。菜点的温度除了取决于烹调以外，还必须注意菜点的服务控制。

9．名

菜的命名。好花需要绿叶衬。菜点的命名方式多种多样，可通过菜点的原料构成采用直陈其名的方法命名，可根据菜点的烹调方式命名，可根据菜点所具的口味来命名，可根据菜点的出处来命名，还可根据菜点所蕴涵的美好寓意来命名。

根据菜点所蕴涵的美好寓意来命名，即讨口彩。在采取这种方法命名时，必须采取“旁注”的办法，说明这道菜点的基本原材料构成及口味特色。

10．营养

身体健康是现代人最大的愿望。注重营养的均衡、食物科学搭配、使用天然健康的原材料是饮食潮流的趋势。

三、餐饮服务

（一）服务（Service）的含义

服务，指的是员工为满足宾客需求所提供的各种劳务活动，它体现在员工的日常工作之中。服务的核心内容包括：严格认真的服务精神、顾客至上的服务意识、热情周到的服务态度、丰富的服务内容、灵活的服务技巧、快捷的服务效率等。

SERVICE的含义解释：

一解	二解
S——Smile(微笑)	S——Smile(微笑)
E——Efficiency(效率)	E——Excellence（优秀）
R——Receptiveness(诚恳接待)	R——Ready（准备）
V——Vitality(精力)	V——Viewing（关注）
I——Interest(兴趣)	I——Inviting（邀请）
C——Courtesy(礼貌)	C——Creation（创造）
E——Equality(平等)	E——Eye（眼光）

（二）服务设计要素

服务设计必须充分体现人性化理念。所谓人性化，就是坚持“以人为本”，提倡亲情化、个性化、家居化，突出温馨、柔和、活泼、典雅的特点，满足人们丰富的情感生活和高层次的精神享受，适度张扬个性。通过细小环节向客人传递感情，努力实现饭店与客人的情感沟通，体现饭店对客人的关怀。服务设计要素包括：

1．安全

安全是人的第一需求，如果宾客没有安全感，服务再优秀、再完美也无济于事。

2．方便

在设计服务时，应主动适应市场、适应客人、重视方便客人。

3．尊重

饭店对宾客表示尊敬和热烈的欢迎，宾客会感到自己受到了重视。

4．情感

情感服务已成为饭店服务的灵魂，丰富了优质服务的内涵。

5．细节

细节决定成败。

6．超前

饭店是当代社会物质文明和精神文明的窗口，亦是现代高科技文明的表现场所。饭店运用现代高科技的设施设备为宾客提供最完善、最快捷的服务，以及最高雅、舒适的环境享受，是超前服务设计的重要方面。

7．创新

在宾客的需求与期望越来越高、越来越多样化的情况下，饭店的服务必须不断适应、不断创新，提供新服务。

（三）顾客对服务实绩的期望

顾客对服务实绩存在两个不同层次的期望。

1．称心的服务

指顾客希望得到的服务，反映顾客对服务性企业应该提供的服务的期望。

2．合格的服务

指顾客可以容忍的服务实绩。合格的服务在一定程度上反映顾客对实际服务的期望。在称心的服务与合格的服务之间是顾客可以接受的服务。在这个范围之内的服务可使顾客满意。

服务实绩达不到顾客可以接受的水平，顾客就必然不满。服务实绩超过顾客对这个质量范围的期望，顾客就会非常满意。不同的顾客可以接受的服务质量范围不同，同一位顾客在不同的时间可接受的服务质量范围也不同。此外，顾客对不同的服务属性也会有不同的可以接受的质量范围。一般来说，某种服务属性越重要，顾客可以接受的质量范围就越狭窄，表明顾客不愿降低对这一属性的要求。

管理人员可根据顾客感觉中的服务质量与顾客期望的合格服务质量(或称心的服务质量)之间的差异，对服务质量进行定量分析。这两种服务质量差异的计算方法如下：

合格程度＝感觉中的服务质量－期望的合格服务质量

完美程度＝感觉中的服务质量－期望的称心服务质量

充分理解顾客的期望，是最关键的一项服务质量管理工作。服务性企业管理人员必须做好营销调研工作，深入地了解顾客的需要和期望，并根据营销调研的结果，确定服务质量管理措施。

要为顾客提供优质服务，餐饮部门要深入了解顾客需要哪些服务特色，顾客对各类服务属性有哪些意见，以及顾客希望本企业采取哪些措施，解决服务过程中出现的各类问题，提高服务质量。服务性企业可采用各种营销调研方法，了解顾客的需要和期望，如顾客投诉分析、员工和中间商意见调查、目标市场顾客调查、组织顾客咨询委员会、顾客满意程度调查等。

（四）餐饮服务的基本原则

为了实现满足客人餐饮服务需要的目标，饭店的餐饮服务必须坚持以下原则。

1．整体性原则

由于客人对餐饮服务质量的评价是一种完整的总体评价，只要一个细节或环节出现差错，就会导致客人的不满。餐厅提供给客人的服务，在内容上应该是全面的，在范围上应该是广泛的，因而，参与提供餐饮服务的每一个环节、每一个人都负有一份满足客人要求的责任。只有每个员工都负有一份满足客人需要的责任，努力做好本职工作，保证各部门、每个环节都不出任何差错，各个岗位互相衔接、互相配合、互相补台，才能使客人享受到到位的服务，给客人一种愉快的经历和一个美好的印象。

2．情感化原则

只有注入真实情感的服务才是优质的服务，只有满腔热忱的尽心服务才能令客人赏心悦目，心旷神怡。因为只有热爱客人，才能尊重客人；只有关注客人的爱好，才会把客人的一切放在心上，才会努力去寻找每个服务机会，并不遗余力地想尽一切办法令他满意。

3．标准化原则

标准化服务是饭店服务的基本要求。饭店餐饮要满足客人的需要，必须制定并执行餐饮服务的基本规范，保证餐饮服务的基本水准。

标准化服务必须在充分了解目标市场客人的需要的基础上，结合饭店的实际情况加以具体化。

4．个性化原则

顾客的需求具有多样性，仅靠千篇一律的规范服务难以满足客人千差万别的复杂需求。只有针对每个客人的需要提供个性化的服务，才能令客人感受到优质服务。为此，餐饮服务应在规范化的基础上坚持个性化原则，在服务过程中，服务人员必须熟记客人的姓名、饮食习惯、生活爱好等，以姓氏称呼客人，并为每位客人提供针对性的主动、灵活、细致、贴心的服务。

四、餐厅的氛围

餐厅的氛围主要包括餐厅的周边环境、建筑外观、内部装修、内部布局、温度、气味、灯光、音响、餐桌、餐椅、餐具、指示牌、菜谱、厨房、卫生间、服务人员、顾客、音乐等视觉因素和非视觉因素。

（一）饭店（餐厅）的地理位置

饭店（餐厅）的位置提示着饭店（餐厅）服务档次的高低。

（二）餐厅的布局

1．空间布局

餐厅空间布局大致可分为迎宾引导区、吧台收款区、菜点（原材料）展示区、就餐服务区、配套设施区（如卫生间）、宾客活动区六个区域。

2. 人流线路安排

人流线路安排，即客人活动线、员工活动线的安排。要求客用通道与服务通道相对分离，避免交叉碰撞，尽量选取直线，避免迂回曲线，通道的宽度要符合营业服务的需要。

3. 餐位设计

根据餐厅的档次、经营风格、面积等因素，既要注意餐桌大小、数量合理配置，又要注意餐位的科学布局，以达到适用、协调、统一、经济的效果。

（三）内部环境布置的原则

（1）根据餐厅主题来布置氛围。氛围设计要突出餐厅经营性质，切忌中不中，西不西，不伦不类。

（2）根据菜系所属地的特点来布置氛围。

（3）根据餐厅具体名称来布置氛围。餐厅氛围布置不仅要突出主题，而且要同餐厅的具体名称结合起来，才能形成本餐厅的独特风格。

（四）内部环境布置的要求

中餐厅，要反映不同风味、不同地区的民族情趣。西餐厅，要反映不同产品风味、不同国家或地区的民族风格。海鲜餐厅，要具有海滨或渔村风光。野味餐厅，要具有山地特色。咖啡厅，要突出自由活泼。宴会厅，要突出热烈庄重、高雅豪华。酒吧，要突出自然雅静等。

（五）内部环境布置的办法

内部环境布置，主要表现在天花、墙面、地面的装饰材料运用和陈设装饰等方面。

（1）天花：一般餐厅可采用平顶天花，白色衬底、宫灯装饰，也可用帷幔布置。

（2）墙面：主要通过壁纸、壁画、壁毯来装饰，布置时要突出主墙，形成重点装饰。

（3）地面：主要通过不同质地、图案的地毯或瓷砖来装饰。

（4）陈设装饰：陈设装饰，主要包括家具、装饰物、观赏品和绿化等几大部分。家具主要有餐桌、餐椅、服务台、屏风等；装饰织品则主要有地毯、帘幔、覆盖织物、悬挂织物；观赏物品则主要有字画、浮雕、艺术挂盘等墙饰品和雕塑、器械、工艺品等摆设品；绿化物则主要是指盆栽、盆景和插花等。陈设装饰设计，必须突出主题性、艺术性和协调性。

（六）氛围组成要素对餐厅经营的提示作用

餐厅的氛围组成要素对餐厅经营的提示作用主要包括以下一些方面：

（1）所处的地段可以提示饭店、餐馆的服务档次；

（2）整洁的环境可以提示食品卫生的水平和严谨的服务态度；

（3）新鲜而芳香的气味可以提示菜肴点心的新鲜程度；

（4）醒目的指示牌和印制精良的菜谱可以提示周密的服务；

（5）服务人员和顾客的言行举止可以提示饭店、餐馆的格调；

（6）温暖宜人的气温、柔和的灯光和音乐、舒适的座位可以提示温情、细腻的服务风格，而强烈的灯光和欢快的音乐又可以提示热情、豪爽的服务风格等。

五、体验经济

派恩与吉尔摩在《体验经济》一书中将“体验”定义为：企业以服务为舞台，以商品为道具，以消费为中心，创造能够使消费者参与、值得消费者回忆的活动。具体分为娱乐、教育、暂避现实和审美。

以非理性（自由）导向为主的体验经济已成为一种通过满足人们的各种体验而产生的经济形态。

美国著名未来学家托夫勒在《未来的冲击》一书中将产业经济发展划分为制造业经济、服务业经济和体验业经济三个阶段，并把体验业作为服务业的未来发展方向。

所谓体验业，即满足人们对各种事物和经历体验欲望的一个产业。托夫勒还认为，服务业今后的发展趋势是：人们会开发更多跟体验有关的产品，使以假乱真的体验成为现实。目前，一些西方国家已把体验业作为一个重要的产业来开发。

未来饭店的体验型服务产品可以建立在两大平台上：

一是对未来的体验。人类求知欲的不可遏止性决定了对未来世界探求的无止境性。

二是对过去的体验。无论社会发展到何种程度，人们对历史、本源的兴趣也不会减少，人们想了解老祖宗的生活到底什么样。

餐饮企业应该设计个性化和令人难以忘怀的方式与顾客进行接触，让顾客亲身去体验服务所带来的快乐，企业应在这一体验过程中扮演特定的角色参与服务的体验并从中获得利润，而不是从纯粹的服务交易中获得利润。强调顾客导向，强调经历过程，强调角色扮演，是体验经济的核心。提供服务产品，就是向顾客提供一种美好的体验，这种体验可能是精神上的，也可能是生理上的，但更多的是两者的结合。因为只有这样才可能使顾客对这种体验“难以忘怀”。

作为餐饮部（餐厅）的管理者，必须领会服务产品的这一实质，并在这一认识的指导下开展具体的经营管理工作。

第二节 菜谱设计

菜谱，英文为menu，是餐厅提供的食物和饮料的品名及价格的一览表，为点菜菜谱；菜单，英文为order，是指顾客已点的菜肴、饮料的一览表，包括宴席菜单、套餐菜单等。应该说菜谱与菜单是两个不同的概念。本文要讲的是点菜菜谱。

点菜菜谱，又分为大菜谱、小菜谱和每日推介（含特价品种）。大菜谱，又名常年菜谱、固定菜谱，一般使用1~2年。小菜谱，又名四季菜谱、循环菜谱，一般使用期限三四个月左右。每日推介（含特价品种），亦称即时性菜谱，是餐厅为了最大限度留住经常光顾的熟客，在菜式上会推出每15天左右为一期的新品种。

菜谱设计，是餐饮经营的一个重要环节。管理者在菜谱设计中要考虑的主要问题是：1.如何搭配菜式品种；2.如何规划菜谱的循环周期；3.如何维持菜谱的新鲜感；4.如何考虑菜谱的视觉艺术设计。

一、菜谱在餐厅经营中的作用

（一）菜谱是餐厅工作的纲领和中心

菜谱在餐饮经营和管理中也起着非常重要的作用。这是因为，不论是菜肴原料采购、菜肴成本控制、菜肴生产和服务、厨师和服务人员招聘还是餐厅和厨房设计与布局等都要根据菜谱上的产品风格和特色而定，违背这一原则餐饮经营就会失败。因此，菜单是饭店和餐厅的重要的经营管理工具。

（二）菜谱标志着餐厅的特色和档次

原料的采购，食品的烹调制作、销售以及餐厅服务，都是以菜谱为依据的。菜谱上的菜点反映出餐厅的特色和水准，菜点、饮料的价格和质量都提示着本餐厅的档次。

（三）菜谱是沟通消费者与餐厅之间的桥梁

餐厅充分考虑消费者的需求，并结合自己的经营方针，结合人员、厨艺、设备等诸多方面的因素，策划设计出来的菜谱可以较为清晰地向客人传递各种消费信息。消费者根据菜谱选购他们所需要的食品和饮料，也向餐厅反映了他们自己的看法。向客人推荐菜肴是餐厅服务员的服务内容之一，消费者和服务员通过菜谱开始交谈，信息得到沟通。

二、菜谱设计应考虑的问题

（一）切实考虑餐厅的市场定位

我们要考虑餐厅的目标市场情况，了解客人的需求、客人的喜好、客人的口味，然后根据客人的消费水平设计菜单。

（二）考虑食品原料的供应情况

原料供应情况主要指原料的季节性、提供和获取原料的渠道、储藏原料的难易程度、原料的价格等。有了原料，方能烹制菜肴。

（三）突出特色

设计制定菜谱时要突出本餐厅的特色。菜式设计要做到“人无我有，人有我优，人优我转”，从而提高自己的竞争力。

（四）厨房设备条件及员工技术水平

选择菜点品种时，应考虑到厨房的设备条件和厨师的技术水平，也就是说菜谱上的菜点厨房能按质按量生产出来，要尽量避免没有足够的熟练人员、没有足够的烹调设备或场地等情况。

（五）坚持灵活性

餐饮产品跟其他产品一样，都有各自的市场生命周期，如果不推陈出新，就很难跟上饮食新潮流。同时，菜肴的原料供应也有它的季节性，所以，菜谱要经常更换，保持客人对菜谱的兴趣，令客人对菜谱有新鲜感，这样，餐厅经营的菜式不仅能跟上潮流，而且还能领导潮流。

三、菜谱种类的决策

（一）不同餐厅必须有自己不同的菜谱

不同主题的餐厅餐饮风格不一样，餐饮出品也应该不一样。大众餐厅要突出菜品的大众化；风味餐厅的出品需要精细；宴会讲究菜肴的道数；客房用餐（roomservice）需要清淡。因此，应根据不同餐厅，设计不同菜谱，如中餐主餐厅菜谱、中餐风味餐厅菜谱、西餐主餐厅（扒房，grillroom）菜谱、咖啡厅菜谱、客房送餐菜谱等。

（二）同一个餐厅也应该有不同的菜谱

在同一个餐厅中，根据使用频率，应该设有大菜谱（固定性菜谱）、小菜谱（循环型菜谱）、每日推介（即时性菜谱）。

1．大菜谱

大菜谱，是不常变换的菜谱，一般使用1～2年，菜谱上所列的品种季节性不强，能保证供应，比较固定，是餐厅供应的主力精华。

由于大菜谱的使用，才使得餐饮生产和管理得以标准化，这种标准化包括：

（1）采购标准化。根据厨房出品标准，菜谱制定原材料采购标准，由于品种固定，价格亦较易控制，重复性的采购就不需经常作决策。

（2）加工烹调标准化。由于重复制作同样的产品，厨房工作人员的组织和分工也较简单，便于对工作人员进行专业化分工，各人负责生产各种规定的食品，这样便于提高加工技术、调配工作人员的工作量和提高劳动生产率。

（3）出品质量标准化。生产固定的菜品，按照厨房事先制定的标准菜谱要求，使用标准的方法和程序、标准的原料和设备进行生产加工，故出品的标准化能得到保证。

2．小菜谱

小菜谱所列菜式具有一定的季节性，有一定创新性，是大菜谱的补充，往往与大菜谱同时使用，使用期限通常在3～4个月。这是根据某一时期内原料的供应情况而制定的菜谱。这种菜谱编制的依据是菜品原料的可得性、原料的质量和价格，以及厨师的烹调能力。

3．每日推介（含特价品种）

每日推介的优点是：

（1）灵活性强。能迅速适应顾客的需求、口味和饮食习惯的变化，能及时根据季节和原料供应的变化推出新产品。

（2）可充分利用库存原料和剩余食品。

（3）可充分发挥厨师的烹调潜力和创造力，生产出较多的创新菜，并减少员工的工作单调性。

（三）按照顾客不同的用餐需求设计菜谱

根据顾客对于菜肴的不同的购买方式、不同的购买时间及不同的口味需求而筹划和设计的菜谱的品种有：散餐零点菜谱、套餐菜谱、部分选择式菜谱等。

四、菜谱的内容

（一）菜谱的程式

所谓菜谱程式，是指菜谱上各类菜式的排列次序。

中餐进餐通常是按照冷菜——热炒——大菜——汤——点心的次序依次进行，中餐菜谱的程式也基本遵循这一次序，将各类菜式按原料分类进行排列，比如冷菜类→肉类→水产品类→禽类→蔬菜类→汤类→主食类→甜菜类。

现在流行的做法是按本餐厅促销重点、招牌品种、顾客关注程度等要素进行分类，如粤菜菜谱一般分成：

（1）鲍参翅肚类：燕翅鲍、花胶、辽参、鹅掌等；

（2）餐前小食；

（3）烧卤类：烧味、卤味；

（4）汤、羹类：老火靓汤、滋补炖品；

（5）日式刺身、东南亚菜类；

（6）小炒类：可根据实际需要分为若干小类，如顺德小炒、家乡小炒、大厨精选等；

（7）煲仔类（镬仔类）：铁板类、煲仔、镬仔类；

（8）时蔬类(主要是指各类时令蔬菜等)；

（9）主食类；

（10）饮料类；

（11）甜品类。

西餐进餐次序稍有不同，一般按照开胃菜（appetizers）→汤（soups）→沙拉（salads）→次主菜→主菜（maincourse）→甜点（desserts）的次序先后进行，因此西餐午餐菜谱菜式的排列顺序是开胃菜类(头盘)→汤类→沙拉类→鱼类→肉类→禽类→甜点类→面包类。

（二）菜式品种结构

菜式品种结构，就是指各类品种菜点的选择、各类品种菜品在数量及比例之间的平衡。

1．菜品的选择

（1）各品种应列出多种菜品供顾客挑选，这些品种既要体现餐厅的经营宗旨，又要满足目标顾客的需求。

（2）品种不宜过多。品种过多意味着餐厅需要很大的原料库存量，由此会占用大量资金和造成库存管理费用过高；菜品品种太多还容易在销售和烹调时出现差错；还会使顾客挑菜决策困难，延长挑菜时间，降低座位周转率，影响餐厅收入。

2．各品种菜品在数量及比例之间的平衡

（1）要确定高、中、低价格档次的菜式品种之间的平衡。这里要注意的是，不同餐厅对菜式档次高低区分的标准是不尽相同的，在某餐厅确定为高档的品种在另一餐厅可能是中档品种，这就要根据本餐厅的档次而定。一般来说，高档品种应占菜谱品种总量的10%～20%，中档品种约占30%～40%，其余的为低档。

（2）要确定各分类品种的平衡。品种有分类，故分类之间要有某种平衡，这种平衡取决于菜谱的促销主题。

（三）菜肴的命名、电脑编码和价格

菜肴的名字会直接影响客人的选择。给菜肴取名时要注意：

(1) 菜品名的真实性；

(2) 菜肴质量的真实性，即勿挂羊头卖狗肉；

(3) 外文翻译的准确性。

采用餐饮电脑管理系统的餐厅，菜谱上的每道菜还应由相应的电脑编码。

（四）菜肴的说明

菜谱上要对一些产品进行说明，如菜肴的主原料和配料构成，菜肴的烹调方法，菜肴的分量、口味等。

（五）告示性信息

告示性信息主要包括餐厅的名字，餐厅的地址、订餐电话、营业时间及餐厅管理机构的说明等。

五、菜谱制作应注意的问题

（一）菜谱的档次要与餐厅档次相一致

菜谱的档次大体表现在制作材料、质感、尺寸大小、制作工艺、颜色、印刷方式等方面。

菜谱，特别是大菜谱要吻合餐厅的形象，封面必须具有吸引力，要能辉映餐厅的主题，颜色、字体要能搭配餐厅的装潢和气氛，甚至通过菜谱上菜色品种的配置来反映服务的方式。

（二）要方便顾客阅读

菜谱的最终目的就是要方便顾客阅读，因此，菜谱要做到：

(1) 有效地运用空间，但也不要太过拥挤，一般以50%的留白最为理想；

(2) 菜名的撰写需清楚易懂，如果是外文的菜名，则需附注译文或加上描述性说明；

(3) 注意字型、字体的变化以突出、宣传重要菜肴。

（三）明码标价

要符合物价政策，不许标“时价”字样；不许牟取暴利，要注意价格的真实性；同时考虑价格的竞争能力。

（四）重视促销信息

为使菜谱更好地发挥宣传广告作用和媒介作用，菜谱上要注明饭店（餐厅）地址、电话号码、餐厅营业时间、餐厅经营特色、服务内容、预订方法等内容。

六、菜谱使用过程中要注意的事项

（一）保持菜谱干净

菜谱要保持干净，一方面，不要在菜谱上涂鸦；另一方面，每天开市前要对菜谱封面进行擦拭。

（二）切勿涂改价格

如需更改价格，一定要重新印制，不能直接用笔涂改，或用纸片甚至胶布遮贴菜肴的价格，否则，不仅使菜谱显得极不严肃、很不雅观，而且会引起宾客反感。

（三）名副其实

列上菜谱的菜式厨房应保证供应。

（四）保持菜谱的吸引力

餐厅要设计并使用循环菜谱，以保证菜谱的吸引力。

案例 3-1

柏林的“看不见”餐馆

美食家讲究“色香味俱全”，三者缺一不可。而中国的美食观则更进了一步，要求“色香味形”兼备。然而，德国一家餐馆却背弃中西方美食的基本原则，执意让顾客心无旁骛，只专注食物的味道，因为在该餐馆顾客们看不见任何东西，这里一片黑暗。

据路透社报道，德国柏林新开了一家名为“Unsicht Bar”的餐馆，德语的意思就是“看不见”。走入餐馆，里面果真一片漆黑，伸手不见五指。顾客只能由服务生引导入座，而且在就餐过程中，他们根本看不见自己吃的东西。这难道是餐馆在节约用电?并非如此。餐馆如此煞费苦心，是为了顾客更好地享受美食——在黑暗环境中，客人们的注意力不会被其他景象分散，可以完全集中于嗅觉和味觉，去感受菜肴食品的“香”和“味”。

该餐馆共有30名职工，其中22位都是盲人。33岁的罗兰·齐默尔曼孩提时候就双目失明，他目前正在攻读博士学位，还在餐馆兼职。齐默尔曼能够轻易在黑暗中辨认出椅子、餐具以及饮料。

餐馆开张那天，第一位“大胆”的顾客扶着齐默尔曼的胳膊，跟着他走进餐厅。齐默尔曼说：“您好!请允许我为您摆放碟子。”黑暗中一个声音回答道：“我找不到我的嘴巴了。”

由于看不见，顾客不能看菜单点菜，只能表示他们喜欢来条鱼，或者牛排，还可以点名要素食。

“看不见”餐馆是由一个盲人组织开办的。该组织主席曼弗雷德·沙尔巴赫说：“我们要让顾客拥有非同寻常的经历，让他们的味觉、嗅觉以及就餐心理都有全新的体验。人们会感到，在享受美食时，舌头可以取代眼睛。”

这样的一顿饭通常要花3个小时。服务生会一直站在旁边，随时为顾客提供帮助。用餐结束后，顾客才会得知“谜底”——自己吃下肚子的究竟是些什么东西。

目前，北京也有了一间类似的餐厅，据说生意还不错。

——《柏林的“看不见”餐馆》，路透社2002年9月7日报道。

思考与讨论

1. 顾客餐饮消费观念是如何变化的？
2. 餐饮产品的组成要素有哪些？
3. 服务设计的要素有哪些？
4. 何谓“体验经济”？
5. 你认为餐厅该收酒水的开瓶费吗？为什么？
6. 你同意作者对菜谱和菜单的定义吗？为什么？
7. 菜谱设计的原则是什么？
8. 试统计一下，你所在饭店的菜谱的数量。
9. 将竞争对手餐厅的菜谱跟你饭店的菜谱进行比较，分析你饭店菜谱的优势和不足。

第四章 餐饮营销管理

管理要点

- 认识顾客
- 组织客源
- 分析顾客
- 了解顾客需求
- 把握餐饮业态发展趋势
- 餐饮经营行情调查
- 餐厅市场定位
- 实施“蓝海战略”
- 不同营销策略的实施
- 促销策略的管理
- 促销计划的制订

引子

餐饮营销管理最能体现餐饮总监（经理）、职业经理人的专业能力。餐饮营销管理就是要处理好餐饮企业与顾客、市场、竞争对手之间的关系。餐饮营销管理要求：了解顾客需求，把握市场发展趋势；进行市场行情调查，对竞争对手进行调查，然后根据自身情况、竞争情况进行市场定位；市场定位后，就要实施营销策略，想方设法吸引顾客前来就餐消费，使餐厅获得良好的经济效益和社会效益。

第一节 顾客管理

顾客管理的理论基础是服务利润链。该理论认为在利润、成长性、顾客忠诚、顾客满意、提供给顾客的产品和服务的价值、员工能力、满意、忠诚及效率之间存在着直接相关关系。顾客忠诚度与饭店获利能力存在正相关，顾客满意度决定顾客忠诚度，顾客满意度是由其所获得的价值决定的，顾客所获得的高价值源于饭店员工的高效率和高质量的服务。

一、对顾客的重新认识

在传统的服务观念中，“顾客是上帝”，“顾客永远是对的”，这些认识只是将顾客看成是服务对象。现代企业理论认为，顾客和企业之间已不再是单纯的交易关系。因此，顾客不应是饭店的外部资源，而应该成为饭店的内在要素，与雇员、资本、技术、设备、知识、管理等因素一样，顾客同样是饭店重要的增值因素之一。

在强大的市场压力下和激烈的行业竞争中，餐饮企业必须采取各种措施来强化与顾客这一战略伙伴的合作。餐饮企业必须将顾客重新认识为既是服务对象又是合作伙伴。这样，企业就必须更透彻地了解不同类型顾客的个性化需求，邀请顾客直接参与服务设计和服务过程，加强与顾客的双向沟通，分析各个细分市场动态，采取积极措施，提高顾客的忠诚度。

二、顾客价值

顾客价值（Customer Value Management，CVM）指将顾客需求变成餐饮业务设计的一部分，从而获得竞争优势的管理方法、管理制度和管理理念。顾客价值的目标是餐饮企业建立一个可持续的框架和以顾客为中心的业务体系，把服务标准、企业能力、服务流程、服务部门等与顾客界定的价值联系起来，从而为顾客提供最佳价值。

顾客价值的独到之处在于：在顾客价值而不是产品或价格上确定竞争优势，顾客价值强调从饭店提供给顾客的价值及饭店从顾客那里得到的价值中获得利润。顾客的忠诚会使他们长期地购买饭店的产品和服务，并愿意为饭店的优质服务支付较高的价格，为饭店节省许多的营销费用，并为饭店进行口头宣传。

三、餐饮企业的顾客管理

顾客管理是餐饮企业一个全新的工作内容。顾客管理工作主要包括如下内容：

（一）顾客分析，掌握顾客需求

顾客分析是顾客管理工作的首要任务，只有了解顾客，才能贴近顾客，才能真正做好餐饮企业的市场定位，才能提供符合顾客需要的产品和服务，才能真正处理好与顾客的关系。

（二）加强餐厅与顾客之间的双向沟通

餐厅与顾客之间信息交流是一种双向的信息交流，其主要功能是实现企业与顾客的互相联系、互相影响。实现有效的信息交流是建立和保持企业与顾客良好关系的途径，通过这种良好的关系可以留住顾客。

餐厅收集顾客信息要把握好三个关键环节：一是客人走进餐厅到上菜之前的准备阶段，这是收集客人基本需求信息的阶段；二是客人到达餐厅楼面后的服务消费阶段，这是满足客人需求并不断发现新的需求信息进而提供针对性服务的阶段；三是客人用餐完毕后的延伸服务阶段，这是确认服务效果、了解客人新的需求并进行跟进销售的阶段。

顾客反馈对于衡量企业承诺目标实现的程度、及时发现为顾客服务过程中的问题等方面具有重要作用。投诉是顾客反馈的主要途径，餐饮部门如果正确处理顾客的意见和投诉，对于消除顾客不满、维护顾客利益、赢得顾客信任都是十分重要的。

（三）客源的组织

客源的组织是根据市场供求关系的变化，运用市场营销策略，广泛招揽和吸引客人前来就餐，以扩大产品销售，获得良好的经济效益。

（四）协调餐厅与顾客关系

餐厅为建立与保持与顾客的长期稳定关系，首先需要良好的基础，即取得顾客的信任；同时要区别不同类型的与顾客关系及其特征，并经常进行与顾客关系情况分析，评价关系的质量，采取有效措施，如通过建立顾客组织等途径，保持企业与顾客的长期友好关系。

服务工作出现意外或顾客投诉之后，饭店管理人员应采取补救性措施，防止饭店与顾客之间的关系破裂，并尽可能将不满的顾客转变为满意的顾客。在补救性服务工作中，顾客对服务结果和服务过程的质量都有很高的期望。但是，与补救性服务结果相比较，补救性服务过程更能超过顾客的期望。因此，饭店服务人员必须使顾客感到他们的确在尽最大努力，纠正服务偏差，解决顾客面临的问题。在补救性服务过程中，顾客更重视以诚信待人、以情动人等服务属性。服务人员必须为不满的顾客提供异常卓越的补救性服务，才能使顾客满意，才能使补救服务实绩超过顾客的期望。

餐饮企业对顾客的抱怨、投诉应当认真倾听，并编印小册子在员工管理会议上总结，寻找解决办法。另外在餐厅为提意见的顾客举办大型颁奖会。在会上可以将意见簿或意见卡及改进方法一并公示或张贴，请顾客再次监督，并提出新的意见。餐饮企业同时将意见交专人整理汇编，成为训练员工的案例。另外，餐饮企业还应当对顾客的投诉信或建议信每信必复，以打动顾客。

（五）遵守承诺

承诺的目的在于明确餐饮企业提供什么样的产品和服务。在购买餐饮产品和服务时，顾客总会面临各种各样的风险，包括经济利益、产品和服务质量以及社会和心理方面的风险等。因此，要求餐饮企业作出某种承诺，以尽可能降低顾客的购买风险，获得最好的购买效果。餐饮企业对顾客承诺的宗旨是使顾客满意，企业在广告、公关、人员推销等市场沟通活动中，必须为顾客提供真实的信息，使顾客形成现实的期望。

餐饮企业应加强饭店内部沟通，确定市场沟通活动的目的，共同履行企业向顾客所作的各种诺言。夸大的宣传可能增加短期的销售量，但是顾客感觉到受欺骗后，就不会再购买饭店的产品和服务，同时也会向其他人作对饭店不利的宣传。

（六）管理顾客档案

餐饮企业应当善于积累和利用顾客资料，如顾客的就餐时间、就餐人数、就餐内容、价格、营业额等。要想餐饮企业营销成功，建立一个永久性的顾客资料库是必不可少的。

随着社会信息化的发展，电脑成了餐饮企业顾客管理的好帮手。首先，将常到餐厅就餐的客人资料输入电脑，其中包括来客数及所点菜单，特别是一些常客的名片资料、消费情况等更要输入电脑。其次，电脑可以根据顾客消费层次、消费习惯进行市场细分，然后设定不同的营销目标。再次，电脑会以最快的速度反映出当日顾客对菜点的评价。顾客喜欢的菜在电脑中重复出现，相反坐冷板凳的菜应及时剔除，更换新的菜单。电脑还可以储存顾客生日资料，帮助餐厅举办大型生日活动。

（七）培养忠诚顾客

如客人对餐厅有一定的忠诚感，他们就会经常购买餐厅的餐饮和服务，这种购买行为本身就说明了他们是餐饮企业非常重要的客源。

顾客满意度决定顾客忠诚度。餐饮企业顾客满意包括菜点满意、服务满意和社会满意三个层次。菜点满意是指菜点能带给顾客的满意状态；服务满意是指服务带给顾客的满足状态；社会满意是指顾客在商品和服务的消费过程中体验到的社会利益的维护。顾客满意度是由其所获得的价值决定的，顾客所获得的总价值是指顾客购买餐饮产品时所获得的全部利益，它包括菜肴价值、服务价值、人员价值、主观感受价值和形象价值等。

拥有较多回头客的餐馆，表明它所具有的客源结构比较合理。一般来说，具有较高忠诚度的常客数量达到50%～60%的餐厅，生意往往比较稳定，市场波动对它的影响也比较小。

顾客忠诚度的提高能大大促进餐饮部门获利能力的增强。忠诚的顾客所提供的销售收入和利润占据了餐厅销售收入和利润总额的很高比例。另外，忠诚顾客每增加50%，所产生的利润增幅可达到25%～85%。因此，忠诚顾客的多少在很大程度上决定了市场份额的"质量"，它比以顾客数量的多少来衡量市场份额的"规模"更有意义。

四、餐厅客源的组织

客源的组织就是餐厅根据市场供求关系，运用市场营销策略，广泛招揽和吸引客人前来就餐，以达到扩大产品销售并获得良好经济效益的目的。

（一）客源组织的原则

1. 以餐饮质量为本，诚信经营

餐饮质量是餐饮市场开发和客源组织的前提和基础。因此，餐饮管理要做好客源组织工作，必须十分重视餐饮质量。

餐饮企业诚信经营，不仅为餐饮市场开发和客源组织创造了条件，使团体推销、宴会销售、展销活动的客源组织更加容易，而且本身就能广泛吸引客人。

2. 以目标市场为对象，有的放矢

目标市场是企业选择的主要市场范围和领域。只有根据企业的自身条件，集中人力、物力和财力，重点做好目标市场开发和客源组织，才能取得良好的经营效果。

餐饮目标市场一是住店客人，二是饭店所在地的当地居民。

对于重点目标市场的客源机构、客户单位，必须加强业务联系，只有这样才能有针对性的做好客源组织工作。

3. 以营销策略为手段

市场开发和客源组织，本质上是营销策略的具体运用。在餐饮市场供求关系中，影响客源组织的因素很多。企业内外可控因素和不可控因素的变化，都会影响市场开发和客源组织。饭店应根据实际情况，采用不同的营销策略，进行客源组织。

（二）客源组织方法

1．预订推销法

预订推销包括宴会预订、散客预订两个方面。它在餐饮管理过程中要设立预订机构，配备推销人员。客人通过电话或口头申请，预订宴会或餐厅座位，推销人员给以确认，使客人的用餐需求得到满足。预订推销法的主要对象是宴会预订，推销人员必须明确宴会名称、性质、主办单位、出席人数、宴会标准、开宴时间、设备要求等，并通过签订宴会预订协议而加以确认，同时做好安排，保证客人到达后，能按照事先确认的内容获得宴会享受。散客订座或订位一般由餐厅服务员代管。

采用预订推销法，企业内部必须制定工作程序，设计好预订表格，做好同餐厅、厨房、酒吧、库房等各部门的沟通工作，确保预订的落实。

2．外出联系法

外出联系是由企业营销人员到客源机构、客户单位去联系业务、组织客源，它以目标市场为主，如到政府机关、企事业单位、旅行社、外事机构去联系等。采用外出联系法要有针对性，要事先掌握有关信息，同时必须加强同企业内部预订机构的联系，以确保客源组织的顺利进行。

3．主动邀请法

企业事先掌握有关客户或重要客人的信息资料，提前主动发出邀请，吸引客人前来用餐或举办宴会。采用这种方法，企业一般要建有客户档案，掌握客人需求，熟悉市场情况。采用这种方法，企业如能有针对性地提供优质服务，则能取得较大经济效益，提高企业声誉。

4．内部推销法

内部推销是利用内部广告、告示牌、招贴画或在餐厅推销特别菜点来组织客源，扩大产品销售。

5．广告推销法

广告推销法，就是凭借新闻媒介来刊登餐饮广告。广告宣传有宣传产品的，也有宣传企业形象的。

（三）宴会客源组织

宴会客源分两大类，一是组织购买，二是个体购买。

1．组织购买型的潜在客源

请参见表4-1：

表 4-1　组织购买型的潜在客源及其宴请目的

客户类别	宴请场合或目的
工商企业、事业单位	公务宴请，庆祝周年、庆祝新产品开发、庆祝开业宴请上级部门或重要的合作单位，组成战略联盟关系宴请以及其他与企业发展密切相关的大事的宴请
协会和学会	召开年会、学术讨论会等会议用餐，或庆祝某一学术代表人物的华诞而举办宴会，或会员单位之间的某些大事而宴请
政府机关	节日庆祝活动宴请，举行各种会议宴请、公务宴请
大使馆、领事馆	国庆招待会，各国传统节日庆祝活动宴会等

2．个体购买型的潜在客源

请参见表4-2：

表 4-2　个体购买型的潜在客源及其宴请目的

<table>
<tr><th>年龄段</th><th colspan="2">庆祝、纪念原由</th></tr>
<tr><td rowspan="4">少年组</td><td>满月、周岁等以庆祝出生为主题的宴请</td><td rowspan="18">1．生日宴请
2．庆祝元旦、春节、元宵、国庆、中秋等特殊节假日宴请</td></tr>
<tr><td>生日宴请</td></tr>
<tr><td>入学宴请</td></tr>
<tr><td>毕业宴请</td></tr>
<tr><td rowspan="5">青年组</td><td>祝贺生日</td></tr>
<tr><td>祝贺进入重点高中或进入大学</td></tr>
<tr><td>祝贺毕业</td></tr>
<tr><td>祝贺新婚</td></tr>
<tr><td>祝贺就职</td></tr>
<tr><td rowspan="5">中年期</td><td>祝贺生孩子</td></tr>
<tr><td>祝贺高升</td></tr>
<tr><td>祝贺创业成功</td></tr>
<tr><td>祝贺开业</td></tr>
<tr><td>结婚纪念</td></tr>
<tr><td rowspan="4">中老年期</td><td>祝贺退休</td></tr>
<tr><td>祝贺生日</td></tr>
<tr><td>祝贺儿女学业有成</td></tr>
<tr><td>祝贺特殊的节假日</td></tr>
</table>

饭店应根据不同的客源类别，深入研究不同客源的需求特点，如价格需求、环境需求、服务需求、礼品需求、音乐需求、菜点需求、酒水需求、活动需求、礼仪需求等，有针对性地开展客源组织工作。

（四）客源组织的忌讳

(1) 忌饭店总经理不登门拜访客户。饭店总经理适时登门拜访客户是增进了解、加强友谊、巩固客源的有效手段，但在实际工作中，有的饭店甚至连营销总监、经理都很少去拜访客人。

(2) 忌走马灯似的拜访。营业部经理在制定销售员的量化指标时，切不可用拜访次数的多少来衡量一个销售员的业绩。销售员与客户的关系只是工作关系，经常因为工作去约见、打扰客人，客人肯定会反感。

(3) 忌组织客源只是营销部的事，饭店应该树立全员营销的观念。

(4) 强化内部沟通，忌各自为政搞组织客源。

第二节 顾客分析

顾客分析，是顾客管理的主要环节。顾客分析，主要指顾客概况分析、顾客消费心理分析、顾客利润分析、顾客忠诚度分析、顾客未来分析等。

顾客概况分析，包括顾客的基本需要、层次、类型、所遇风险、爱好、习惯分析等。

顾客消费心理分析，包括顾客的消费心理、消费动机、消费类型、消费行为分析等。

顾客利润分析，指不同顾客所消费的产品的边缘利润、总利润额、净利润分析等。

顾客忠诚度分析，指顾客对酒店产品和服务忠诚程度、及其持久性、变动情况分析等。

顾客未来分析，包括顾客数量、类别等情况的未来发展趋势分析、争取顾客的手段分析等。

本节主要就顾客的概况、消费心理、顾客未来等进行分析。

一、餐饮消费者行为过程

在某种意义上可以认为，餐饮消费者行为是指顾客寻找、购买、享用和评价用以满足需要的食物、服务以及设施所表现出来的一切脑力活动和外在行为。它作为过程，是由若干行为阶段所构成的，而每个行为阶段又彼此相互联系。这些行为阶段主要有：激发饮食欲望或形成购买动机、了解餐馆和食品的信息、选择餐馆和食物、购买食物、享用食物和评价所获得的食物以及服务。如图 4-1 所示：

形成餐饮动机

↓

掌握餐厅和食物信息

↓

选择餐厅

↓

选择菜点

↓

餐饮消费、评价阶段

图 4-1　餐饮消费行为过程

（一）形成消费动机

饮食消费行为除了基本生理需要的激发外，还可以由其他许多诱因引起。这些诱因包括食物本身的吸引和人们的价值取向、价值观念、欲望、意识、攀比心理、社交活动、风气、从众心理等因素。例如，人们在满足了基本餐饮消费的时候，由于受他人价值观念的影响，餐饮消费行为不再仅仅是为了满足基本的饮食需要，而逐步发展成为一种休闲的生活方式，这就在无形中不知不觉地形成了新的餐饮消费观念，并形成了强烈的外出餐饮动机。由于社会交往活动的增加、生活节奏的加快、旅行次数的增多，大大地增加了人们在外用餐的机会，进而使在餐馆进行餐饮消费成为一种生活的必须和习惯，这样会导致餐饮消费行为的产生。请参见表 4-3：

（二）掌握餐厅和菜点信息

表 4-3　就餐动机及对菜点、服务的要求

动　机	菜品要求	服务要求
以宴请为目的	菜品的选择上会突出菜肴丰盛的特点	要求餐饮服务规范
以品尝地方特色菜肴为目的	菜品的选择上会突出风味	要求服务员介绍菜品的特点，并做到有问必答，耐心解释
以聚餐为目的	菜品的选择上要求菜肴鲜美和齐全	气氛要热闹
以休闲为目的	菜点不仅要求味道好，追求感官享受，而且要吃“科学”（营养、健身）、吃“文化”，获得精神享受	氛围要休闲，要有文化味；把餐饮与健身、文化、娱乐融为一体

消费者在产生了强烈的需要和指向某种具体食物和消费形式之后，便自然会产生如何获得满足的问题，这就进入了了解食物和餐馆（食物供给）信息的阶段。一般情况下，餐饮消费者会从自身的经验或记忆中获得有关餐馆、餐饮价格、菜肴质量等的信息，也可能会求助于有关饭店、酒楼、餐馆的招牌、宣传品、菜单。这就要求饭店（餐厅）要做出自己的特色，树立品牌，同时进行相关的广告宣传。

（三）选择餐厅

餐饮消费者在了解自己所需要的食物的信息基础上，会自觉或不自觉地建立起对某种或某些食物的挑选标准，选择餐馆也往往在这个标准范围内进行。顾客尤其注重菜肴口味适合程度、质量、用餐环境、价格等因素。餐厅服务员服务态度、出菜速度、清洁卫生程度、礼貌礼仪等都对餐饮消费者选择餐厅带来直接影响。

（四）选择菜点

通过服务员以及他人的介绍，顾客了解了自己所需要的菜点。当然，菜点的质量、功能是否符合自己的餐饮需要，这是顾客最关心的问题。

（五）餐饮消费、评价阶段

餐饮消费行为和其他消费行为有着不同的地方，餐饮产品的购买、消费、评价均一次完成。餐饮消费者的消费经历会使他自然产生各种感受、评价和行为。餐饮消费活动除了满足基本的生理需要外，还有感官上和心理上的综合享受，如果消费者从用餐经历中满足了自己的期望和需要，那么他将产生好感，对餐厅的菜肴形成某种认同和赞赏；如果直接体验后感到失望，便有可能产生抱怨和不满情绪，会影响到他的下一次购买。不仅如此，餐饮消费者还会通过口传，把这种用餐经历传播给周围的人，这对其他餐饮消费者起到了劝阻的作用。

二、了解顾客需求的办法

要想了解客人的需求，必须抱有主动、真诚的态度，认真倾听客人的意见。因为客人的需求是不断变化的，客人也很少会主动地把他们的想法告诉你，只有你主动、诚恳地征求和倾听他们的意见，他们才会给你指点迷津。饭店的餐饮部要想及时准确、全面地了解客人的需求，必须建立科学的调研机制，多层次、全方位地收集客人的意见，其途径主要有现场征询、设置《客人意见书》、专项访问、暗访等。

（一）情感置换法

将自己比作客人，站在客人的立场考虑问题。

（二）现场征询

现场征询，即在服务现场通过和客人的直接接触了解客人的需求和意见。现场征询是了解客人最方便、最经济的方法。因为在服务现场和客人的接触中，我们不仅可以直接询问客人的意见和要求，还可以通过观察他们的体态语言从而更好地理解和掌握客人的服务感受。

餐饮服务现场的征询，应体现在服务的各个环节，贯穿于服务的全过程，并做到人人参与。如在迎宾时应征询客人对餐位的需求；在点菜时应询问客人对菜点口味的喜好；在服务中应观察客人的表情，倾听客人对菜点的评价；在结账送客时，则应征求客人对用餐环境、菜点质量、服务及价格的意见等。

（三）设置《客人意见书》

《客人意见书》是客人给饭店的“成绩报告单”，从客人对餐饮的评价中，饭店可以了解客人的满意度和饭店应改进的方向。

为了保证《客人意见书》的可行性和真实有效性，《客人意见书》的设计必须体现饭店的真诚，争取客人愿意填写，同时建立《客人意见书》的收集处理制度。

（四）拜访客人

餐饮管理人员一般应有计划地对一些常客和重要客户进行登门拜访，征求他们的意见，以了解本饭店的餐饮状况，掌握他们的消费需求和消费倾向。

（五）暗访

饭店可邀请一些资深的餐饮专家、优秀的专业教师、有名的美食家甚至是普通的客人到餐厅暗访。因为被邀请的“客人”都是目的性很强的专业人士，他们的切身体会及专业视角能比一般的客人了解得更深，更容易发现不足和问题。

三、餐饮业顾客的需要

根据马斯洛的需要层次理论，人的需要可以归纳为生理需要、安全需要、交往需要、尊重需要和自我实现的需要。就餐饮业顾客的需要，也可依次概括为生理需要（吃饱和吃好）、安全需要（卫生放心）、感情需要（吃出感情）、尊重需要（吃出尊重）、自我实现需要（吃出人生价值）。

（一）生理需要——吃饱和吃好

吃饱和吃好是餐饮顾客生理的需要，是基本的需要。

(1) 吃饱，餐饮业的一个基本功能是充饥，是解决充饥或吃饱的问题。吃饱的关键就是菜点的数量问题。餐饮业在定价以及处理定价与数量之间的关系时，特别要慎重，总的来说，要让顾客感觉数量与价格之间是大致成正比例的。

(2) 吃好，就是在食品的色、香、味、营养方面给顾客以生理的享受。吃好的关键就是食品的质量问题、环境的卫生问题。

(3) 其他生理需要：如光线、颜色、温度、湿度、音乐等要宜人；家具设备要舒适等；卫生间要与餐厅的档次相符等。

（二）安全需要——吃得放心

安全包括人身安全与心理安全。

(1) 人身安全，就是餐厅首先要保证顾客的人身安全。具体指装修、设备设施的安全，菜点卫生和保障顾客的健康。保障顾客健康，主要指菜点的营养构成要符合健康要求。

(2) 心理安全，在餐厅用餐提心吊胆就是心理安全得不到保障的具体表现。餐厅的运作要考虑到客人的心理安全需要，例如：餐具要卫生，地面要防滑，菜点酒水要明码标价等，从而让顾客心里踏实，也即有心理安全。

（三）感情需要——吃出感情

对顾客来说，餐厅是一个重要的社交场所。

(1) 通过家庭聚餐，可吃出家庭感情。饭店餐厅可针对客人这种心理，推出团年饭、生日宴会、节日宴会等主题产品。

(2) 单位聚餐，可吃出社会归属。现在聚餐已经成为我国许多企事业单位一种用以改善内部关系和增强凝聚力的方式。

(3) 在用餐过程中通过服务员周到的服务，顾客吃出宾至如归的感觉。

（四）尊重需要——吃出尊重

“顾客至上”、“顾客永远是对的”是饭店、餐厅的服务宗旨，也是尊重客人的体现。对待顾客一视同仁，进门都是客，处处把顾客放在首要位置，这些都使顾客享受到被尊重的感觉。

（五）自我实现需要——吃出人生价值

人生价值的实现途径，除了体现在工作或事业方面，还体现在人的消费中（包括餐饮消费）。与人实现人生价值相关的餐饮消费包括：升学宴、毕业宴或谢师宴、婚宴、庆功宴或庆祝宴、乔迁宴、生日宴或寿宴、金婚宴或银婚宴等。

四、不同年龄、不同职业顾客对菜肴的不同需求

顾客的年龄不同、职业各异，导致他们的消化能力有差异，故他们对菜点、服务的要求也不尽相同。见表4-4：

表 4-4　不同年龄、不同职业顾客对菜肴的不同需求

顾客类型	特　征	适宜的菜肴特点	服务要求
少年儿童	味觉感官发育不全	对于味道过重、过浓、酸辣的菜品感觉刺激；喜清淡、鲜嫩、容易消化的食品；要求菜品质量高，花色品种多	要求上菜速度快
中青年人	食品的适应能力最强	对油腻、辛辣、味重的食品都能接受；对菜品的特色和综合质量要求较高	最挑剔
老年人	受年龄、消化能力的限制	喜松软、油轻、易于消化的菜点；要求菜肴质优价廉	对卫生、出品质量要求高
脑力劳动者	活动量小，对脂肪和糖的消耗量不大；口味要清淡适口	豆类、蛋类、蔬菜类、鱼虾类、肉类等烹制的菜品为宜，应避免高糖高脂肪的食品	就餐时的要求和建议一般比较多
体力劳动者	消耗量大，需氧量高，体内物质代谢旺盛，代谢率高	以味重、油大、热量高的菜点为适口，如肉类、蛋类、糖类制品，烹制方法以炖、爆、炸、炒、涮等为宜	不喜欢拘谨的就餐环境

五、顾客对餐饮服务的期望

餐饮顾客对服务质量的期望和要求一般包括5个方面：可靠性、反应性、保证性、移情性和有形性。

(1) 服务的可靠性，是指餐饮企业在服务中能履行自己对顾客的承诺。这些承诺是餐饮企业在广告、海报、菜谱、照片、促销和公共宣传中所明示或暗示的。

(2) 服务的反应性，是指餐饮企业能迅速应对顾客提出的要求、询问和及时、灵活地处理顾客的问题。

(3) 服务的保证性，是指餐饮企业表现出能胜任服务的专业能力。

(4) 服务的移情性，是指餐饮企业能时时为顾客着想，能给予顾客个性化的关注。

(5) 服务的有形性，是指餐饮企业能通过自己的有形环境或形象向顾客提示自己的服务质量。

餐饮企业可以按照上述 5 个方面制定服务质量标准。

六、不同类型的消费者特征分析

(一) 散客与团体的消费特征

1. 散客消费特征

(1) 购买的随机性。散客的餐饮消费行为很多时候是一种随机产生的行为，或受自身本能饮食需求的驱使，或受环境卖场的刺激，常常在不经意之间，产生这样那样的餐饮消费动机。针对这一特点，饭店应明确：餐饮消费的潜在客源蕴涵在大量的平民百姓中。

(2) 需求的多样性。散客在餐饮消费时各有追求，有的求便利，希望在接受服务时能方便、迅速，最怕排队等候或服务人员的漫不经心，不讲效率；有的注重饮食消费物有所值，甚至超值；有的讲求物质生活和精神生活的享受；有的青年人追求服务的新颖、别致、刺激而不过分计较价格的高低等。

(3) 消费时段的相对集中性。散客餐饮消费在时段上呈现比较明显的相对集中的特点。一般来说，从一年来看，节假日往往是家庭型散客消费的热点时段，尤其是传统的中国节假日，如春节、端午、中秋等节日；从一周来看，一般周五、周六日往往是散客餐饮消费的热点时段；从一天来看，晚餐是朋友聚会的好时机，工作型散客餐饮时间一般集中在中午。

2. 团体消费特征

(1) 档次较高。一般团队餐饮消费（旅行团除外）档次要求较高，尤其是企业举办的各类宴会、宴请。

(2) 批量生产，需求量较大。

(3) 服务要求高。团队消费更注重品位，要求饭店除了能提供一流的菜点实物产品外，还希望饭店能以周到的服务体现餐饮的档次和特色。

(4) 重复消费几率高，是餐厅的潜在忠实顾客。团队在餐饮消费上表现了一定的稳定性。为获取价格上的优惠，团队与饭店的关系往往会通过合同加以固定。即使是团队没有与饭店订立合同关系，为减少购买风险，团队消费者也往往会一如既往地选择这家饭店作为合作伙伴。因此，团队消费者具有相对忠诚的消费特质。当然，这种消费特点的前提是该饭店具有稳定的质量、良好的信誉，并注重餐饮的全面创新。否则，饭店的固定团体消费者就会流失。

(二) 习惯型餐饮消费、冲动型餐饮消费与计划型餐饮消费的特征

1. 习惯型餐饮消费

习惯型餐饮消费，也称为必需型的餐饮消费，这种餐饮消费类型是基于能够吃饱的目的。习惯型就餐者一般性格执著，主观性较强，看重自己过去

的经验和习惯，长期性地、经常性地惠顾自己熟悉的某家饭店，消费某些偏爱的菜点和酒水饮料。习惯型就餐者大多为餐饮企业的常客，在外就餐的时间也较多。单身、男性消费者，忙碌的上班族多为习惯型就餐者。

2．冲动型餐饮消费

冲动型餐饮消费往往带有突发性消费的特点，情况比较复杂，属于临时决定的餐饮消费活动。如亲朋好友来访、情侣间共同进餐、新店开张、双休日全家外出游玩、广告、餐厅外观的吸引等等，都能促成冲动型餐饮消费。这种突发性的消费从心理上讲往往是请客和品味兼而有之，偶然因素多于规律性，因而难以预测和掌握。但是，餐厅可以通过发布广告、外观展示、陈列等方式来引起消费者的这种冲动，增加销售数量。

3．计划型的餐饮消费

计划型的餐饮消费是一种有准备的餐饮消费现象，除了习惯型和冲动型餐饮消费之外，其他的一切餐饮消费都可以归纳为计划型餐饮消费，例如婚宴、喜庆宴席、生日宴、节日宴、商务宴会、酒会等。

（三）不同追求的餐饮消费者消费特征

1．求便利型

大多时间观念较强，工作效率高，性情较为急躁，缺乏耐心，怕麻烦。就餐时希望方便、快捷，省时省事，上菜快，结账快，能以尽量少的时间完成餐饮购买和消费过程。

男性消费者、公务繁忙的中高层管理人员以及科技人员多为便利型就餐者。

2．求廉型

一般崇尚节俭，生活朴实；经济收入较低，购买能力有限；善于精打细算，希望以最少的支出换来最大限度的满足；就餐时对价格特别敏感，强调价廉实惠；对就餐环境、菜肴、服务的质量不作过分要求。

中老年消费者、家庭主妇以及打工者多为求廉型就餐者。

3．求实型

一般较为成熟和理智，虚荣心不强，价值观念较为稳定、实在；就餐时讲究餐厅的环境、服务质量、菜肴制作等，重实质，不过分追求豪华排场；注重价格与质量的比较。

中老年消费者、科技人员、事业成功者多为求实型就餐者。

4．求新型

一般观念较新，思想活跃，性格开放，对新奇事物、时尚风潮感兴趣，喜欢标新立异；具有较强的冲动性，易受广告宣传和社会潮流的影响；乐于品尝各种新式菜肴，享受新的服务项目，在尝新中获得刺激，得到满足；对饭店的地理位置、交通状况、价格等不大讲究。

青年消费者、白领阶层多为求新型就餐者。

5．情感型

一般易兴奋，情感体验深刻，想象力丰富，审美感觉敏锐，购买餐饮时不很理智，易受情绪影响，表现出情绪化的购买行为；选择典雅古朴、温馨浪漫或恬静悠闲的环境；喜欢动听的菜肴名称、菜肴优美的造型、色彩清新的饮料、善解人意的服务人员等。

情侣约会、有纪念意义的聚餐、婚礼庆典、故旧重逢等都是情感型餐饮消费。青年消费者、女性消费者的情感型消费行为较为突出。

6．社交型

一般性格外向，为人坦诚豪爽；热衷于社交活动，交际广，朋友多；注重喜庆、热闹的氛围，要求服务周到热情，菜品可口，有好酒好菜助兴，不太计较价格，视就餐为沟通、消遣、娱乐和休闲的方式。

朋友聚会、生日聚会等都是常见的社交型餐饮消费。

7．商务型

就餐往往是商务活动的组成部分，或是商务手段。讲究档次和气派，要求环境高雅、设施齐备齐全、菜肴精美，讲究效率，以取悦所宴请的客人为目的。

第三节 餐饮经营行情调查

行情，是指餐厅所在地经营区域行情。行情调查主要包括当地餐饮业情况调查、竞争对手调查、客源情况调查等。行情调查，有助于餐厅做好市场定位。

一、餐饮业行情调查

餐厅所在地的餐饮业情况调查主要包括：

（1）本地区餐饮的总体规模；

（2）本地区餐饮的类别、风味特点以及经营时间（寿命长短）；

（3）各类别餐饮的市场成长性；

（4）各种类型、各种档次餐厅的价格；

（5）本地区餐饮企业的分布格局；

（6）各餐厅的营业情况。

二、客源情况调查

客源情况调查主要包括：

（1）客源数量和餐厅接待能力总量的比较；

（2）各类餐厅接待能力与客源数量的比较；

（3）主要餐饮客人的来源情况；

（4）客人消费能力与需求强度；

（5）客人餐饮习惯；

（6）客人餐饮使用方式。

三、竞争对手调查

了解竞争对手，主要是对直接竞争者的了解。直接竞争者是在饭店餐厅的中心市场区内有着与本饭店餐厅类似的经营范围和目标顾客、提供与本餐厅类似的产品和服务的饭店或餐厅。直接竞争对手的情况主要包括四大部分：

（1）竞争对手企业基本情况；

（2）竞争对手企业餐饮营销策略以及实施情况；

（3）竞争对手企业经营情况；

（4）竞争对手企业餐饮日常管理情况。

掌握这四大部分基本情况，是研究竞争对手全部信息的出发点，只有取得了这些基本信息，才能揭示出每位竞争对手的根本特征。

（一）直接竞争对手的基本情况

具体来说，一家作为竞争对手的餐厅基本信息可以包括这样一些方面：

（1）竞争饭店（餐厅）的企业名称和企业地址，包括知名度；

（2）所处的经营位置，是处在人口稠密的居民区还是靠近大型写字楼，还是处于交通便利的地方，或是处在有众多餐厅或是商店聚集的区域；

（3）主要临近哪几条街道，这些街道的交通流量如何，餐厅的可进入性如何，从这些街道进入饭店（餐厅）是否有某些障碍；

（4）是否有足够的停车位，停车位置是否就在竞争对手的门前或附近，大约有多少车位，是否实行免费停车，附近有无停车场；

（5）该饭店主要的餐厅类型，各餐厅主要经营的菜系和风味特色，各餐厅所采取的服务形式；

（6）各类型餐厅的经营面积、餐位、包房情况，有哪些主要服务设施和服务项目；

（7）多功能厅面积、宴会厅面积等；

(8) 与本企业相比，竞争对手的餐厅是否更靠近一些其他设施，如游乐场、加油站、购物中心等等。

（二）直接竞争对手的餐饮产品分析

在对竞争餐厅的产品进行调查时，应收集如下信息：

(1) 餐厅经营的主要菜式，它是以什么样的菜系作为基础来开发产品的，是单纯的某个菜系还是几种菜系的混合；

(2) 菜点特色。这些产品的特色如何，被市场接受的情况，竞争对手是否有意识地强化市场对这些产品的认同程度；

(3) 竞争对手菜单是否表现出一定特色，还是与其他餐馆雷同；

(4) 竞争对手菜单项目的调整频率，也就是说新产品的推出大约需要多少时间，在菜单调整过程中有多少菜肴是保持相对稳定的，占多大比例；

(5) 从菜肴制作的火候、刀工、调味、装盘等角度看情况如何，是否能够保持一定的稳定性，口味特点是什么；

(6) 餐厅的服务状况如何，服务员的周到程度、礼貌礼节、反应能力、出菜速度，年龄结构如何，员工队伍的素质好坏，员工队伍的稳定性，是否受过良好的培训并体现出一定的专业化水平。

（三）竞争对手经营情况分析

要调查的经营情况包括：

(1) 营业状况；

(2) 营业范围与价格；

(3) 供应餐别；

(4) 主要顾客群体：餐厅客人用餐的主要目的，是以当地客源为主，还是外地客人占的比例大一些，从职业、身份和年龄结构看各类客源各自占多大的比重；

(5) 大约座位周转率；

(6) 营业时间以及不同的时间段客流量的变化；

(7) 人均消费额；

(8) 竞争对手是否开设分店，设在何处，分店的规模和经营特点等。

（四）竞争对手餐厅管理信息调查

竞争对手餐厅有关管理信息更能说明竞争对手餐厅营销活动的组织和实施情况。管理信息调查主要包括：

(1) 竞争对手餐厅的组织结构、管理体制；

(2) 竞争对手的领导群体来源、所受教育、餐饮管理经验和经营理念、工作作风、个性和意志力；

(3)竞争对手餐厅厨房采取何种管理形式，是自己培养厨师队伍还是采用外聘的形式等等，厨师长的个性以及创新精神，是否具有较强的市场意识；

(4)人员更替情况。管理人员的更替会对餐厅的产品风格甚至市场发生影响，而厨房人员的变更对出品影响甚大，因此要不断地了解竞争对手有关这方面的信息。

此外，还要分析竞争对手餐厅经营成功的因素和不成功的原因，分析竞争者生意最忙的时间段和清淡时间段。

（五）向竞争对手学习

了解竞争对手，分析它们的成功之处和不足的地方，向竞争对手学习它们的成功之处。

向竞争对手学习的内容包括：

(1) 竞争对手餐饮企业外部观感：选址、外装修、企业标志、客流量等。

(2) 竞争对手餐饮企业内部观感：室内装饰、餐桌布局、员工着装、菜谱设计、照明、背景音乐、环境清洁、空气质量、餐具完好程度等。

(3) 竞争对手餐饮企业服务接待：服务态度、菜品介绍、上菜时间、服务的规范性等。

(4) 竞争对手餐饮企业质量管理：菜品的种类、菜品的质量、酒水品种、价格水平、文化内涵、管理手段等。

(5) 竞争对手餐饮企业设备：空调、电视、服务用具等。

(6) 竞争对手餐饮企业员工管理：接待人员态度、有无领班、员工间的融洽程度、促销手段等。

向对手学习之后要加紧对本企业员工的教育。通过对其他餐饮企业的学习，管理者要将学到的好东西教给手下的员工，逐步将这些先进的思想、好的做法融合到本企业的实际工作中去。

第四节 餐饮市场定位

一个餐厅或餐饮企业不论它规模如何，它所能满足的也只是总体客源市场之中的一部分，而市场营销则要求企业最大限度地去满足尽可能多顾客，即寻找到企业尽可能大的目标市场。企业选择目标市场后，要塑造自己的特色和形象，并把这个特色和形象向目标市场推介，力求获得目标市场顾客的认同。

一、餐饮市场定位的概念

餐饮市场定位，是指餐饮企业选择最适合自己的一个或多个细分市场，并针对目标市场塑造特定的品牌、形象，开展和竞争者有所区别的经营活动。

市场定位的实质就是使本企业与其他企业的产品与服务严格地区分开来，使顾客明显感觉和认同到这种差异，从而在顾客心中树立自己餐厅的形象。

二、餐饮市场定位需要考虑的因素

(1) 目标市场对餐饮产品的具体需求，如对厨房出品、出品价格、服务质量、企业形象、档次、声誉等的需求。

(2) 考虑本企业的竞争优势和弱势、竞争对手的优势和弱势，对本企业和竞争对手进行比较分析。

(3) 必须考虑并适应国家政策、消费者消费习惯、食品原材料的市场供应状况等多方面的因素。

三、餐饮市场定位的步骤

(1) 确认自己的目标市场。管理人员首先要对餐饮的整个市场进行细分，在细致、准确的市场细分的基础上，选择最符合本餐厅的目标市场。

(2) 分析目标市场。

(3) 确定谁是竞争对手。竞争对手也就是本餐厅餐饮产品的模仿者，它们的产品在某种程度上与自己餐厅的一致，并且可以在市场上替代自己餐厅的产品。

(4) 利用顾客选择餐厅考虑的因素，将自己的餐厅与竞争对手进行"SWOT"分析，认清自己的餐厅在哪些方面有优势，在哪些方面不足。

(5) 确定餐饮的特色。餐厅可在出品、价格、氛围、卫生质量、销售方式、服务人员及其服饰、形体动作、服务语言、礼节礼貌等方面确定自己的特色。

(6) 树立企业市场形象。餐饮特色优势不会自动的在市场上显示出来，企业必须积极主动地跟顾客沟通，引起顾客的注意与兴趣，求得顾客的认同。餐饮企业可通过宣传、广告、营销、公关活动等手段和优质服务在目标市场的顾客的心目中提高自身的知名度与美誉度，达到市场定位的目的。

四、寻找目标市场

（一）市场内居民的人文特征调查

所谓居民的人文特征主要是指居民的性别构成、年龄构成、婚姻状况、家庭规模大小、收入、教育程度、从事职业、可能的工资收入、工作时间、民族传统和风俗习惯等。

在不同的市场区内，这些人文特征往往有一定的差异。在高新技术开发区，主要的餐饮消费者是大量的受过高等教育的中青年男性，他们的消费和住宅区内以家庭为单位的餐饮消费者显然有着不同的要求。

由于收入和职业的差别等因素都会使得不同市场内的餐饮消费者的需求呈现出多样化。对以住宅区为主的餐饮市场区域，重点要调查家庭规模大小、家庭主要成员的年龄结构、家庭餐饮消费的特点、外出餐饮消费的主要决策者等。而在以公司、企业为主的市场区域内，调查的重点应该是公司雇员日常餐饮消费情况以及消费特点、公司宴请的规模以及选择宴请地点的主要考虑因素等，这些情况和餐厅的选址以及投资是密切相关的，也是餐厅寻找目标市场的基础资料。

（二）对消费者市场特性进一步的调查

消费者市场特性的调查内容包括：

(1) 消费者希望开设哪些餐厅，包括对服务方式、餐厅的环境以及服务项目等有哪些要求；

(2) 区域内消费者希望餐厅提供哪些类型的餐饮，是快餐还是点菜，他们比较喜欢哪些菜肴；

(3) 菜肴的分量多少比较适合消费者，制定怎样的价格比较适应客源市场的餐饮消费能力；

(4) 消费者喜欢什么样的装潢和流行色彩，消费者喜欢在一种什么样的氛围内用餐；

(5) 消费者对菜肴是否存在某种偏爱，有什么要求和嗜好；

(6) 消费者的年龄、购买力以及情趣和生活方式；

(7) 消费者对娱乐有什么要求，喜欢什么样的背景音乐等。

（三）从地域角度寻找目标市场

从地域角度着眼，餐饮企业的目标市场有本地市场和异地市场两类。异地市场又可分外地市场和国际市场。饭店餐饮业的主要市场是本地市场。

本地市场，是指当地居民和当地流动人口。当地居民又分为土生土长的本地人和籍贯为外地的当地居民。

餐饮产品的产地与销地无法完全分开，因此，对一家在本地成长起来的餐饮企业来说，本地市场永远是主要的目标市场。尤其在人口多、经济发达的大城市，这些地方的餐饮企业更要重视本地市场。对一家以经营本地菜为特色的餐饮企业来说，土生土长的本地人市场可能比籍贯为外地的当地居民市场更重要一些，因为土生土长的本地人更习惯于本地菜。但人的餐饮习惯是会改变的，籍贯为外地的当地居民也不容忽视。

随着人口流动和迁移的大大加快，城市流动人口越来越多，流动人口为了在本地生存和发展，一般都练就较强的环境适应能力，其中包括餐饮习惯的适应能力。随着时间的推移，流动人口对本地菜会逐渐习惯，与当地居民的差异会缩小。

对一家以经营外地菜肴为特色的本地餐饮企业来说，本地市场中的当地居民和当地流动人口一样重要。

不同城市的当地居民中，土生土长本地人与籍贯为外地的当地居民所占的比例可能不同。一般来说，中小城市土生土长本地人的比例较高，而在大城市本比例就要低一些；中西部地区城市土生土长本地人的比例较高，而在东部沿海城市这个比例就要低一些。不同城市的餐饮企业在考虑本地目标市场及发展战略时，要了解土生土长本地人与籍贯为外地的当地居民的比例及其变化趋势，还要了解当地居民与流动人口的比例及其变化趋势。

（四）从人口结构中寻找目标市场

人口结构包括年龄、收入、家庭、职业、教育、民族、宗教、人口密度、人口流动等因素，其中年龄、收入、家庭是最值得考虑的目标市场因素。

1．从年龄段寻找目标市场

不同年龄段的顾客可以形成不同的目标市场。

（1）儿童市场

儿童是一个有价值的目标市场。在当今我国，小孩儿基本是独生子女，他（她）们在餐厅可能对家长的消费行为有较大的影响力。餐厅如有针对性地做好服务工作，换来小孩儿的满足和高兴，就一定能换来家长的愉快，就有可能培养回头客。很多西式快餐店的成功就是得益于坚持儿童目标市场。

（2）青年人市场

青年人是众多餐厅的追寻目标。青年人喜欢赶时髦、赶潮流，追求高消费，虽然收入不高，但攀比心理强。青年人好奇心也强，对新颖的产品和服务、销售方式有强烈的兴趣。

（3）中年人市场

人到中年，一般都有所成就，收入高，应酬多，因此，中年人是一个非常有潜力的市场。

（4）老年人市场

老年人有一定的储蓄和退休金，有一定的购买力，还有足够的闲暇时间，特别是随着一些城市人口的老龄化进程的加快，故老年人市场是一个值得开发的市场。

2．从收入寻找目标市场

从收入看，餐饮市场可以分为高、中、低不同的档次。

现在有的餐馆，特别是大的饭店餐饮，就是按高、中、低不同的档次来规划不同的餐厅的。但大多数餐厅、饭店恐怕还是应瞄准中低收入的顾客。从中国的国情看，餐饮业的第一目标市场应当是中低收入的大众市场，餐饮企业完全瞄准高收入人群是很难行得通的。

3．从家庭因素寻找目标市场

从家庭因素看，餐饮市场可分为大家庭市场、小家庭市场、单亲家庭市场、丁克（“DINK”，Double Income No Kids）家庭市场、结婚者市场、准结婚者市场、单身市场。

从目前来看，我国家庭的规模是以小家庭为主，小家庭数量大，而且人均收入比大家庭及单亲家庭高，是大众化市场的主体。

（五）从消费行为寻找目标市场

从消费行为看，餐饮业顾客可分为不同的类型。如可分为老顾客、经常性顾客、新顾客等；还可分为求廉型、求实型、求新型、情感型、社交型、商务型顾客等。这些不同类型的顾客都可以构成一个细分的目标市场。

五、常见的餐饮市场定位方法

（一）餐饮实体形象定位法

餐饮实体形象，主要指餐饮实体在目标市场中的视觉因素形象，具体包括地理位置、餐饮建筑外观、名称、标志、内外部环境等。这些视觉因素直接影响人们对餐饮形象档次的划分和评价。

（二）餐饮产品定位法

就是餐饮企业为顾客提供有特色的厨房出品（或某一功能性的厨房出品）、有特色的服务、富有个性的氛围等，为餐饮产品塑造一定的特点，在目标市场顾客心目中树立独特的形象，特别是要强调与同类产品的差异、在同类产品中的优势，形成品牌效应。

（三）价格定位法

餐饮产品价格是餐饮营销中最为敏感的因素。餐厅应根据消费者欲望程度的变化和平均消费水平而调整餐饮产品的价格，采取薄利多销和优质高价等策略，以对有关的目标市场进行定位。

（四）消费群体定位法

餐厅选择特定的消费者群体作为自己的目标市场，如儿童市场、婚庆市场、商务客市场等。

（五）服务标准定位法

即餐厅以一定标准的服务在目标市场顾客的心目中树立独特形象。餐厅确定什么样的服务标准，应该以目标市场的需要及餐饮实体所处的竞争地位而定。服务标准主要有服务态度标准、行为规范标准、服务技能标准、服务程度标准等。

（六）寻找市场空档定位法

即实施“蓝海战略”。新进入者若不想与已进入餐饮行业的实力雄厚者直接对抗，往往会采用这种策略，避开与其在同一市场竞争，而选取尚未被其他企业产品或服务所满足的细分市场作为自己的目标市场。

（七）反击另一种产品的竞争性定位法

即餐饮企业将市场定位于与竞争对手相类似的市场板块，与之争夺客源。一般实力雄厚者经常采用这种定位方法。

六、实施“蓝海战略”

欧洲工商管理学院的W.钱·金教授和勒妮·莫博涅教授设想市场空间由两种海洋组成：红海和蓝海。身处红海的企业试图超过竞争对手，以攫取已知需求下的更大市场份额。当竞争空间变得拥挤时，利润增长的前景随之黯淡。产品没有创新，只是常规性的产品；企业之间又呈现恶性竞争态势，因此有关企业非但没有从竞争中获利，反而遭受重大损失，使红海一片血腥。与之相反，“蓝海战略”则走出恶性竞争的怪圈，开发新产品，寻求新的目标市场，培养新的消费者。“蓝海战略”意味着未开垦的市场空间需求的创造以及利润高速增长的机会。“蓝海战略”要求企业把视线从市场的供给一方移向需求一方，从关注竞争对手的所作所为转向关注买方。

对于当今的饭店餐饮业而言，“蓝海战略”具有强烈的现实意义。随着市场容量的不断饱和，“蓝海战略”要求餐饮企业将目光投向深层市场，努力激发市场潜在需求，开拓新的市场空间，跳出价格战泥潭，开创优秀持久的品牌。“蓝海战略”要求餐饮企业不再只是瞄准现有市场中“高端”或“低端”顾客群，而是面向有着巨大潜在购买力的大众群体；不是一味地通过细分市场满足顾客的偏好，而是通过合并细分市场，从而整合出新的市场。

第五节　营销策略的发展与应用

一、"4P"营销策略

"4P"营销，即产品和服务（Product）、交易地点或渠道（Place）、交易促销（Promotion）、交易定价（Price）。

"4P"策略较注重市场占有率。

二、"3R"营销策略

传统的"4P"策略容易被仿效，而"3R"策略则更注重市场份额的质量。

（一）具体做法

1．保持老顾客（Retention）

建立和巩固与顾客的持久关系，与其一网打尽所有顾客，不如服务好现有顾客。

据统计，争取一位新顾客所投入的营销成本大约是留住老顾客所投入成本的3倍至5倍。另外，老顾客对饭店有一定的了解，省却了相互认知成本，不必在交往上花费更多的时间。老顾客的购买次数也往往超过一般的顾客。

2．相关销售（Related sales）

相关销售指的是餐厅在服务过程中把握商机，促使顾客更多购买相关产品，从而达到扩大业务、增加利润的目的。

对老顾客而言，其对餐厅充分信任，对相关产品的价格不是太敏感，餐厅推出其他产品或新增的服务项目，很容易推销出去；餐厅可根据老顾客的心理和喜好要求，更好地开发相应的产品，扩展业务范围。

3．顾客传播（Referrals）

是指顾客接受餐厅服务后，将自己对该餐厅的评价传递给亲戚、朋友、同事等。顾客传播对形成现有顾客、潜在顾客以及其他公众对餐厅服务的预期感知具有重要的影响，也是决定顾客下一步购买行为的重要因素。

（二）策略的实施

1．确定"正确"的顾客，控制顾客类型

要求饭店对顾客群作出规范性的选择，即为哪些顾客服务以及向他们提供什么样特定的产品组合和价格。

2. 了解顾客的需求和期望

了解顾客的需求和期望是实施“3R”策略的前提和基础。了解顾客，才能保持顾客，引导顾客。

三、“4C”营销策略

“4C”理论是由美国劳特伯恩教授在1990年提出的。“4C”指的是：研究顾客的需要与欲求（Customer needs and wants）；了解和关注顾客为满足其欲求所愿付出的成本（Cost to customer）；给顾客方便（Convenience）；与消费者沟通（Communication）。

（一）研究顾客的需求（Customer needs and wants）

餐饮企业的经营者要通过周密、科学的市场调查，摸清顾客的餐饮消费在生理、安全、感情、尊重和自我实现等方面的各种需求。对顾客需求的研究，除了要掌握其现实需求，还应了解他们的潜在需求，并预测他们饮食消费的发展趋势，从而在经营中根据消费需求的变化，不断调整菜肴的花色品种和服务项目，改进服务方式。

（二）掌握顾客愿意付出的成本（Cost to customer）

现代营销理论认为，在买方市场条件下，顾客在交易过程中占有主导地位，而顾客是否决定实施某种购买行为，取决于购买的让渡价值。

让渡价值 = 购买价值 − 购买成本

购买价值 = 产品价值 + 服务价值 + 形象价值 + 人员价值

购买总成本 = 货币成本 + 时间成本 + 体力成本 + 精神成本

根据这一理论，要实现让渡价值的最大化，餐饮企业要设法提高顾客购买价值，降低顾客购买成本。具体地讲，就是要求企业除了在菜点的质量上下工夫外，还要提高服务质量，增加服务的文化含量，树立良好的企业形象，融洽与顾客的关系，重视对消费者愿意付出的成本的研究，努力使购买成本降低至顾客愿意付出的成本以下。

（三）为顾客提供尽可能多的方便（Convenience）

以餐饮服务为主体，为客人提供多种延伸服务。

（四）加强与顾客的沟通（Communication）

餐饮企业在经营过程中要特别重视沟通，想方设法利用各种机会、方式、手段主动与消费者进行沟通。设计好店名、招牌、服务标志、菜谱等；根据企业定位对餐厅进行合理布局；利用电话接听、广告宣传、公共关系等手段向消费者传递具有特定目的的信息；通过市场调查，请顾客留言，倾听和收集顾客意见和建议等，掌握有效信息，把握商机。

“4C”策略侧重的是对顾客需求的研究。

四、餐饮体验营销策略

一项服务被赋予个性和定制化之后，变得值得记忆，就成了一种体验。体验营销是伴随着体验经济而产生的一种崭新的营销方式，它所强调的是，要站在顾客的角度去体验购买理念、购买程序、购买心理和购买的原动力。使交易成为记忆是体验营销的关键。因此，体验营销要给顾客造成一种幻觉，即感到整个企业都是为他特别服务的，他受到了特殊对待。由于顾客与企业的交流发生在产品和服务的消费过程中、在售后的服务跟进中，所以体验存在于企业与顾客接触的所有时刻。

体验营销的具体做法：

（一）感官式营销策略

即通过视觉、听觉、触觉与嗅觉，让顾客建立感官上的体验，引发顾客购买动机和增加饭店产品的附加值。

（二）情感式营销策略

即在营销过程中，要触动客人的内心情感，创造情感体验。当然，这种情感既可以是温和、柔情的，也可以是欢乐、自豪的，甚至是强烈的、激动的。情感式营销需要真正了解什么刺激可以引起某种情绪，以及能使客人自然地受到感染，并融入到这种情景中来。比如，有的饭店融入了一些怀旧主题，如北大荒、建设兵团、知青等，这对有这种经历的客人来说，就是一种很好的情感拉动。

（三）思考式营销策略

即启发人们的智力，创造性地让客人获得认识和解决问题的体验，它运用惊奇、计谋和诱惑，引发客人产生统一或各异的想法。在饭店餐厅，也可以通过服务员对菜肴原材料及做法的介绍，让客人了解更多的有关营养和保健方面的知识，从而更加重视自己的身体健康。当然，饭店也根据自身的客源特点，举办一些适合客人需求的专业知识讲座，以取得客人对饭店的认可与支持。

（四）行动式营销策略

即是通过偶像、角色，如影视歌星或著名运动明星来激发相应的客户群体，使其生活形态改变，从而实现产品的销售。比如，饭店可以借助名人开展一些活动，或请合适的名人作为形象代言人，以提升饭店的知名度。另外，饭店也可以冠名一些带有公益性质的事业或活动，通过一些特殊群体的体验来传达饭店的声音。

五、餐饮文化营销策略

餐饮经营没有文化，就没有品位。想提高餐饮档次，就必须增加文化品位。餐饮文化营销策略，就是弘扬饮食文化、进行文化包装和开展文化促销。

（一）弘扬饮食文化

饮食文化狭义地说，是指餐饮业的产品文化，就是在一定历史时期，餐饮业某一类或某一种菜点在色、香、味、形等方面以及在制作和享用过程中形成的具有文化内涵的特征。广义饮食文化，是指一个国家、一个民族、一个地区、一个城市生成的饮食文化。饮食文化在餐饮业的跨国营销、跨地区营销中发挥重要作用。

弘扬饮食文化，就是不断地挖掘、继承和发扬历史上形成的饮食文化，并将饮食文化用于营销之中。

（二）进行文化包装

文化包装，即塑造文化环境。餐饮环境的许多要素，如地段、建筑外观、周边环境、内部装修、布局、气氛、灯光、音响、餐桌、餐椅、餐具、菜谱、人员、顾客等，都可以成为文化包装。餐饮的文化包装的对象按照文化性质分还有历史文化、城市文化、乡土文化、旅游文化、民族文化包装等。

（三）开展文化促销

餐饮业的文化促销活动，一方面，可以举办美食节和引进社会文化；另一方面，是引进或赞助社会文化。餐饮营销过程中引进社会文化，可以满足顾客精神上的享受和迅速提高餐饮企业的文化品位。同时，餐饮企业又可以在企业文化中融入社会文化，以增强企业文化和品牌形象对市场的影响力。再有，餐饮企业在公关活动中支持和赞助社会文化，还可以提高和扩大品牌的知名度和品牌影响力，提高品牌的社会形象，从而可以间接地促进营销。

六、餐饮品牌营销策略

餐饮品牌是一种有形线索，它能反映餐饮企业的服务质量和水平。餐饮品牌营销，就是餐饮企业建立品牌和利用品牌来开展营销。

餐饮品牌按层次分有公司品牌、店牌、产品品牌、厨师品牌和服务品牌等。

开展品牌营销的目的：

1．体现经营理念

许多店牌，尤其是历史悠久的店牌，都有一定的含义，或与某些传说、故事有关。而这些传说、故事往往体现该餐饮企业的经营理念和服务理念。

2．显示特色

餐饮品牌的一个主要作用是向市场提示餐饮企业的特色。

3．保护知识产权

品牌有利于保护餐饮知识产权。因为许多餐饮技艺和创新具有不可专利性，比较容易被模仿，但餐饮技艺和创新如果拥有注册品牌，就可以受法律的保护。

4．关系营销

餐饮企业一旦创立了品牌，就意味着拥有一批有品牌偏好的忠实顾客。品牌对保持老顾客、争取新顾客和发展社会关系都十分有利。

5．有利于沟通

餐饮品牌设计得好，有利于广告宣传，同时也有利于口碑宣传。在餐饮市场，口碑非常重要，是餐饮沟通的主要手段。

七、餐饮绿色营销策略

随着社会经济的发展，人类对自身生存环境给予了越来越多的关注，环保热潮正席卷全球，人类随之进入绿色时代。人们逐渐意识到，人类并非自然的中心与主宰，人类文明的发展不能以牺牲人与自然的和谐为代价，企业行为将越来越多地受到来自保护环境责任的约束。这对饭店而言，是一种挑战，也是一种机遇，它给饭店带来改善环境的压力，同时，也给饭店提供了新的竞争优势的机会。绿色，将成为众多饭店追求的形象。

（一）餐饮绿色营销的内涵

绿色营销，是指餐厅在消费者利益、环保利益和自身利益有机统一的基础上，制造和发现市场机遇，采取相应的市场营销方式以满足顾客需求并从中获利和发展的过程。

绿色营销包含了两个层面的意思：一是微观层面而言，是为了餐厅的利益；二是从宏观而言，涉及道义。可见，利益和道义决定了绿色营销的动机和行为的多层次性。

（二）绿色营销的宗旨

（1）节约材料，保护地球资源；

（2）确保餐饮产品的安全使用、卫生和方便；

（3）引导绿色消费，培养人们的绿色意识，优化人们的生存环境。

（三）绿色餐饮的具体做法

1．培育绿色饭店文化，树立绿色观念

绿色饭店文化的核心是强调对社会和环境的责任，实现人与自然界、人与人及人的身心和谐，并将环保目标与饭店经营管理目标融为一体，激励员工节约资源，保护环境，树立饭店绿色形象；制定饭店道德规范，使员工受社会公认的规范制约，从而强化全体员工的绿色意识。

饭店应建立积极有效的公共安全和食品安全的预防、管理体系；饭店应建立采购人员和供应商监控体系，尽量选用绿色食品和环保产品；饭店积极采用绿色设计。

2．推广绿色食品

绿色食品是指食品的品质特征、属性，即无公害、无污染、安全、营养、优质、天然，可绝对放心地食用，最大限度地限制化学合成物；它包括绿色蔬菜、肉类和其他绿色食品。此外，绿色食品的含义还包含严格遵守国家有关野生动物及益鸟、益兽的保护法规，不食用国家规定的野生保护动物。

可供餐厅借鉴的具体做法有：

（1）食品开发不得破坏生态环境，如菜肴中不得涉及珍稀野生动植物。

（2）餐厅须保证出售检疫合格的肉食品，严格检查蔬菜、果品等原材料的进货渠道，确保食品安全。在大厅显著位置设置外购原料告示牌，标明主要原料的品名、供应商、电话、质检状态、进货时间、保质期、原产地等内容。

（3）采购人员要识别源头原料、自然无污染原料、绿色食品原料，尽量少用罐装、听装或其他已经加工制成的半成品原料，要更善于识别、杜绝采购被污染或腐败变质的原料。

（4）严格控制采购数量，宁可少买勤购，切不可多购积压而造成原料不新鲜，甚至变质浪费。要掌握好节约采购成本与保证原料质量的平衡点。

（5）有条件的饭店可建立自己的无污染、无公害原料或绿色食品原料的种植基地和饲养场所。值得引起重视的是，如今食用有机食品在欧洲已成为主流，而且越来越受到消费者的欢迎。饭店可与农村合作，以“有机农业”栽植方式生产各类有机食品。这对于集团、连锁餐饮意义更加重大。

（6）转基因食品（Genetically Modified Food）要告知顾客。

（7）初加工原料要得法，出净率要高；反之，损耗大，产生垃圾多，环境污染大。对垃圾的处理也应与生态农业、立体农业相结合，各类废弃原料分类存放、及时清运，最大限度地减少对饭店及城市环境的污染，最大限度地让其发挥饲养家畜、水产，制造农家肥料的作用。

（8）主要原料要合理搭配，即要根据原料机理，以使菜肴质嫩松软，方便进食和消化。单个菜肴要注意营养的合理组合，整桌菜肴要防止营养结构的片面单一，应尽量做到荤素、水陆、精粗原料的配合使用，要使蛋白质、脂类、糖类、维生素、矿物质等各类营养合理平衡。要注意防范如鞣酸、草酸含量高的蔬菜不宜与含钙食品一同烹制。在宾客吃饱吃好的前提下，应尽量节约使用原料，减少烹调作业和垃圾的产生。

（9）使用精密、高效的烟罩设备，使油烟、浊气等外输通畅，保持厨房的负压环境；运用合理的烹调方法，减少对原料营养成分的破坏；力求不使用添加剂，调出原料自身美味；低温处理可食用的原料，不必使用高温烧烤；客前烹调（堂制），尽可能减少油烟气味。

（10）烹制成熟的食品，点缀盘饰要合理，应避免盘饰繁复，否则既影响菜的口感，又造成原材料的铺张浪费，增加菜肴成本。

（11）点心菜肴的着色剂、增香剂、蓬松剂等应符合国家规定，尽量减少乃至取消使用。

（12）在保证成品质量的前提下，尽量简化操作，减少对食品的污染机会。

3．提供绿色服务

（1）餐厅有无烟区，设有无烟标志。餐厅内有良好的通风系统，无油烟味。

（2）制定绿色服务规范，倡导绿色消费，提供剩余食品打包服务、存酒服务。

（3）不使用一次性发泡塑料餐具、一次性木制筷子，积极减少使用一次性毛巾。

（4）餐厅内有男女分用卫生间，洁净无异味，卫生间面积及厕位与餐厅面积成恰当比例，卫生间各项用品齐全并符合环保要求。

（5）餐厅服务员在向点菜客人介绍、推荐菜肴时，不能片面考虑企业经济效益，一味推荐高档菜品，还应考虑客人的利益，力求做到经济实惠，资源不浪费，营养配置合理，包括提供绿色含量高的菜肴及饮料。

（6）若客人需要保存利用剩菜，还应积极提供打包服务。

（7）谨慎选用打包材料，坚决取缔造成白色污染的发泡塑料饭盒，选用可降解材料。

（8）减少对口布、杯具等服务用具的污染和洗涤量。

（9）配备和使用原始自然的餐具、盛器、服务用具，力求餐饮出品和服务清新自然。

八、餐饮顾客心智营销

心智，简单地说，就是指一个人的心思与智慧。从消费的角度上说，心智就是消费者蕴藏在内心深处的对待各种产品理性而又明智的看法或价值认知认同的程度；心智营销就是研究了解和高度把握消费者的心智规律，利用其成熟的心智并促其转化为购买动机，达到营销产品的目的。可以说，消费者或顾客对某一种产品或服务的认知认同程度越高，说明心智营销的水平度较高、回报率也较高。心智营销不是单一的心理营销，更不是与公众的智力比拼与心计较量，而是两者相互交融的复合营销活动，是当前世界上最具前瞻性的营销方式，是反传统营销模式的一次重大变革。

心智营销是目前阶段一种终极营销的模式，是一种高价值、大作用的全新营销活动。谁能掌握和锁定消费者心智，谁就能打通客源链节点，谁就能在客源市场制高点上垄断客源，形成独家生意。从某种意义上说，心智营销是营销学、市场学中的巅峰营销行为，是一种极具感染力、浸透力、杀伤力的营销利器，其巨大作用必定推进新一轮产品销售的热潮和加速市场格局的变化。

心智营销的具体做法：

（一）首先要寻找消费者心智的诉求点

产品是死物，为了将其激活，让消费者信任它、购买它，那么一定要找到消费者心智的诉求点。因为每一个消费者都有自己传承的文化基因和精神层面的诉求点，关键是否能找到并妥帖的表白出来。例如联邦快递将“隔天送达”(overnight)作为经营理念的诉求点，深深打动追求高效率顾客的心智，因此赢得大部分快递市场。

（二）要善于激发消费者心智的敏感点、兴奋点

每一个人的心智是有一定规律的，对一些企业营销活动或产品可能感兴趣，又有可能对一些企业营销活动或产品无动于衷。让消费者对感兴趣的产品有欲罢不能、非买不可的感觉，并想方设法延长其兴奋的时限形成多次购买；对消费者不感兴趣的营销活动和产品，要设法让消费者有兴趣，积极提升其对营销活动和产品的敏感度、兴奋度。为此，就要充分了解广大消费者的心智特性，善于激发消费者心智的敏感点、兴奋点。

（三）要张扬产品的闪光点、亮点，迎合消费者的心智期待

消费者的心智都是期待餐饮产品的闪光点、亮点，因为这些闪光点、亮点与心智相契合并激发心智，从而引发消费者对餐饮产品的好感和购买欲望。因此，要挖掘，张扬餐饮产品的闪光点、亮点，以迎合消费者的心智期待。那么产品的闪光点、亮点到底是什么呢？譬如：有的企业以产品的性价比作为闪光点、亮点抛给广大消费者；有的以产品的品质、品牌作为闪光点、亮点去迎合广大消费者；还有的以产品的高科技含量或悠久的历史作为闪光点、亮点来满足消费者心智上求新或怀旧的喜好。

第六节　促销策略

餐厅开业后，餐饮产品促销就成了提高营业额的一个重要方法，也是餐饮管理的一个主要环节。

作为餐饮营销人员必须明白如何做促销计划、如何选择促销方式、如何选择促销契机等内容。

一、促销计划的要素构成

（1）促销主题和目的；
（2）促销推广日期；
（3）促销地点和时间；
（4）促销品种设计；
（5）广告宣传策划；
（6）促销预算和收益评估。

二、促销契机的选择

促销契机就是促销的由头。契机的选择非常重要。

（一）以餐厅的业务发展为契机

1．餐厅开业

这是最好的契机。可以利用餐厅开业之际，大造声势，从而迅速扩大影响，树立餐厅的市场形象。

2．经营淡季

经营淡季进行促销，可刺激客人来餐厅消费。

3．餐厅转换投资者或转换经营者或转换厨师

利用这些契机可以策划促销活动，借以转移顾客的注意力，减少负面影响。

（二）以节日为契机

国内外各种有影响的节假日是餐饮机构进行促销的大好时机，也是餐饮经营的突破口。

1．中国传统节假日

中国传统节假日有：春节、清明节、端午节、国庆节、中秋节、重阳节等，在不同的节假日，往往会形成不同的餐饮消费热点。

2．西方传统节假日

西方传统节假日有：圣诞节、复活节、情人节、万圣节、母亲节、父亲节等，在世界经济一体化进程日益加快的今天，饭店应利用这些西方外来节假日进行了促销。

3．国际性节假日

国际性节假日有："五一"劳动节、"六一"儿童节等。这些节日也是饭店促销的良好契机。比如"六一"儿童节，一些餐厅已经意识到儿童身上的巨大餐饮消费潜力，因此出现了形形色色的儿童主题餐饮。

（三）特殊时段

如高考期间推出高考餐饮促销活动；年终推出各类宴会；暑假期间面向工薪族家庭推出暑期儿童套餐等。

（四）以本店有影响的活动为契机

饭店餐厅有时为了扩大自身的知名度，也可找出一些事由来借题发挥，如开业周年纪念，接待某著名运动员、政府官员、明星等，利用这些活动进行相应的促销能够引起轰动效应。

（五）以本地区即将举行的重大事件为契机

以地方重大事件和活动进行促销，一方面可以宣传、扩大影响，另外一方面可以吸引更多的客人来就餐。如在当地举办国际性或全国性的大型会议期间，外国、外地客人较多，餐厅可以举办以本地特色菜肴或地方风味小吃为主题的促销活动。如在广州市举行的中国进出口商品交易会，就是广州市每年都会举办的重大活动，在交易会期间，各餐厅都进行相应的促销活动，吸引交易会来宾就餐，以扩大影响。如果餐饮企业作为重大活动的参与者或协办者，那效果就会更好。

（六）以国内外重大比赛为契机

一般是国内外比较关注的重大事件，又以比较轻松自如的文娱、体育活动为主。如奥运会、亚运会、世界杯足球赛等，选择这些国内外客人都比较关心的重大比赛为契机，可以为客人提供聚会交谈的场所。

三、促销形式选择

（一）店内促销

1．优惠促销

优惠促销，就是让利给顾客的一种促销方式，它是为鼓励客人反复光顾或在淡季时间里光顾的一系列折扣办法。它包括即时优惠和延期优惠两大类。即时优惠，是伴随顾客餐饮购买行为而给予的各种优惠，如赠送礼品、现场打折、现场摸奖等；延期折扣则是消费者在下次购买餐饮产品时才能享受和使用的各种优惠，如赠券等。

（1）折扣促销

为争取和鼓励顾客多购买本企业的餐饮产品、稳定既有客源市场、提高市场占有率，餐厅给予前来消费的顾客一定折扣。折扣是指对顾客消费额实行降低、减少部分价格或收款的一种价格促销手段。餐厅的折扣大致分为消费总额折扣（整单折扣）、厨房出品折扣、茶芥折扣、服务费折扣、赠送饮品或水果等。

消费总额折扣，是指整张单折扣，即在顾客的消费总额的基础上给予一定的优惠。

在餐厅实际操作中，考虑到餐厅的利润，大部分餐厅只是就厨房出品给予顾客一定的优惠，而海鲜、鲍翅房出品、野味、茶芥等却未纳入，除非事先表明整单多少折。

茶芥折扣是指免茶，有时也包括餐前小吃部分，在茶市的经营中，这是经常用的招徕术之一。

服务费折扣就是免收服务费，在不同的营业时间，这是一种有效的促销手法。赠送饮品或水果也是一种折扣，当顾客消费额达到某种程度，便可获赠饮品或水果，这也是搞好顾客关系非常有效的一招。

餐饮经营的折扣幅度，一般控制在九折、八折或七折，即10%、20%、30%。

对于折扣的实施，餐厅应有专门的权限规定。规定实施折扣的时段，如开业、周年、经营淡季、茶市的特定时间段；规定顾客对象；规定管理人员的折扣权限。

（2）赠券优惠

赠券的使用在餐饮业极为普遍，尤其在营业淡季更多地采取这种方法。赠券的发放比较灵活，有的饭店借用大众媒介主要是报纸发放赠券，有的则委派人员在人群集中的地方发送赠券；有的则在消费者结账时向消费者赠送一定的赠券，顾客下次消费可抵作相应的币值。

（3）额外赠品

餐厅在正常服务之外，再赠送其他一些小礼品，常见的小礼品有：生肖卡、特制的餐布、印有餐厅广告和菜单的折扇、小盒茶叶、卡通片、巧克力、鲜花、精制的筷子等等。值得注意的是，小礼品要和餐厅的形象、档次一致，要能起到好的、积极的推销宣传作用。这些小礼品要精心设计，根据不同的对象分别赠送，这样效果会更为理想。

(4) 积分奖励

积分奖励，是一种奖励餐厅常客、提高客人忠诚感的优惠促销方法。餐厅按照客人消费额的大小计算客人的分数，客人每次在餐厅消费后获得的分数可以累加，形成客人的总积分数；接着餐厅根据客人的积分多少，制订和实施不同档次的奖励计划。

2. 亏损先导推销策略

亏损先导推销策略，亦称特价菜促销策略。亏损先导（Loss Leader）产品，就是企业选择的那些价格定得很低、用来做诱饵吸引客人光顾餐厅的产品。

分析这些产品折价推销的效果，不能只分析这一产品折价前后的赢利性，还必须要分析它们的"次级推销效应"(Secondary Sales Effect)，"次级推销效应"就是某产品的推销对其他产品的销售带来的影响。顾客通过诱饵产品折价的机会进入餐厅时，通常还会购买其他产品。特别是餐饮产品之间具有互补性，一种产品的销售往往会刺激另一种产品的销售。

(1) 做"亏损先导推销"活动时需收集的数据

①亏损先导推销给其他产品增加的顾客数和销售额。

②亏损先导推销所增加的成本（包括亏损先导增加的成本及其他产品所增加的成本）。

③亏损先导推销所损失的收入。

④推出亏损先导销售所增加的其他费用（如人工费、燃料费等）。

⑤计算亏损先导推销所获得的净收益。

(2) 在选择亏损先导产品时要注意的事项

①品种上要有诱惑力。选择的菜点应是本餐厅的招牌菜或流行的品种、中高档以上的品种或海鲜。只有这样才能使品种具有诱惑力。

②价格要有吸引力。既然是特价菜，就要在价格上体现出特别价格的特点。一般的经验是，特价要比正常价格下降30%至50%的幅度，才能产生特价效应。

③每天只有一个亏损先导菜点，才能产生以点带面的特价效应，否则，就会顾此失彼，反而忽略了其他品种的销售。

④应保证供应，否则就会失信于顾客，有损企业形象。

3. 展示促销

展示促销，就是通过加大餐饮产品生产、销售过程的透明度来满足客人的安全心理需求，从而达到促销的目的。具体做法有：

(1) 原材料展示

餐厅将主要原材料，如海鲜、蔬菜、点心、名贵的鲍鱼、鱼翅等现场展示出来，突出原料的鲜、活、贵，让客人现场挑选。

（2）透明菜谱

菜谱菜点标明分量、原料配方、价格，不标时价，让顾客明白消费。

（3）生产展示

①透明厨房；

②电视直播；

③厨师张榜，顾客自选厨师等。

（4）客前烹调

为增加现场感，餐厅可将一些烹饪操作具有一定表演性质的菜点，如鲍鱼、鱼翅、面点（如印度飞饼、刀削面）、特色菜（如北京烤鸭的片皮）等，在客人餐桌前烹制，以刺激宾客产生消费欲望。

（5）透明账单

所谓透明账单，就是将收费的项目、菜点的分量（斤两、规格、大小）、金额、折扣的幅度全部罗列出来。这样的账单强化了客人的放心感，也为饭店吸引了络绎不绝的回头客。

4．针对儿童的促销方法

根据研究成果，儿童是影响家庭就餐决策的重要因素，家庭在选择餐厅时，儿童起了重要的作用。针对这种情况，餐厅要做好下列工作：

（1）设计儿童菜谱

儿童菜谱设计要具有吸引力和营养性。吸引力就是要色彩鲜艳、直观生动，最好以图片为主，同时可将菜谱作为玩具赠送给儿童，或附带赠送某些小礼品。

（2）营造具有儿童气息的就餐氛围

包括灯光的设计、墙壁的色彩、儿童玩具的添置、服务员的服饰等。

（3）配备为儿童服务的设施

餐厅可提供儿童坐椅、儿童围兜、儿童餐具及儿童活动室等服务项目和实施。

（4）设计比赛活动让儿童参与

儿童一般都有强烈的表现欲。所以，如果在餐厅进行一些适应儿童特点的知识和趣味活动的比赛，如画画比赛、音乐比赛等，可增强吸引力。

（5）提供安全服务

在就餐过程中，要注意儿童的安全。尽量避免在儿童身边上菜，热菜、热汤摆放位置离儿童远一点等。

（6）赞助儿童事业，树立餐厅形象

饭店可为孤儿院等儿童慈善机构进行募捐，支持儿童福利事业；也可设立儿童奖学金等，树立企业在公众中的形象。

5．节假日促销

各种节假日是难得的促销时机，饭店可本着“以节兴店”的宗旨做全年、全世界的节日餐饮文章。

在进行节假日促销策划时，应深入研究节假日的消费背景，包括节假日的来由、节假日的消费习俗、节假日期间相关替代产品的情况、节假日前后餐饮消费差异、节假日期间同行的促销手段等。在此基础上，结合饭店餐饮的实际情况及餐饮营销目的，推出各类富有新意的节假日产品。

值得注意的是，春节、“五一”、“十一”这三大长假各有不同的餐饮消费特点。春节餐饮消费求喜庆，求团圆，因此，春节促销要抓住这一特点，通过抽奖、开展游艺活动、赠品派送等方式增加节日餐饮的娱乐性。而“五一”、“十一”则要突出休闲特色，一方面从菜品、环境、服务等方面增加休闲性；另一方面，这两个节日又是结婚的高潮期，因此，可以婚宴促销作为餐饮促销重点。

6．主题美食促销

主题美食促销，是在餐饮正常经营的基础上所举办的多种形式的系列品种推销活动，是现时流行的经营促销手法。

主题美食促销可以是各种美食节，也可以是某些商家的产品展销，还可以是政府举办的美食周，如“广州旅游美食节”等。

（二）店外促销

店外促销活动包括：营业员上门推销、电话推销、广告推销、到会（外卖）促销及针对旅游团队促销。

1．营业人员上门推销

一般餐饮业可设专门的推销人员来进行餐饮产品的营销工作，要求他们必须精通餐饮业务，了解市场行情，熟悉饭店各餐饮设施设备的运转情况。上门推销必须事先对客户进行筛选，推销要有针对性。

2．电话推销

即餐饮营销人员与宾客通过电话所进行的双向沟通。这种推销方式只是通过声音进行沟通，所以就需要推销员特别注意运用自己的听觉，要在很短的时间内对宾客的要求、意图、情绪等方面作出大致的判断，推销自己的餐饮产品和服务时力求突出重点，同时做好电话记录。

3．广告推销

是通过购买某种宣传媒介的空间或时间，来向餐饮公众或特定的餐饮市场中的潜在的宾客进行推销或者宣传，它是餐饮业常用的营销手段。“酒香不怕巷子深”这句古语的局限性已经被越来越多的餐饮企业所认识。所以餐饮营销中，广告是必不可少的重要手段。餐饮广告一般可分为电视广告、电台广告、报纸杂志广告。

4.到会

是指在饭店餐饮消费场所之外进行的餐饮销售、服务活动，它是餐饮销售在外延上的扩展。它不占用饭店的场地，可以提高销售量，扩大餐饮营业收入，在旺季可以解决就餐场地不足的问题，在淡季可增加销售机会，使生意相对平稳。

5. 针对旅游团队促销

旅游团队生意是饭店、餐厅的重要收入来源之一，尤其是在经营淡季，餐厅有足够的场地招徕各种团队活动。因此，也要做好针对旅游团队的促销活动。

案例 4–1

文全兴饭店——饮食对联倾倒众文化客人

浓厚的文化气息和准确的市场定位是“文全兴”制胜的法宝。饭店周边是当地有名的文化区，各主要报社、电台、高等学府云集于此，这些也就构成了饭店的主要经营特色。

在极力营造浓厚的文化氛围的过程中，饭店精心策划构思，推出了一系列文化促销项目，尤其是饮食对联更成了一大卖点。

走进饭店，迎面看见大门口——“烹煮三鲜美，调和五味香。”各厅堂门口，也都有相应的对联，如“饭好菜香早晚便，茶热汤美老人宜”；“美味可待云外客，香气能引洞中仙”；“饭菜飘香引来顾客万千，鱼肉有味出自庖师二人”；“南北烹调闻香下马，东西饭菜知味停车”；“店有佳肴但可随心拣几样，客爱名酒不妨就此喝一杯”；“饭菜花样多，顾客停留谁肯去；茶酒味道香，行人虽走欲重来”等。

菜单上也有对联，比如“自饮自酌只要随时方便，小餐小吃何须频频成席。”——规劝人们节俭为本；“喝一碗糖冲米酒豆浆养血，吃个油炸面窝糍粑提神。”——不折不扣的广告，却又极富人情味；“菜包糖包肉包包您满意，炸饼酥饼月饼饼饼俱甜。”——虽是小食品，却也气势如虹。菜单上的这些对联，无不具有朴素的平民风格和浓厚的生活气息。

餐具上也有对联，如竹筷的外套上用清秀的小楷写着——“李白借问谁家好，刘伶还言此处佳”，不经意间又牵出一段典故；陶瓷酒杯上则是绝妙的“酒对”——“竹叶杯中万里溪山闲送绿，杏花村里一帘风月独飘香。”

最令人叫绝的还是专供顾客打包用的饭盒上的对联——“处处通途何去何从?求两餐分清正邪；头头是道谁宾谁主?吃一碗各自东西。”寓意深长，启迪人生，再经好事的文化人在报刊、电台上一番点评，名气不传自散。

——《现代饭店营销创新500例》，饶勇，广东旅游出版社，2000年版。

案例4-2

顺峰海鲜——硬是让北京人爱上吃海鲜

1993年春，正当中国改革开放进行得风起云涌之时，顺峰人深感广东市场已经很小，顺峰只有走出顺德、走出广东，方能获得更大的发展。

顺峰人首先想到北京。他们综合分析当时国内外形势，走访考察北京的餐饮市场，明智地选择了朝阳区东三环北路16号东侧——原中国农业展览馆旧位，装修改造成北京顺峰海鲜世界。

起初，京城的消费者并不接受生猛海鲜，也不太接受粤菜及粤菜海鲜的价格，酒楼开业之初，生意曾一度冷清。但顺峰人深信顺峰的经营模式合情、合理、合法，只要坚持下去，屡出新招，一定能走出低谷。

作为顺峰在北京的首家企业，北京顺峰海鲜世界设计得很独特，大堂气派豪华。装修以藤竹木材料为主，给人以清爽、温馨、干净、整洁、舒适之感。不少名人和企业家以及港澳工商界知名人士及演艺界明星光顾后，连声称赞："够温馨，够舒服。富有高雅浓郁的酒楼气氛，我们中意这种风格。"

为了营造轰动效应，酒楼特设立了在整个东南亚范围内最大的室内海鲜池，放养着来自世界各地的多种海鲜，品种及稀有程度甚至超过北京对外开放的水族馆。

有了良好的硬件条件，再加上耐心地、热情地培养顺峰消费者群体，逐渐扩大了顺峰海鲜粤菜的影响。1994年，一句"吃海鲜，到顺峰"的口头禅终于在北京传开了!各行各业人士凡有上档次、多规格、要体面的聚会就餐，无不以顺峰为首选，食客们称赞顺峰是："京城高水准粤菜海鲜的最佳代表"。

——《现代饭店营销创新500例》，饶勇，广东旅游出版社，2000年版。

思考与讨论

1. 如何进行顾客管理?
2. 如何组织餐厅客源?
3. 顾客分析的内容有哪些?
4. 了解顾客需求的办法除了本章提及的之外，还有哪些好的办法?
5. 试分析你所在城市餐饮需求市场的发展态势。
6. 你所在的饭店（餐厅）的直接竞争者是谁? 请尝试对其进行调研，并写出调研报告。
7. 你所在的饭店（餐厅）能实施的"蓝海战略"有哪些?

第五章 餐饮服务管理

管理要点

- 餐饮服务质量管理
- 投诉处理
- 制定各餐厅的服务规程
- 餐厅服务技能规范
- 餐饮服务流程管理
- 餐饮现场服务管理
- 点菜技巧
- 宴会设计
- 宴会服务的组织实施
- 宴会菜单的编写
- 到会服务组织

引子

有人说，餐饮服务就是端盘子，不需要太多的专业知识，是人都能做服务员。实际上餐饮服务是一门专业的技能，要求服务员、管理员都要经过专门的理论学习和专业训练。

正因为以上思想的影响，给餐饮服务管理带来或多或少的难度。

餐饮服务管理是餐饮管理的重要组成部分。餐饮服务管理是在餐厅经营方针和经营策略的指导下，根据顾客消费需求和消费心理，合理布置餐厅氛围，制定餐饮服务规程，做好餐饮接待服务的组织工作，在标准化服务的基础上为顾客提供个性化的服务，提高翻台率，扩大产品销售，力求获得良好经济效益和社会效益。

第一节 餐饮服务质量管理

餐饮服务质量，是指以设备、设施为依托所提供的劳务在实用价值方面适合和满足客人需要的程度。服务的实用价值适合和满足客人需要的程度越高，服务质量就越好；反之，服务质量就越差。

一、服务性企业质量管理的理念

（1）绝大多数服务性企业是感情密集型企业；

（2）服务性企业是在开放式服务操作体系中为顾客提供服务的；

（3）顾客必须参与服务过程才能接受服务；

（4）服务过程和消费过程同时发生；

（5）服务性企业与顾客之间的信息沟通是影响服务整体质量的重要因素；

（6）服务性企业与顾客之间的关系会影响顾客感觉中的服务质量；

（7）服务质量既受服务性企业可控因素的影响，也受服务性企业不可控因素的影响；

（8）要为顾客提供优质服务，服务性企业必须加强内部服务质量管理工作；

（9）高新技术飞速发展，为服务性企业提高服务质量和经营管理工作效率提供了极为有利的条件；

（10）服务性企业必须加强每个服务细节的质量管理工作。

二、评价服务质量的因素

赛塞和奥尔逊等欧美学者认为，顾客会根据以下七类服务属性评估服务质量：

（1）安全：指人身安全和财产安全；

（2）一致：指服务的规格化和可靠性；

（3）态度：指服务态度；

（4）完整：指服务项目是否完整；

（5）环境：指服务环境和气氛；

（6）方便：指服务时间和服务地点是否方便顾客；

（7）时间：指服务所需的时间和服务速度。

三、餐饮服务质量的特点

（1）餐饮服务质量构成具有综合性的特征；

（2）餐饮服务质量具有关联性的特征；

（3）客人对服务质量的评价具有一次性的特征；

（4）餐饮服务质量对员工的素质具有依赖性；

（5）餐饮服务质量取决于服务人员与顾客的感情交流。

四、餐饮服务质量的内容

餐饮服务质量的内容包括：设备设施质量、菜点出品质量、劳务质量、安全状况和环境气氛等。

（一）设备设施的质量

具体表现在饭店餐饮服务项目的数量、餐厅设备设施的舒适程度、设备设施的完好程度等。

（二）菜点出品质量

餐厅菜点出品质量包括：每道菜点的生产质量（色、香、味、形、器、质、名、营养、温度等）；菜点特色，指的是原料特色、制作特色、营养特色、口味特色、形式特色、实用特色等；菜点的丰富程度等。

（三）劳务质量

劳务质量表现在员工的服务态度、服务技巧、服务方式、服务效率、礼节礼貌、清洁卫生、仪容仪表等方面。

（四）安全状况

安全状况表现在：食品安全、环境安全、防火防盗、防止侵害骚扰事件等。

（五）环境氛围

主要表现在餐厅的内部装修、内部布局、温度、气味、灯光、音响、服务形象、文字装饰等方面。

以上方面综合起来，便构成了餐饮服务质量。餐厅可根据以上内容编制质量管理体系文件。

五、建立相关餐饮服务质量标准

餐饮服务质量标准包括：设备设施质量标准、菜点质量标准、接待服务标准、安全卫生标准、服务操作标准、礼节标准、仪容仪表标准、语言标准、动作标准及工作效率标准等。

六、实行全面质量管理

（一）实行全面质量管理的基本原则

(1) 以顾客为中心；

(2) 不断改进（Continuous Improvement）；

(3) 全员参与（Total Involvement）；

(4) 一次到位（Do It Right at the First Time）。

（二）全面质量管理的做法

(1) 全员承诺保证质量（Commit to Quality）；

(2) 强调顾客满足；

(3) 建立企业文化；

(4) 充分实行员工授权（Empower Employees）；

(5) 监测质量改进效果（PDCA 循环，P,plan,计划；D,do,实施；C,check,检查；A,appraise,评价）。

七、质量监控

餐饮企业的质量控制，是指餐饮企业依据理念规范和质量标准对餐饮生产和服务活动的质量进行全面的、全过程的监控，发现质量偏差，分析偏差的原因，采取纠正偏差的措施，使餐饮产品和服务的实际质量符合标准。质量控制是餐饮业规范化营销的保障。

餐饮业的质量监督主要有内部监督、顾客监督、专业机构监督和行业监督等。

（一）内部监督

餐饮企业的内部监督，就是餐饮企业通过自己的内部组织体系、技术体系、“神秘顾客”和员工的自我约束对质量进行监督。

1．内部组织体系

餐饮企业用以监督生产和服务质量的组织体系，在餐饮企业高层管理者的领导下，主要包括质量管理部门、服务管理部门、餐饮总监、技术总监、总厨、餐厅主管等部门和人员。现在，中国大型餐饮企业普遍设有质量管理部门或服务管理部门，其主要职能就是从事质量监督。

表 5-1 餐厅服务质量检查表

岗位： 时间： 检查人：

检查项目	检查细则	等级标准				
		5	4	3	2	1
仪表仪容	⑴服务员是否按规定着装并穿戴整齐 ⑵制服是否合体、清洁、无破损、无油污 ⑶工号牌是否端正地佩戴于左胸前 ⑷是否留有怪异发型 ⑸男员工是否蓄胡须、留大鬓角 ⑹指甲是否修剪整齐，是否留长指甲、涂有色指甲油 ⑺除手表、戒指外，是否还戴有其他首饰 ⑻女员工是否按要求化淡妆上岗 ⑼各种伤口是否予以适当处理、包扎					
就餐环境	⑴地面有无杂物或污迹 ⑵门窗是否清洁、无灰尘、无破损 ⑶桌椅、工作台是否清洁，无污迹、水迹 ⑷绿色植物有无枯萎或带有灰尘 ⑸通风口是否清洁，通风是否正常 ⑹菜单是否清洁，有无油迹、有无缺页及破损 ⑺餐具是否清洁，有无水迹、有无破损 ⑻背景音乐是否适合就餐气氛，音量是否适中 ⑼灯具照明是否正常，是否完整无损					
服务规范	⑴宾客进入餐厅是否主动问候，表示欢迎 ⑵是否协助宾客入座 ⑶服务是否及时 ⑷接受点菜时是否仔细聆听并复述所点菜品 ⑸斟酒操作是否规范 ⑹服务中是否用托盘操作 ⑺上菜时是否准确地报菜名 ⑻是否及时撤换餐具，更换烟缸 ⑼结账是否迅速准确					
服务技巧	⑴尽可能称呼宾客的姓名 ⑵避免与宾客过于亲密 ⑶能积极把握各种推销机会 ⑷准确解释菜单 ⑸与赶时间的宾客密切配合 ⑹对有病的宾客、老人、儿童给以特别关照 ⑺能灵活处理宾客投诉 ⑻能为宾客创造愉快的用餐氛围 ⑼及时处理醉酒等突发事件					

续表

检查项目	检查细则	等级标准 5	4	3	2	1
工作纪律	(1)工作期间是否聚堆聊天 (2)上班时间是否接听私人电话 (3)有无吸烟、偷吃现象 (4)工作时间是否大声喧哗 (5)有无与宾客争吵现象 (6)是否对宾客品头论足 (7)值班时有无睡觉现象 (8)能否做到平等待客 (9)有无脱岗现象					
安全意识	(1)熟悉火情、盗窃等紧急情况的处理程序 (2)熟悉紧急疏散的程序 (3)熟悉消防安全通道 (4)注意操作安全 (5)了解基本安全预防措施 (6)具备使用基本防火设备的能力 (7)保持服务区域消防通道通畅 (8)明确急救箱摆放位置及箱内物品 (9)了解紧急照明系统的装置和位置					
总计						

2. 技术体系

餐饮企业用以监督生产和服务质量的技术体系，主要是现在越来越普遍采用的电子监控系统。餐饮企业的电子监控系统不仅可以用于保安，而且也可以用于质量监督。

3. “神秘顾客”监督法

企业请专家学者或同行业（非竞争对手）的资深人士作为“神秘顾客”，来餐厅就餐消费，事后“神秘顾客”对消费过程中餐厅的服务质量进行评价。“神秘顾客”监督法能发现一些具体细节问题和企业本身不易发现的问题，而且检查结果较为客观。

“神秘顾客”调查表

观察时间： 餐馆名称：

调查要点 内容 是 不是 不清楚

一、吸引人的外观

(1) 外部环境，停车场、入口处、人行步道是否清洁 __________

____

(2) 门窗是否清洁，垃圾是否清理，垃圾箱盖是否盖紧并无难闻气味、无垃圾外溢____________________________

(3)门窗是否清洁_____________________________

二、清洁明亮的洗手间

(1) 是否备有足够的卫生用品____________________

(2)洗手间是否清洁卫生________________________

(3)是否有难闻的气味_________________________

三、舒适的用餐环境

(1)地板是否干净_____________________________

(无过多灰尘、残渣和脚印)

(2) 天花板、墙壁、图片和装饰品是否清洁 ___________________
____

(3) 柜台是否清洁、整齐________________________

(4) 餐桌、座位、固定陈设以及装饰是否都清洁 _______________
____

(5) 柜台餐厅展示架是否清洁，状况良好 ___________

(6) 如果地板刚刚拖过，仍然潮湿，是否摆了“小心地滑”的牌子 ________________

(7) 餐桌是否适时清理干净______________________

(客人离开3分钟内把桌子清理干净)

(8)餐厅有没有害虫存在_________________________

四、友好的接待

(1) 服务员的招呼、言辞、微笑 ___________________

(2)为您认真服务______________________________

(3)是否有感谢________________________________

(4) 孩子是否被接待，是否有儿童专用椅 ___________

五、协助性服务

(1)是否推荐其他产品__________________________

(2)是否协助解决问题__________________________

(3)是否复述点餐______________________________

六、员工的完美表现

(1) 制服是否整齐清洁______________________

(2) 是否佩戴字迹清楚的名牌__________________

(3) 员工是否都仪表整洁，讲究个人卫生 __________

(4) 员工行为举止是否专业化__________________

七、菜单上所有菜式准备齐全并装备供餐

(1) 产品是否都有供应_______________________

(2) 拿到的餐饮项目和规格是否与您点购的项目和规格一样_____________________

(3) 为您提供餐饮时，是否有正确的作料及用品 ____________________________

(4) 金额计算和找零是否正确__________________

八、妥善的外部维护

(1) 餐厅外部是否维护妥善____________________

(2) 所有照明设备是否运作正常________________

(3) 停车场是否维护妥善______________________

(4) 前厅入口、人行步道是否安全，不打滑 _________

九、内部环境管理

(1) 门前入口处的设施是否维护良好 ____________

(2) 餐牌、灯箱和餐桌看上去是否完整并且清洁 _______

(3) 墙壁、天花板和照明用具是否状况良好 _________

(4) 地板是否维护良好________________________

(5) 除刚拖过的地外，地板是否干净 _____________

(6) 洗手间内设施维护是否妥善________________

(7) 餐厅内部温度是否舒适，背景音乐音量是否适宜 ___

十、产品外观／温度_____________________________________

十一、服务速度______________________________________

十二、点餐作业速度___________________________________

4．员工的自我约束

员工的自我约束也是一种内部监督方式，而且是成本最低、最有效的监督方式。

（二）顾客监督

顾客监督，就是餐饮企业将自己的理念规范和质量标准告诉给顾客，让顾客来监督产品和服务质量，并通过顾客投诉制来实施监督。

顾客监督的办法，一是征求顾客意见，另一个是顾客投诉。

餐厅顾客意见调查表

餐厅名称：　　　　　　　　日期：　　　　　　　　时间：

尊敬的顾客，我们正在进行一项改进服务的计划。为了更好地为您提供服务，希望您能对本餐厅的情况作出评价。您所提供的信息将大大有助于我们改进服务质量，希望能得到您的合作。

1.餐厅的装潢与主题：________________________________

2.第一印象：_______________________________________

3.门卫迎宾：非常好________较好__________差_________

评价：____

4.餐厅家具：非常好__________好__________一般_______较差_______

5.服务员

(1) 态度：非常好______一般______冷淡______其他_______

(2) 销售与促销技巧：非常好_______一般_______不专业_____

评价：____

(3) 效率：很高_______较高______一般_______较低______

(4) 仪表仪容

修饰：____

姿态：____

服装：____

6.菜肴、饮料推销

(1)质量：____

(2)数量：____

(3)造型与色彩：____________________________________

(4)口味：____

7.价格：昂贵__________合理__________低廉__________

8.对餐厅的总体评价：________________________________

____

非常感谢您的合作！

（三）政府机构监督

政府机构监督，就是政府的技术（质量）监督机构、食品卫生管理机构等对餐饮企业的质量监督。政府机构的监督有执法（如《质量法》、《食品卫生法》、《消费者权益保护法》等）的意义，因此，有较大的力度。

（四）行业监督

行业监督，就是餐饮行业协会（如饮食业协会、烹饪协会、饭店业协会等）对协会成员即餐饮企业的监督。如国外餐饮业协会都制定有本协会成员《自律公约》，其中包括餐饮生产和销售服务质量和行为的自律公约。实施这样的自律公约，实际上就是行业协会对协会成员的一种监督。

八、质量跟进措施

在出现服务质量问题之后，饭店应尽最大努力，采取补救性服务措施，解决服务质量问题，争取顾客的谅解。服务质量跟进工作有投诉处理、加强对员工的培训、重视对消费者的分析等，其中最主要的工作就是处理顾客投诉。

（一）投诉的处理

1．餐饮部常见的宾客投诉

（1）服务态度原因引起的投诉

——不向客人问候，态度不够热情；

——无人招呼客人入座；

——对客人品头论足。

（2）餐具或服务用具原因引起的投诉

——向客人提供不洁净（或破损）的酒杯、饮料杯、餐具，从而引起客人的不快和投诉；

——椅子肮脏，沾有污物；

——菜谱沾有污物及撕坏；

——服务员或清洁员没有认真、仔细地清桌，餐桌上仍然留有菜点脏物、水渍、面包碎屑等；

——客人摔伤。

（3）出品原因引起的投诉

——餐厅服务员将客人所点菜的菜单与客人所在桌席号搞错，最后上桌菜点与客人所点菜点不符，引起客人的极大不快；

——在客人所点菜点佳肴中发现外来脏物；

——餐厅服务员没有按客人所点项目上菜，最后客人拒付费用以示不满；

——当客人只是被告知，所点菜点由于某些原材料暂缺，一时无法供应，但客人并没有再次被服务，也没有被问明或被建议再改点其他什么菜点，客人被置于无人服务的冷遇境地；

——啤酒、汽水走气；

——菜肴原料变质。

(4) 服务技巧原因引起的投诉

——餐厅服务员忘记问明客人是否需要酒水饮料，使宾客感到自己是不受欢迎的低消费的客人，令人看不起，因此引起客人的极大不满，造成投诉；

——在宾客视线之内清理餐桌时，操作粗野，弄出很大声音，不按清桌规程工作，客人对这种杂乱无章的所谓服务也会进行投诉；

——上菜方向错误；

——酒水、菜汁洒落到客人身上；

——服务员对餐厅出品不熟悉；

——撤换餐具、酒具不及时。

(5) 服务效率原因引起的投诉

——厨师不能按时出菜或餐厅服务员较少而客人较多，客人所点菜点久等不能上桌，因而引起客人的投诉；

——送餐服务怠慢。从客人电话点菜开始，送餐服务效率标准限定时间为：早餐30分钟，午餐35分钟，晚餐35分钟。超出此限定时间者，被列为冷遇客人或低劣服务；

——厨房备菜员没有及时通报当班主厨或厨师长有关食品原料的变化情况或短缺问题，从而造成不能及时提供某些菜点，前后台脱节，使客人的点菜不断更换，客人久候菜点不能到桌，引起客人情绪低落，最后导致不满、抱怨、烦躁和投诉。

(6) 客人自身原因引起的投诉

客人因心情或其他原因而产生投诉。

2．投诉处理原则

(1) 真心诚意为客人解决问题；

(2) 把对“让”给客人；

(3) 不损害饭店利益；

(4) 尽快处理；

(5) 大事化小，小事化了，坏事变好。

（二）加强对员工的培训

服务人员的服务知识、服务技能、服务意识、服务行为对顾客感觉中的服务质量有极大的影响，因此饭店应招聘、培训、激励、留住感情密集型员工，要求全体员工设身处地为饭店着想，理解顾客的需要和期望，为顾客提供充满爱心的优质服务。

（三）重视顾客的消费行为分析

顾客的消费行为会影响服务质量、其他顾客的满意程度和服务人员的服务态度。因此，在服务质量管理工作中，管理人员不仅应高度重视服务人员的服务行为管理工作，而且应高度重视顾客的消费行为管理工作。

第二节 餐饮服务规程管理

餐饮服务规程，指的是餐饮服务规范和服务程序。服务规程是餐饮服务的基本依据，也是餐饮服务质量控制的基本准则。

一、餐饮服务规程基本要求

（1）符合饭店的等级和管理目标要求；

（2）适应餐饮目标市场客源的需求；

（3）与餐厅的经营特色相适应；

（4）符合不同餐饮类别的要求；

（5）符合不同餐饮产品的特点；

（6）符合餐饮楼面服务的不同环节、不同岗位的具体要求，同时必须注意各环节的协调与衔接；

（7）做到服务动作规范化、服务过程程序化、服务质量标准化。

二、服务规程的基本内容

（一）服务规程的适用对象和范围

根据餐厅的经营特色和风格特点，制定各餐厅的服务规程，如中餐服务规程、自助餐服务规程、咖啡厅服务规程、扒房服务规程、宴会服务规程等。

（二）服务规程的内容和程序

服务规程应对相应服务过程的服务内容和作业程序作出可操作的规定。餐饮服务内容包括餐饮服务六大基本技能（托盘、斟酒、铺台布、餐巾折花、摆台、上菜分菜）、点菜服务、传菜服务及辅助性服务（如点烟、撤餐具、落餐巾等）等；餐饮服务程序则是服务的先后顺序，主要指餐饮服务的四个环节，如餐前准备工作、迎宾服务、席间服务、结账送客服务等。

（三）服务规程的衔接

服务规程中应指明本规程与上下环节之间的衔接，如楼面值台与传菜规程的衔接、迎宾员与值台员之间的衔接等。

三、餐饮服务六大基本技能及其要求

（一）托盘

托盘服务，是餐饮服务的基本方面。

（二）斟酒

1.中餐斟酒

（1）斟酒位置与姿势

服务员斟酒时，应站在客人身旁右后侧，面向客人，左手托盘，右手握酒瓶的下半部，尽量使商标朝向客人。若徒手斟酒，左手应持一块洁净的餐巾随时擦拭瓶口。

斟酒前，应先向客人打招呼，将托盘中的酒水饮料展示在宾客眼前，并有礼貌地询问宾客所用酒水饮料。

斟酒时，身体不要贴靠宾客，距离适中，身体微前倾，右脚伸入两椅之间，将右臂伸出进行斟酒。

中餐斟酒，一律以八分满为宜。斟酒时，应抬起瓶口，旋转瓶身，使最后一滴酒随瓶身的转动均匀地分布在瓶口边沿上。

（2）斟酒顺序

大型宴会应在开宴前5～10分钟斟好第一杯礼貌酒(甜酒或烈性酒)，举杯祝酒后，再斟倒烈性酒或甜酒和其他饮料。

普通酒席则在宾客入席后，及时按菜单上好啤酒及饮料等，上菜前，再斟倒甜酒或烈性酒。

斟酒时，从主宾开始，按顺时针方向依次斟倒，或按先女后男、先宾后主的规则进行。

（3）斟酒注意事项

①斟酒时，不能站在客人左侧，不准左右开弓，不准隔位斟，禁止反手斟。

②斟酒时，瓶口不可搭在杯口上，以相距2厘米为宜。

③斟酒时，不要太急速，注意控制酒液流出的速度。

④斟啤酒时，一要速度慢，二要酒瓶倾斜，瓶口留有空隙，三要尽可能减少晃动，让酒沿着杯的内壁徐徐倒入，避免泡沫溢出杯外。

⑤在客人杯中酒水剩1/3杯时，就应及时添酒，但注意不要弄错酒水。

⑥遇碰翻酒杯，应用毛巾将酒吸干，同时更换酒杯，如污染面较大，可

用餐巾盖上弄脏的台布。

⑦开扁瓶盖或易拉罐时，不要向着客人，以免气体喷溅到客人。

⑧零点客人的酒水在斟第一杯后，全部放回客人餐桌上，若有空瓶、罐则及时撤走。

⑨大型宴会宾主讲话致词时，负责主桌的服务员要将讲话者的酒水准备好，待讲话结束即及时送上供祝酒之用。

⑩席间，宾主向各桌宾客敬酒时，服务员要端托着酒瓶跟随，随时准备为其添加酒水。宾主讲话时，服务员要停止一切操作，站在适当位置，待讲话结束再重新开始工作。

2.西餐斟酒

西餐进餐时讲究吃什么菜跟什么酒，喝什么酒就用什么杯。因此，西餐斟酒除了必须掌握斟酒的技巧外，还必须知道酒与菜的搭配规律，了解什么样的酒应配什么样的杯。

(1) 酒与菜的搭配艺术

餐前：开胃酒（酸味、微苦）；

头盘：低度酒；

汤：不上酒，除非客人要求；

主菜：海鲜——干型白葡萄酒；野味——干型白葡萄酒；

甜品：甜食酒；

餐后：甜酒。

(2) 服务方法

白葡萄酒、玫瑰葡萄酒和香槟酒，供应前要冷冻，上酒前检查酒温是否达到要求，同时准备好冰桶和冰块以及冰桶架。红葡萄酒要准备好酒篮。

(3) 斟酒量

白葡萄酒斟2/3杯，红葡萄酒斟1/2杯，香槟酒斟6～7分等。

（三）铺台布

饭店应准备多种颜色的台布，以便配合不同餐厅主题及宴会主题。

（四）餐巾折花

餐巾折花的作用：

(1) 餐巾是就餐用的保洁方巾。

(2) 餐巾折花能使餐台显得美观大方，起到装饰美化席面的作用。

(3) 运用餐巾折不同花型，标志宾主席位，便于入座。不同造型的餐巾折花以无声的形象语言表达宾主之间的感情，透出一股温馨、活泼的气氛。

（五）摆台

摆台，是将餐具、酒具以及辅助用品按照一定的规格整齐美观地铺设在餐桌上的操作过程。摆台是餐厅服务操作的术语，它包括餐桌的排列、铺台布、席位安排、餐具摆放、席面美化等环节。摆台质量的好坏直接关系到服务质量和餐厅的面貌，因此，摆台要求做到清洁卫生、整齐有序、放置适当、完好舒适、方便就餐、配套齐全，具有艺术性。

摆台分为中餐摆台和西餐摆台，又分别分为零点散餐摆台和宴会摆台。零点散餐摆台可分为早餐和午晚餐摆台。

（六）上菜、分菜

1．中餐上菜

上菜是服务员将冷、热菜按规格和一定程序奉上餐桌的一种服务方式。

（1）上菜时机

上菜应根据餐别、各地的上菜规则和习惯，根据宾客的要求和进餐速度灵活掌握上菜时机。

一般中餐酒席在宾客到齐后开始上冷盘，开始吃冷盘时，就可以上热荤菜，待冷盘、热荤菜被吃完半数就开始上羹汤、大菜，一般在上最后一道菜时，要低声向宾客打招呼。

中餐宴会的上菜时机又有所不同。冷盘一般在开宴前上台摆好，待宾客入席后通知厨房出菜。在宾主致祝酒词时，应通知厨房控制好上菜时间。宴会菜应一道跟着一道上，上一道分一道，动作要快，避免菜炒好后遇冷，影响菜品的色、香、味、形。在上最后一道菜时，应低声告诉副主人“菜已上齐”，提醒客人准备干杯、吃饭。

（2）上菜顺序

上菜顺序各地不同。北方的做法是：冷盘菜、热炒菜、大菜、汤菜、点心、水果。南方的做法是：冷盘菜、热荤菜、羹汤、大菜、鱼菜、饭面、点心、水果。但总的原则是根据宴会的种类和各地传统习惯，以及宾客的就餐要求，合理、科学地安排上菜的顺序。

（3）上菜位置

若采用转盘式服务，上菜位置在副主人右侧；若采取席上派菜，则上菜位置在客人的左手边；若采用旁桌式分菜服务，上菜位置则在每个客人的右手边。

（4）摆菜

上台的菜肴要注意摆放的位置。其指导原则是：尊重主宾，礼貌待客，讲究造型，方便食用。摆冷盘菜时，主冷盘摆放在餐桌中心，刀口朝副主位，像生拼盘或花式拼盘，其正面朝向正主人位。小碟冷盘摆放在主冷盘周围，注意荤素、颜色、口味的搭配，刀口朝向桌子中心，盘与盘之间的距离要相等对称。

摆热菜一般从餐桌中间向四周摆放，即先把菜摆在台中间偏上首位置，在上下一道菜时再顺势撤摆在其他位置。摆放时，要将菜肴的观赏面朝向正主位。

2．中餐分菜

分菜是宴会服务中技术性很强的工作，要熟练掌握分菜技巧，就必须对各种菜肴的烹制方法、成型后的质地特点有很好的了解，才能在实际工作中运用自如。

中餐分菜工具有：分菜叉、分菜匙(或称服务匙叉)、长柄汤勺、公筷。

分菜方法分：转盘服务的席上分菜、走动服务的席上派菜、旁桌式的分菜台分菜。

(1) 席上分菜

席上分菜分为一人操作和两人配合操作。

一人操作时，先收掉脏骨碟，菜上桌后介绍菜名，然后将干净骨碟围转盘摆放。分菜时，左手拿汤勺，右手拿服务匙叉，将菜均匀地分到各个骨碟里。要求动作熟练、迅速、准确，同时留有余地。最后按顺时针方向依次将骨碟送回宾客面前或以手势请客人各自享用。

两人操作时，一名服务员站在上菜位置负责分菜，另一名服务员站在每位宾客的右侧，把骨碟递给分菜的服务员，等菜肴分好后将骨碟放回宾客面前。

席上分菜适合于团体用餐、普通酒席，优点是分菜快捷，节省人力，且具有表演性。不足的地方是，常会干扰客人的谈话，影响餐桌气氛，分菜技术要求比较高，且容易弄脏转盘。高规格的宴会最好不要采取这种方法。

(2) 派菜式服务

派菜式服务同西餐的俄式服务极为相似。其服务程序如下：

①上餐盘。在每位客人面前放上洁净的餐盘。

②示菜。将菜肴送上餐桌，报菜名，同时介绍菜肴特色。

③派菜。将菜肴放到铺了干净垫巾的小圆托盘上，左手托盘，右手拿服务匙或叉分菜，做到分菜迅速、干净利落、不出声响。

④派菜顺序。从客人左侧，依照主宾、主人，然后按逆时针方向绕桌将菜肴派入餐盘中。

⑤最后将剩余的菜肴整理好，放回餐桌上，供客人需要时添加。

此法适用于16人以上的大圆桌或长条台，优点是客人得到较周到的照顾，服务也较快，节省人力。不足的地方是，随着派菜的进行，最后两位客人看到的菜肴并不是那么雅观，派菜的技术要求比较高。

(3) 旁桌式服务

旁桌式服务是在宴会餐桌旁设一个固定的或可手推的活动服务边桌，其目的就是实施桌边分菜服务。

其服务程序是：

①示菜。跑菜员将菜肴用托盘送到餐桌旁，由值台服务员将其放在餐桌

上，并向客人介绍菜肴特色。

②分菜。示菜后再将菜肴放在服务边桌上，迅速分菜。做到分菜均匀、干净利落。

③两名服务员配合，一名分菜，另一名将餐桌上前一道菜用过的脏盘撤下，然后上分好菜的餐盘。从主宾开始，按顺时针方向从客人右侧将餐盘置于每位客人面前。

④将菜盘中剩余的菜肴整理好，放回到餐桌上，供就餐者需要时添加。

此种方法适用于规格较高的宴会或主宾席，优点是客人得到的个人照顾较多，分菜时对客人的干扰较少，较卫生，同时符合外宾、西方客人的就餐习惯。不足的地方是，较费人工，服务时间长。

（七）其他辅助服务

1.点烟

现在餐厅分禁烟区和吸烟区，禁烟区不提供火柴和烟灰盅。扒房提供雪茄服务，一般餐厅点烟服务，坚持点一、点二、不点三原则。

2.撤换烟缸

餐厅在吸烟区内每张餐桌都备有烟缸。服务员要经常巡视服务区域，勤换烟缸。

撤换烟缸时，应用托盘托上干净的烟缸。用右手将干净烟缸覆盖在脏烟缸上，将两只烟缸一起放进托盘里，然后把干净的烟缸放回餐桌上。

3.撤换餐具

为显示优质服务，保持餐桌卫生雅致，席间服务中需要多次更换餐具。撤换时，左手托盘，在宾客右侧，用右手撤下脏餐具。边撤边换，先撤后换，注意撤换前，应有一个示意动作。撤下时不要把汤汁洒到客人的身上。

西餐撤换餐具，按不同的服务方式要求进行。

四、西餐服务方式

西餐服务源于欧洲贵族家庭，发展到现在各国各地区的服务方式及摆台方法都不尽相同。目前饭店西餐厅常见的服务方式有法式服务、俄式服务、美式服务、英式服务和大陆式服务。

1. 法式服务

法式服务又称为里兹服务、正规服务、手推车服务，是恺撒·里兹(Caser Ritz)首创的一种用于豪华饭店的服务。

饭店的扒房一般采用法式服务。

法式服务注重现场烹制表演。所有菜肴在厨房中略加烹调后，置于手推车上，由服务员推出，在宾客面前进行烹制表演或切割装盘，分盛于餐盘中端给宾客。一般由两名服务员同时服务，一名烹调制作，另一名分餐上菜。上菜时，除黄油、面包、色拉从宾客左边上外，其余菜肴和酒水都用右手从宾客右边送上，右边撤下。热菜用热盘上，冷菜用冷盘上，这是法式服务的一大特点。

法式服务豪华、高档、细致、动作优雅，但服务节奏缓慢，座位周转率低，劳动力成本高，要求服务员有较高的服务技艺和技术水平。

2．俄式服务

俄式服务又称为国际式服务，它起源于俄国沙皇时代，拿破仑战争时期传到欧洲。俄式服务是一种优美典雅、十分讲究礼节、服务效率较高、能使每位宾客享受到体贴服务的方式。其最大特点是，使用大量的银器增添餐桌气氛。

西餐宴会可采用俄式服务。

俄式服务通常由一名男服务员为一桌宾客服务。食物预先在厨房烹制好，并装入银盘中(热菜配上加过温的热餐盘)，由服务员托入餐厅，送上餐桌供宾客观赏，然后左手垫餐巾托起银盘，右手持分菜叉、勺，从每位宾客左侧用右手派菜。

其服务技巧是：

(1) 上空盘。上菜前，先上空餐盘。按照热菜上热盘、冷菜上冷盘的要求从客人的右侧按顺时针方向绕台将空盘摆放在就餐者面前。

(2) 派菜。值台服务员用左手托起厨房装好菜肴的大银盘，右手拿服务叉或匙，从客人的左侧按逆时针方向分菜。

(3) 斟酒、上饮料和撤盘都在宾客右侧操作。

俄式服务节省人力，服务速度快，有一定的观赏性，但固定成本高，对服务技术要求高。

3．英式服务

英式服务又称为家庭式服务，多用于私人宴会。在英式服务中，由服务员从厨房拿出已盛好菜肴、食品的大盘和加过温的餐盘，放在男主人的面前，由男主人分菜。男主人分好菜后，将餐盘递给站在他左边的服务员，再由服务员分送给女主人、主宾和其他宾客。调味汁料、配菜放在餐桌上，由宾客自取并相互传递。

英式服务进餐气氛活跃，节省人力，但节奏较慢。

西式家宴一般采用英式服务。

4．美式服务

美式服务起源于美国，又称为盘式服务、飞碟服务。在美式服务中，食物预先在厨房内烹制好，并且每人一份分好，装好盘，服务员只需按顺序把菜迅速送到宾客面前就可以了。是一种最基本、最简单快速而廉价的西餐服务方式，它要求员工有熟练的托盘技巧。

美式服务技巧如下：

(1) 托盘。托盘的方式取决于要托碟子的个数。专业服务要求托盘时不得超过四个餐碟(传统的专业托盘通常是两个或三个餐碟的托法)。为了避免在托碟过程中烫伤手或手腕，往往将服务巾铺在左手掌及前臂上。

(2) 上菜时，用左手从宾客的左边送上所有食物，用右手从宾客右边送上饮料，从宾客右边撤走脏盘。

(3) 逆时针服务。一般情况下，上菜是从主人右边第一位客人开始，然后以逆时针方向依次服务，不分性别，最后服务主人。

饭店的咖啡厅一般采用美式服务，但美式服务也可用于西餐宴会。美式服务简单明了，服务速度快，人工成本较低，座位周转率高。

5．大陆式服务

大陆式服务是一种糅合了法式、俄式及美式的服务方式，根据不同菜肴特点来选择服务方法的综合服务方式。通常用美式服务上开胃品和色拉，用俄式服务上汤或主菜，用法式服务上主菜或甜品。不同餐厅或不同餐别选用的服务方式组合不同，一般以方便宾客就餐、方便服务员操作为原则。

五、餐饮服务程序管理

餐饮服务程序分餐前准备阶段、迎宾服务阶段、席间服务阶段、结账和送客及收尾阶段等四个环节。

(一) 餐前准备工作阶段

餐前准备包括客情了解、组织安排、餐厅卫生、开餐前准备、餐前检查、召开餐前例会等工作。

1．掌握客情，做好组织安排

为了有针对性地提供优质服务，扩大产品销售，必须掌握客情，做好组织安排。其主要工作内容和方法是：

(1) 团体餐、宴会。要掌握每一餐客人的人数、标准、国籍、生活习惯和宗教信仰以及开餐时间和任务量。因宗教信仰和生活习惯不同有特殊要求的客人，要提前做好安排，提供特殊服务。

(2) 零点散餐餐厅。要掌握客源变化，预测就餐人数和客人对不同餐厅产品的喜爱程度，以便开餐过程中有针对性地做好客源组织，扩大产品销售。

(3) 做好人员组织工作。在预测就餐人次的基础上，提前安排好服务人员的班次，确定每个班次的上班人数，每个班次要将服务人员分派向不同的区域，明确每个区域各负责多少餐桌或餐位。同时，要落实迎宾领位、铺台服务、清扫卫生、开单点菜、跑菜和酒水服务等具体工作任务。

(4) 要熟悉菜单。正式开餐前，对重点推销菜、时令菜、季节菜、特式菜肴，要掌握产品名称、主要原料、制作方法、产品价格和风味特点，以便有针对性地向客人推销，扩大产品销售。

2．做好餐前卫生工作

餐厅是人们摄取食物的场所。餐厅是否整洁美观，直接影响进餐者的身体健康和就餐情绪，因此，始终保持餐厅的整洁美观至关重要。

餐前卫生工作主要包括服务员的个人卫生、餐饮环境卫生、设备设施卫生、服务用品卫生工作等。

(1) 个人卫生。餐饮服务人员作为餐厅日常卫生的执行者，其个人卫生是餐厅日常卫生的重要组成部分。餐厅服务员须熟记《食品卫生法》的基本内容，个人卫生要做到“四勤”，勤洗手剪指甲、勤洗澡理发、勤洗衣、勤换衣，在服务过程中注意手法等操作卫生，杜绝不良的习惯性动作。

(2) 餐饮环境卫生。餐厅环境卫生包括餐厅的地面、墙壁、窗帘、灯具及装饰品、桌椅、备餐间及餐厅公共区域(餐厅门口、走廊、休息室等)的卫生。桌椅要擦拭干净，墙面、地面保持清洁，门窗和玻璃每餐擦拭，天花板、墙角、高处玻璃、灯饰定期循环清洁。

根据工作的繁难程度，餐饮卫生可分为计划卫生和日常卫生。计划卫生由饭店的专职清洁工(PA)完成，或由社会上的专业清洁公司承包。日常卫生则由餐厅工作人员承担。

(3) 设备设施卫生。桌椅和工作台面要擦拭干净，各种餐车要经常清理，各种售卖机械要保证卫生。

(4) 服务用品卫生。服务用品卫生包括餐具器皿光洁（无水汁、无污迹、无细菌)；瓷器、玻璃和布草无破损；金属餐具不变形；调味瓶整洁且出料口通畅、味料新鲜；香巾每次消毒；天天更换花瓶中的水，确保鲜花清新卫生。

3．摆台

按照餐饮类型进行餐桌摆台；餐桌椅摆放要美观舒适。

4．开餐前准备

开餐前准备主要包括工作台、用具、物品准备及心理准备等工作。

(1) 工作台备用品的准备。工作台是餐厅服务必备的设备，用于盛装服务员在服务过程中必用或可能用到的各种用具，如餐具(骨碟、翅碗、瓷羹等)、用具品、布草(餐巾、台布等)和调味品，如酱油、醋等。餐厅的工作台在客人的视线内，在讲究其布局和物品盛放方便、实用的同时，须保持整洁、美观、完好，并在操作时轻拿轻放。

(2) 服务用品、用具的准备。包括准备数量充足的调味品、洗手盅、小毛巾、菜谱、酒水单、开水、冰水、开胃小吃及托盘、笔、点菜单、收款夹、打火机、开瓶器、抹布等服务用具、开餐用品。

(3) 心理准备。心理准备指工作人员须按要求着装，检查仪容仪表，按时到岗，以最佳的心理和精神状态投入到自己的服务工作中。

5. 餐前检查

餐前检查是对餐厅准备工作的全面检阅。餐前检查主要包括台面及桌椅安排的检查，各项卫生的检查，工作台的检查，设施设备状况的检查，宾客预订的落实情况的检查及服务员仪容仪表、精神面貌的检查，管理人员要逐一做好检查，以确保餐厅的人、财、物以最佳状态投入到宾客接待工作中。

总的要求是：卫生整洁，方便就餐，秩序井然，餐具用具配套齐全，服务管理人员精神面貌好。

6. 召开餐前例会（Briefing）

餐前例会由餐厅经理或主管主持召开，一般在开餐前30分钟召开，时间15～20分钟。餐前例会的内容包括：

(1) 检查服务员个人卫生、仪容仪表和精神风貌；

(2) 安排人力，进行任务分工；

(3) 通报当日客情、VIP接待注意事项；

如果是宴会，要求所有服务人员、管理人员做到“六知”、“三了解”。“六知”，即“知宴会台数、知参加人数、知主人身份、知宴席标准、知开餐时间、知菜式品种”。“三了解”，即“了解风俗习惯、了解生活忌讳、了解特殊要求”；

(4) 解说沽清单，介绍当日特别菜肴及其服务方式，告知缺菜品种；

(5) 总结昨日营业及服务的经验和存在的问题，及时表扬服务好的服务员；

(6) 听取员工意见，进行双向沟通；

(7) 抽查新员工对菜单的掌握情况等。

餐前例会结束，餐厅工作人员迅速进入自己的工作岗位，按餐前例会的具体分工，准备开餐。

(二) 迎宾服务阶段

1. 敬语迎宾

迎宾员应熟悉本餐厅的餐桌布局。事先掌握当餐预订情况，准备好菜单，在开餐前5分钟站在指定位置，恭候宾客到来，并始终保持良好的精神面貌和姿态。

见到宾客，迎宾员要微笑并主动问候，了解其是否预订。如果已预订，问清是以什么姓名预订，然后迅速找出预订单，换以姓氏称呼宾客；如果未预订，则了解共有多少宾客前来就餐，然后据此引领宾客。

2．衣帽存放

有的餐厅设有衣帽间，供宾客存放外套及大件行李。迎宾员应引领有需要的宾客先到衣帽间，协助衣帽间服务员存放宾客的衣物，并提示宾客贵重物品须随身携带。

3．休息厅服务

若宾客未曾预订，而餐厅现已客满无空桌，迎宾员则应表示歉意，并引领宾客到休息厅等候，随即送上小毛巾、热茶(西餐厅用冰水)，并向宾客表示一旦餐厅有空桌就告知他(或她)。

4．引宾入座

迎宾员应根据宾客人数拿好相应数量的菜单(西餐人手一份，中餐一桌一份)，走在宾客左前方1米左右引领宾客。拐弯或有障碍物时，须回头向宾客示意。引领到适当的餐桌后，须先征询宾客对餐桌的意见，并尽可能让宾客满意。当桌服务员见到宾客，须微笑问好，迅速拉椅，协助宾客入座，进行开餐服务。

服务员根据客人的生理、心理情况为客人安排就餐席位：

好友聚会：一般免不了喧哗，为了减少对周围客人的影响，最好介绍他们到厅房或比较靠里的位置。

一般年轻情侣：他们最乐于选择僻静、靠边的位置，最好能为他们创造这样的条件。

老、幼、病、残、孕客人：应对这些客人予以特别的关照，最好安排他们在离服务台较近的地方，这样照顾起来比较方便。

穿着艳丽、较为讲究的客人：最好安排在餐厅中间的位置，这样既能适应他们的心理，又可起到点缀餐厅、烘托气氛的作用。

若有的客人喜欢自行选择席位，要尽量满足他们的要求。

5．询问饮品

宾客就座后，迎宾员(有时是桌服务员)询问宾客喝什么饮品——中餐问茶，西餐问开胃酒(早餐问咖啡或茶)，并介绍餐厅供应的饮品种类。宾客选好饮品后，服务员应迅速准备，并为宾客服务饮品。

6．呈递菜谱、酒水单

待宾客坐好，迎宾员应打开菜谱、酒水单的第一页，站在宾客的右侧，双手呈递给宾客。在西餐厅中，呈递时须遵循先宾后主、女士优先的原则，逐一送到宾客手中，同时礼貌地说："Excuse me，sir / madam．Here is your menu．"在中餐厅中，菜单和酒水单无需人手一份，一般只需递给主人。迎宾员返回迎宾岗前，要恭祝宾客用餐愉快，并与服务员做好工作交接。

(三)就餐服务阶段

就餐服务集中反映了餐厅的产品特色和服务技艺，是最能反映和体现餐厅服务档次和水准的环节，因此也是餐厅能否让宾客成为回头客的关键环节。

1．点菜、点酒水服务

点菜服务是一项技术性很强的工作，它要求服务员熟悉菜单，熟悉菜肴特点、菜式单位、点菜分量和宾客饮食特点，语言表达准确流畅，懂得有关服务礼仪，并有一定的推销技巧和随机应变能力。

2．酒水服务

根据客人所点酒水，准备好相应的酒杯并送餐桌。从酒吧领取酒水后，根据酒品最佳饮用温度先冰镇或温热，然后按服务规范为客人斟倒酒水（贵重酒水须先示酒）。

3．上菜、分菜服务

中西餐上菜、分菜要求不同，但都注重礼仪、顺序和节奏，要求服务员具备熟练的服务技能，动作迅速，准确到位。

当传菜员将菜肴送至餐桌旁后，值台服务员应紧步上前，双手将菜奉上餐桌并报菜名。有跟配调配料或洗手盅时，应先上调配料或洗手盅，再上正菜。

上菜位置的选择，应以不打扰宾客且方便操作为宜，严禁从主人和主宾之间、老人或儿童的旁边上菜。

上菜时机：冷菜尽快送上。冷菜吃到1/2时上热菜，热菜一道一道上，一般在30分钟内上完，但可根据宾客的进餐速度灵活掌握。宾客在致词、祝酒时不能上菜。

上菜顺序：一般按“冷菜——热菜——汤菜——点心——水果”的顺序，并遵循“先冷后热，先咸后甜，先淡后浓，先荤后素，先菜后点”的总原则。而中餐粤菜的上菜顺序为：拼盘(冷拼、像生拼盘)——虾类——热荤——汤羹——禽肉类——鱼类——蔬菜类——饭面类——甜品甜点类——水果类。

零点餐厅上菜时，对一些整形、带骨、汤、炒饭类菜肴，应帮助宾客分派或剔骨。

进行上菜服务时，切忌菜盘上叠菜盘。每一道菜上完均需用该桌宾客能听见的声音清楚地报菜名，必要时简单介绍菜肴的特色。

按照餐饮档次规格，决定分菜服务的形式。

4．席间巡视

巡台服务贯穿于整个就餐服务过程。良好的服务体现在宾客开口前就享受到想得到的服务。服务员须注意观察，即时为宾客撤换烟盅、骨碟，添加酒水，撤盘，更换餐具，清理台面，提供席间小毛巾服务、香烟服务（吸烟区）等。参见表5–2。

5．甜品、水果服务

宾客吃完主菜(西餐)或咸味菜后，服务员应迅速撤走吃主菜用的餐具(西餐)或吃咸味菜用的餐具、菜盘(中餐)，并整理餐桌，然后主动询问宾客是否需要甜品，并向宾客推荐介绍。下订单后，迅速为宾客摆上吃甜品和水果的用具，上甜品和水果。

表 5-2 餐饮服务中的见机行事

客人举止	客人需要	服务行动
客人伸手拿出香烟。	客人想抽烟。	是否有吸烟区？如果有，建议至吸烟区吸烟；如果没有，建议至吧廊吸烟。主动上前点烟，并提供烟灰盅。
用餐后客人抿嘴。	客人需要牙签。	应主动提供牙签给客人。
用餐期间客人看着捻自己的手指或用手拿过有酱汁的食品。	客人需要纸巾或需要清洁手。	主动提供纸巾、湿毛巾或洗手盅给客人。
客人突然站起来，东张西望。	客人可能在找洗手间。	上前询问并带客人到洗手间。
客人与同伴交谈中掏出笔。	客人需要纸张。	主动为客人提供纸张。
客人用餐期间咳嗽或打喷嚏。	客人需要纸巾和温水。	主动提供纸巾和温水给客人。
客人喝了不少酒。	客人需要醒酒。	主动提供茶水及热毛巾给客人。
客人带婴儿到餐厅用餐。	客人需要婴儿凳。	主动为客人提供婴儿凳，向客人介绍婴儿喜爱食品和饮品，并尽快出品。
客人打开餐牌看许久未决定。	客人对点菜拿不定主意。	主动上前为客人介绍。
客人看了餐牌并将餐牌合拢。	客人准备点菜了。	主动上前为客人服务。
客人用餐时突然停下手中的餐具并皱起眉头。	可能口味不适合。	主动上前征询客人的意见。
客人为同伴斟倒茶水。	可能需要添加茶水。	主动上前查看是否需要添加。
用自助餐期间，客人起身去拿其他食品。	客人台面需要收拾。	主动上前为客人整理餐具、收拾空碟。
客人看着服务员，伸出食指和中指，并拢指向食物。	客人需要筷子。	主动为客人准备筷子。
客人将刀叉平行斜放在碟上。	可能不吃了，想让服务员收撤。	主动上前询问客人。

续表

客人举止	客人需要	服务行动
客人出现不耐烦的样子，桌面上没有任何食品。	客人认为菜式出品慢。	应主动催促菜式，并上前向客人解释。
客人将刀叉放在碟上。	客人希望你保留餐碟。	不要轻易收撤餐具空碟。
客人的餐巾或餐具跌落在地上。	客人需要更换餐巾或餐具。	主动为客人更换。
客人拿出冲剂或药物。	客人要吃药。	主动为客人提供温水。
客人喝水时不慎溅到自己身上。	客人需要餐巾擦拭。	主动为客人提供餐巾。
客人用餐后转身看着服务员，并用手作写字状。	客人需要结账。	点头示意，并准备账单为客人提供规范的服务。

水果用完后，中餐厅服务员须为宾客上茶（送客茶）；西餐厅服务员则推销雪茄和餐后甜酒，然后上咖啡或茶（跟上糖和淡奶）。

6．对特殊宾客予以特殊照顾

服务时，须遵循一视同仁的原则，但在不影响全局的情况下，须对特殊宾客予以照顾。

小孩、老人和孕妇尽量不安排上菜口、通风口、需经常起动的座位，点菜时特别推介口味适合的菜肴，为小孩提供小孩凳；对来中餐厅就餐的外国人必要时提供餐刀、餐叉；对不喝酒水的宾客及时斟倒茶水、开水或冰水（西餐）；针对不同宾客的饮食习惯和禁忌，推介不同的菜肴。

宾客进餐过程中要保证宾客的的物品安全。

7．餐饮管理人员加强现场管理的要点

餐饮管理人员现场管理，就是餐饮管理人员在服务现场指挥、督促服务员的工作，加强与客人的沟通，协调同厨房等部门的关系，处理突发事件，以保证餐饮服务活动的顺利进行。餐饮管理人员只有加强现场管理，才能真正对质量进行有效的控制，及时解决各种质量问题，不断研究服务、改进服务。

(1) 控制服务标准。开餐期间，餐厅的管理人员应始终站在第一线，通过观察判断，指挥和督促服务人员按标准规程提供服务，发现偏差，必须迅速采取弥补措施，及时纠正，以防事态扩大，更不能影响客人的用餐情绪。同时，要及时同厨房保持联络，掌握好各餐桌的出菜速度。此外还必须时刻注意并及时处理如客人不小心摔倒、醉酒、碰翻酒具等突发事件，有效控制餐厅的气氛。

(2) 处理客人投诉。由于饭店和客人的各种主客观原因，客人对餐饮环境、菜点、服务、价格等产生不满意的现象是难以避免的。所以，餐饮管理人员必须要随时注意客人的表情和情绪，主动征求客人的意见，及时把客人的不满情绪消灭在萌芽状态。对于客人的投诉，应给予足够的重视并注意处理的技巧。

(3) 加强与客人的交流。餐饮管理人员现场管理的首要任务就是热情问候客人，及时征询客人的意见，适时提供必要的服务，帮助客人解决一些特殊的问题，使客人有受尊重、受关照的感觉。

(4) 做好人力的调度。为了做到分工明确，职责清楚，责任到人，餐饮服务一般采用分岗分区域负责制。但是，在开餐过程中，客人的分布及抵达时间往往不以我们的意志为转移。所以，必然会出现忙闲不均的状况，这就需要餐厅管理者现场调度，进行第二次、第三次分工，以保证接待服务质量。另外，客人的用餐有高峰和低谷，当用餐高潮过后，餐厅管理人员应适时安排部分员工休息，以节约劳动力。

(5) 关注特殊客人。餐厅特殊客人包括VIP客人、爱挑剔的客人、有过投诉的客人、生病客人等。

——VIP客人：餐厅管理人员必须通过参与服务、现场指挥，保证接待的规格与水平。

——爱挑剔的客人：餐厅管理人员必须关注这些客人，并帮助指导服务人员做好各项接待工作。

——曾经对餐厅有过投诉的客人：餐厅管理人员必须要提供特别用心、精心、细心的服务，以化解客人的不满。

——生病客人：要多加关心，提供细致的人情化服务。

——独自一人进餐的客人：这类客人因无交谈的对象，等待过程中会有一种孤独无聊之感。所以，餐厅管理人员必须注意和这类客人加强交流。

——临近营业结束时来用餐的客人或超过营业时间进餐的客人：因为此时已到或快到下班时间，服务员大都身心疲惫，容易产生急躁情绪。所以，餐厅管理人员必须特别注意控制，保证最后一桌客人乘兴而来，满意而归。

(6) 及时更新沽清单。根据厨房菜点销售情况，及时更新沽清单，并通知点菜人员及相关人员。

(7) 对菜单折扣、菜肴取消等进行把关。严把折扣关、菜点取消关，减少销售漏洞。

(四) 收银、送客、结束工作

结束收尾工作主要包括结账服务、送客服务、清台操作和餐后总结会等内容。

1. 结账服务

结账服务的控制要点是：

(1) 防止客人逃单。现在客人走单花样层出不穷，值台服务员要多加防范。

(2) 防止收银员舞弊。收银员舞弊常见的手法有：走单、走数、走汇等。

走单，是指故意使整张账单走失，以达到私吞餐饮收入的目的。

走数，是指账单上的某一项目的数额或者该项目数额中的一部分走失。

走汇，主要指餐厅收款及有关人员私兑收入的外币而使餐厅的营业收入因私兑外币而蒙受损失。

(3) 防止值台员舞弊。值台员舞弊的手法有：走餐、走汇等。

走餐，餐厅服务人员与顾客串通一气，顾客用餐后，让其从容离去，而不向其结算餐费或者顾客实际消费的品种式样多，而送到收款处的结账和品种单少，使顾客少付款。在餐饮服务人员的亲朋好友用餐时，这类作弊最容易发生。

(4) 加大对就餐发票的管理。

2．送客服务

宾客结账毕起身离座，服务员需立即上前拉椅，协助宾客穿外套，提醒宾客携带随身物品或打包食品，然后向宾客致谢，道再见。必要时，需送宾客到餐厅门口，与迎宾员一道恭送宾客。

3．清台

当桌宾客全部离开后，服务员才能清台。应检查是否有遗留物品，若有，应立即送还宾客或交餐厅经理处理。整理好餐椅后，按照“一餐巾，二银器，三玻璃，四瓷器及其他”的顺序清理餐桌，收拾所有餐具送至工作台或洗碗间，注意别遗忘小件物品，注意玻璃器皿的轻拿轻放。清台后，须按餐厅规定和时间情况摆当餐餐台以备翻台或下一餐餐台。

4．班后例会

班后例会，是餐厅总结服务经验、提高服务水平的重要方法。现大部分饭店、餐厅都召开班前例会，但班后例会却开得比较少，其实，服务质量只有经常总结才会有提高。

第三节 点菜服务

客人一入席，究竟消费多少，究竟吃什么，吃得能否满意，在很大程度上取决于点菜工作。目前很多餐厅点菜服务存在管理层重视不够、点菜员知识不足、细节不周、配合不力等问题，这不仅影响了餐厅服务质量，更影响了人均消费额和营业利润，已经成为一些餐厅发展的瓶颈。因此，要高度重视点菜服务工作。

优质的点菜服务是餐厅服务创新、提高客人满意度的重要环节，也是餐厅服务员做好营销工作、提高效益的一个关键点。餐厅必须改变只有经理、主管、领班等少数人掌握点菜技巧的局面。

一、点菜模式

模式一：不设专人点菜，餐厅楼面所有的员工都可点菜。

模式二：由餐厅的管理人员，如领班、主管或经理点菜。

模式三：一些高档次的饭店餐厅设有宴会部，下设有专职的营业员专门从事设计编写菜单、点菜、核算菜点成本与售价、推销餐厅出品、直接参与服务等工作。营业部的负责人一般称为营业部经理，有的饭店称为营业部高级主任。现在有些餐厅为了更好地拓展客源，借鉴其他行业推销手法，组织专门的推广小组，归属营业部管理。

二、点菜员的素质要求

顾客吃多少、怎样吃、吃什么，在很大程度上与点菜员的介绍推荐及点菜员的各方面素质有很大关系。

(1) 要有良好的文化素质和心理素质。掌握营销、公关、营养及本土饮食文化的基本常识，掌握基本的礼仪和礼貌知识，待人以诚，处事有理，说话有度，灵活变通。

(2) 要表现出美食家的素质。顾客并不都是美食家，在顾客面前，点菜人员凭着对原料、烹法、味道、品种的了解，表现出美食家的素质。因此，点菜人员是顾客的参谋，要能够拿出让顾客作出品种选择的理由。

(3) 要掌握顾客的消费心理。点菜人员在与顾客的沟通过程中要学会察言观色，多观察多积累，掌握顾客微妙的心理变化，尽量让客人吃饱、吃好，特别注意有特殊需要的客人。

(4) 要掌握完整菜单的构成。了解一张完整点菜单的构成，就知道该介绍什么样的菜点，否则，介绍菜点就没有针对性，一下东，一下西，不着边。

(5) 要了解本餐厅的出品。包括本餐厅菜谱的程式、菜式是怎样分类的，招牌菜是什么，进而了解每个品种的主料、辅料、烹调方法、风味、制作时间、销售规格、销售价格等。熟悉所有的销售品种，这是点菜人员的基本要求。行政总厨要经常给点菜员、楼面服务员介绍新菜的特性（点）、价格、原料、制作时间、食用注意事项等，以丰富其产品知识。

(6) 要掌握一般的配菜知识。点菜员要能够正确处理就餐人数与菜点品种数量之间的平衡、不同味型菜点品种之间的平衡、高档菜点品种与大众化菜点品种之间的平衡、荤素之间的平衡、冷菜与热菜之间的平衡、特色菜点品种与一般菜点品种之间的平衡、营养的平衡等。

(7) 要有高超的协调能力。包括与客人的协调、与楼面值台员的协调、与厨房的协调等。

(8) 要学习掌握多方面的食品、营养、养生知识。除掌握基本的食物知识、营养知识，以及酒水类知识外，还要掌握如绿色食品、生态食品、健美食品、营养食品等新知识新理念，掌握酒水与菜品的搭配、食疗等知识。

三、点菜的注意事项

(1) 注意语言的礼貌、准确。如要用委婉的语言询问客人的忌口与喜好、就餐目的、主客与主宾各是谁等；对客人质询的回答要合理、简洁；贵重原料和总菜单都要经过客人的确认。总菜单的确认要区分情况而有所区别：豪华类菜单要高声朗诵出来，以便所有客人能听到；普通类则拿给做东者或点菜人审阅即可。

(2) 注意客人落座到点菜前的服务，包括招呼、引位、落座、上茶水、落巾、递菜谱等，目的在于营造良好的氛围，安抚客人。菜谱摆放位置要合理，要正面正向递送给点菜人。

(3) 注意点菜后的服务，特别是点菜时就要考虑到第一道菜的上桌时间，最好是点完菜5分钟内能上桌，避免客人焦躁、催问，影响就餐效果。

(4) 要注意处理好新产品、特色菜和高价菜的推销与客人需求的关系，不能不注意客人的感受而自顾自地推销或强行推销。

四、点菜方式

(一) 通过菜谱点菜

这是最传统的点菜方式。顾客通过菜谱来认识品种，点菜人员站在顾客左前侧，给顾客点菜。

(二) 通过推车购买成品

点心、酒水、小食、水果等都可以通过手推车来现场销售。

(三) 展览法

在餐厅食品展示区，把销售品种的样本用保鲜纸包装好，摆设展览式样，让顾客眼见为实。这是大部分酒楼喜爱采用的方式。目前，点菜方式越来越实物化、图形化。

五、点菜原则

菜单，无论是零点菜单还是套餐菜单，应尽量满足顾客不同的口味。因此，向客人推荐菜点时要考虑以下因素：

（1）根据客人就餐目的、消费心理点菜。

（2）每类菜品的价格平衡。菜单要针对一定档次的顾客，但是每一档次的顾客又有愿意多花钱和少花钱之分，所以每一类菜的价格应尽量在一定范围内有高、中、低价位的搭配。

（3）原料搭配平衡。每类菜应用不同原料的菜品组成，以适应不同口味顾客的需要。例如西餐的汤类应有以肉、鱼、蛋、家禽、蔬菜为主要原料的品种。因为顾客中会有人不吃肉或家禽等，原料搭配好可使更多的顾客能选择自己喜欢的品种。

（4）烹调法平衡。在各类菜中应有不同烹调法制作的菜，如炸、炒、煮、蒸、炖。

（5）注意菜量与食量的匹配。根据行业经验，顾客每人每餐的吃量大约在750克，其中肉类与蔬菜的比例在7∶3为理想。

（6）营养平衡。选择菜品时要注意各种营养成分的菜搭配合理。

（7）满足特殊客人（如婴儿、穆斯林、外宾、老人等）的需求。

（8）根据菜谱、沽清单情况进行点菜。

六、沽清单

沽清单就是反映餐厅在当市经营品种销售状况的一览表。在大部分粤菜餐厅（尤其是中高档以上餐厅）里，都使用沽清单来协调餐厅与各个出品部门之间的关系。

（一）沽清单的作用

（1）它是对餐厅现有菜谱的一种即时补充。任何餐厅的菜谱都不可能将所有品种都印制上去的。沽清单就可以把各个出品部门临时创制的一些品种反映出来，它是对所有出品部门现有销售品种的一种说明。

（2）它是每天原料行情的直接反映，使餐厅服务员和管理人员对销售状况有正确的了解。

（3）它能促进出品部门存货的周转。在出品部门会有一些存货快到期限了，因此行政总厨必须要想办法把这些存货销售出去，明智的选择就是把这些存货组合成若干个菜单上没有的新品种，作为临时推介。沽清单的作用就是向餐厅管理人员说明有什么新品种和特别介绍，以便餐厅管理人员及时向客人推销。

(4) 它是协调餐厅与出品部门之间合作关系的一种形式。餐饮运作非常强调餐厅与出品部门的合作和协调，而每天制作的沽清单就起到这样的协调作用。它每天向餐厅所有人员说明当天（市）沽清的品种、临时增加的品种及其品种数量、急推的品种等。通过沽清单，使餐厅所有人员知道出品部门的状况，从而对品种销售起到十分重要的促销作用。

（二）沽清单的式样

沽清单的式样在各个餐厅会有不同的区别，但其内容基本一致。参见表5-3：

表 5-3 沽清单式样

海鲜类	特别介绍	沽清
	炖品汤类	
蔬菜类	烧卤品种	主食

（三）沽清单的操作

沽清单的操作一般是每市制作一张。在规定的时间前，由各出品部门把本部门的沽清内容写出，送到营业部，然后由营业员汇总，制定一些临时销售品种的售价，按照规定的格式填写出当市的沽清单，发送到餐厅、备餐间、营业部、收银处。参见图 5-1：

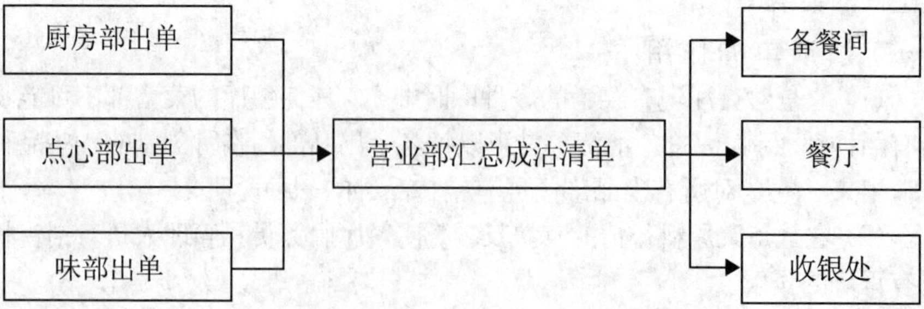

图 5-1　沽清单的操作流程图

餐厅管理人员、点菜的营业员每餐开市之前都要阅览沽清单，同时在开市后留意沽清单的更新情况，特别是菜肴的沽清情况。

七、点菜信息的沟通

（一）点菜信息沟通流程

见图 5–2：

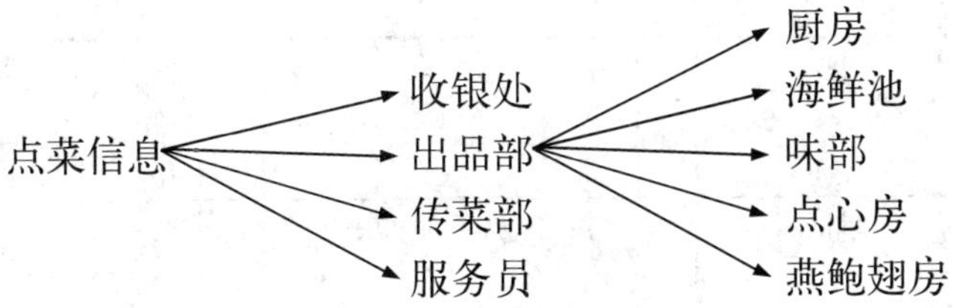

图 5-2 点菜信息沟通流程图

（二）点菜信息沟通模式

1．传统模式：使用传统手写点菜单沟通

点菜单，也称“取菜单”或“出品单”，是餐厅根据顾客点菜的内容和要求开出的用于出品部门的烹调和出品的凭证，同时也是餐厅收款结账的依据，是餐饮营业收入的第一张单据。

传统点菜单，一般分一式四联，一联给收银台、一联给厨房、一联给传菜部（地哩）、一联给客人。

点菜单作用：

(1) 点菜单是顾客的点菜记录。点菜单记录着顾客所点菜点品种要求、菜点规格、特殊口味要求等。搞好餐厅服务和出品质量的一个环节就是要求将顾客的菜点品种需求准确地传送到出品部门，因此点菜单就是对顾客菜点品种需求的原始记录。

(2) 点菜单厨房联作为厨房烹调依据。厨房出品部门根据菜单要求提供出品。

(3) 点菜单地哩联作为地哩上菜依据。地哩根据点菜单进行划单上菜。

(4) 点菜单收银联作为收款依据。收款处营业收入的原始凭证也是点菜单上的记录，为顾客进行结账操作时，统计该单的款项依据就是点菜单记录的品种名称、销售数量和销售价格。

(5) 稽查依据。对烹调部门进行收入核算的依据就是点菜单上的出品记录。

2．点菜单式样

(1) 传统式。所点菜点记在食品卡上，然后再分别抄写成入厨单、海鲜单、味部（烧卤）单、点心单、鲍翅单，飞单到地哩，再由地哩跟上台号标志（夹子）飞到厨房各出品部门。

（2）流行式。不用食品卡而采用直接点菜单（一式四联或五联，无碳复写）。顾客的点菜信息直接写在单上，然后直接撕下单飞至相关出品部门。见表5–4：

表 5-4　直接点菜单式样

台号：　　　　时间：　　　　茶位：　　　　经手人：

台号：　时间： 名称： No：　经手：	台号：　时间： 名称： No：　经手：	台号：　时间： 名称： No：　经手：
台号：　时间： 名称： No：　经手：	台号：　时间： 名称： No：　经手：	台号：　时间： 名称： No：　经手：
台号：　时间： 名称： No：　经手：	台号：　时间： 名称： No：　经手：	台号：　时间： 名称： No：　经手：
台号：　时间： 名称： No：　经手：	台号：　时间： 名称： No：　经手：	台号：　时间： 名称： No：　经手：

无论是何种形式的点菜单，都要传递两种信息：一是基本信息，如日期、台号、经手人、点菜时间，汇总这些信息能够统计出每天餐厅服务的客人数、各时段服务的客人数，以及每个点菜人员的点菜成绩等。二是点菜信息，包括品种名称、规格、销售数量等。

在点菜单操作程序的控制中，要注意如下几点：

（1）所有点菜单必须要有经手人的签名，这样才能责任到人。

（2）必须写上点菜时间，这是现时餐厅对顾客的一种承诺，也是内部控制的一个基本要求。有了点菜时间的限制，就能够把握上菜时间，就能够知道控制上菜的速度。

（3）对品种名称的叫法应该统一，点菜人员在填写品种名称时应予以统一，以免引起出品部门的误会。

（4）对销售规格应该写清楚。

（5）特别需求也应该写清楚，有些顾客喜欢加辣、偏淡、偏咸等，如遇到诸如此类的要求，应在点菜单上写清楚。

（6）飞单必须及时。

3．采用现代信息技术进行点菜信息沟通

为加快餐饮信息沟通速度，节省人力开支，现在越来越多的餐饮企业采用管理软件。餐饮管理软件系统主要包括前台营业、后台出品、营销管理、无线点菜、员工管理、员工查询、会员卡管理、财务管理、营业分析、库存管理、人事管理、工资管理、辅助管理等模块。有的企业还采用了无线点菜功能。

前台营业，主要指日常营业操作，其中最重要的一项是开台（转台、并台、分台）、点菜。支持简码点菜、编码点菜、触摸屏点菜；可按授权点选可赠送的菜品；点菜时既可点取单独菜品也可点取预先备好的套餐；可选择或录入菜品说明和台面备注；可取消或修改未出品的菜品；可催菜、缓菜；有沽清菜提示；支持限量菜品点菜，点取限量菜品时，系统会自动减少存量，并动态提示。点菜一经确认，电脑会自动指挥出品部各区打印机，分菜品类别或品名、桌台区域打印点菜单。可在客人用餐时增加台面备注，同时厨房部打印机会自动打印增加的信息。可给收银台发出打印结账单的通知，便于及时打单。

后台出品，主要包括备菜、传菜、退菜功能。可按规定接受打印的点菜单（可分类、分菜品、分区域打印菜单）；可分桌台对出品的菜品进行电脑勾单；动态地标注某台已出品的菜品，出品的菜品在网络中的每台电脑上均有标记提示；设在不同出品部门的电脑能对本部门待出品或已出品的菜品进行处理；出品数量可修改，已出品的菜品可退菜，可接受前台发来的催菜、台面备注信息，能进行退菜统计、催菜统计；退菜人的操作行为被系统如实记录备查；能查询出品状态：正常走菜、滞后走菜、走完菜、全部未走菜；可自由设定滞后走菜的时间。

第四节 宴会设计与宴会服务的组织实施

一、宴会设计

宴会设计，就是根据客人的要求和饭店本身的物质和技术条件等因素，对宴会活动进行统筹规划，并规定实施方案的过程。

（一）宴会设计的内容

宴会设计内容广泛，牵涉到场景设计、台形设计、台面设计、座次设计、菜单设计、服务设计等内容。

（二）场景设计

场景，主要是指宴会所在场地的自然环境和餐厅装饰环境。场景设计，就是根据宴会的主题对宴会举办场地环境进行艺术加工和布置。

场景设计的基本要求：

1．服从客人需求

宴会的场景设计首先必须把握客人的需求。客人的需求具有多样性、层次性、多变性、突发性等，所以饭店要注意拟订应急方案，尤其是大型宴会，客人对宴会的需求可能会出现某些变动，更要拟订应急方案。宴会场景设计要有先见之明，做到有备无患。

2．突出主题

宴会主题，就是宴会主办者的设宴意图，如国宴、商务宴、婚庆宴、祝寿宴、庆典宴、周年庆祝宴、满月（弥月)宴、春茗宴、团年宴、乔迁宴、升学宴等。宴会场景的设计必须根据宴会主办者的设宴意图，设计准确的宴会主题。

宴会厅的主墙设计是场景设计的重点，主墙设计要围绕主题展开，要通过摆设、布置、点缀、灯光、色彩等方面衬托主墙；在宴会厅内放置一些花木或盆景鲜花，使宴会厅春意盎然、生机勃勃；在墙面或柱子上挂置一些字画，如龙凤呈祥图、寿星图等以增强宴会厅的文化艺术氛围，或起到画龙点睛、烘托宴会主题之作用；放置切合主题的古玩、雕刻制品及其他工艺品，使宴会厅具有高品位、高格调、民族性；利用色彩与灯光来渲染宴会主题，创造宴会的意境。

为了开拓客源市场，饭店也可根据时事（如国内外大事)、流行时尚等因素，主动寻找各种宴会主题，策划各种主题宴会。

（三）台型设计

餐台是指客人就餐用的餐桌。台型设计要考虑主桌（主宾席区）放在哪里、来宾席区安排在哪里、客人活动路线如何安排、服务员活动路线怎样安排等内容。台型设计，就是根据场地大小、桌数、宴会标准等要素，合理安排场地，科学设计台型。

1．台型设计的原则

（1）突出主桌，整齐有序，松紧适宜；

（2）客人活动路线、员工活动路线流畅，不交叉；

（3）方便客人就餐，方便提供服务。

2．台型设计的具体做法

（1）任何形式的宴会都要突出主桌或主宾席区。小型宴会（1~10桌的宴会）突出第一桌；中型宴会（10~20桌的宴会）突出第1、2、3桌（主宾席区)；大型宴会（20桌以上的宴会）一般要突出前面五桌（主宾席区)。

（2）主桌要设服务桌，其他桌根据宴会的档次再作决定。

（3）注意餐桌之间的距离：餐桌之间的距离大于或等于1.5米（方便客人行动）即方便服务，服务桌与餐桌的距离应安排较近些。

(4) 大型宴会要留出适当的通道，通道要有适当的宽度，如果来宾的身份地位较高，则要求在通道上铺上红地毯，以示礼貌、尊重。

酒水台和工作台就是为了提供宴会服务而设置的。酒水台的设置主要是考虑整个宴会的酒水供应问题，工作台的设置主要是解决宴会的上菜问题。

（四）台面设计

台面设计，又称餐桌布置，它是根据宴会主题，对宴会台面用品进行合理搭配、布置和装饰，以形成一个完美台面组合形式的艺术创造过程。具体包括台面中心造型设计、台裙选择、台布选择、餐巾设计、餐具设计等内容。

1．宴会台面设计要求

(1) 紧扣宴会主题；

(2) 跟宴会规格档次一致；

(3) 符合客人的文化背景和风俗习惯。

2．台面设计的具体做法

(1) 台面中心造型设计

宴会台面的中心造型，不仅是宴会主题的体现，而且也是宴会规格档次的反映。中心造型，要根据宴会的档次和规格来设计，有以下五种方法供参考：

——花卉造型：可采用花瓶、花篮、花束、花盆、插花、盆景或花坛等装饰中央台面。花卉造型，一是要注意花卉的选择，考虑各民族的不同习惯，同时注意花卉的质量和色彩的搭配。二是要注意花卉的造型，要做到主题突出、错落有致、层次分明、丰富生动、整体协调、富有艺术感染力。三是要注意花卉与宴会场景、餐桌大小、客人视线的有机融合，既营造一种热烈雅致的艺术氛围，又不遮挡客人的视线。

——雕塑造型：可采用果蔬雕、黄油雕、冰雕或用面塑等来装饰中央台面。

——果品造型：将时令水果或部分干果衬以绿叶或其他装饰物来装饰中央台面。

——彩碟造型：即通过特定的餐具造型和特别制作的冷菜拼盘组合形成一定意义的图案来装饰中央台面。

——鱼缸造型：通过精致的鱼缸配以热带鱼或金鱼等来装饰中央台面，使宴会台面富有生机。

(2) 台布设计

宴会要根据主题来选择台布，如婚宴就应选择红色的台布。同时，从美学角度出发，宴会所用台布应避免使用白色。

(3) 餐具的设计

台面餐具主要有骨碟、翅碗、汤勺、味碟、酒杯、筷子等，餐具的质地档次应与宴会的规格相适应，餐具的摆设应方便客人进餐。

用餐具装饰台面：利用千姿百态的餐具来达到差异美、变化美；用系列化、标准化的餐具来达到整体美、统一美；还可用各式餐具，顺着桌沿摆成红梅、折扇、蝴蝶、吉祥符号等图案。

(4) 餐巾的设计

餐巾造型设计主要是对餐巾的颜色和花型的设计。其设计的总体原则，一是要根据台布和餐具及宴会的主题来选择口布的颜色。二是要根据宴会的性质、规模和时令季节等因素来选择花型。三是口布的花型必须注意客人的身份、宗教信仰、风俗习惯及爱好。四是突出主人位置。

(5) 台裙设计

根据宴会的档次来决定使用台裙与否；根据台布的颜色等来选择台裙的颜色。

(6) 椅套设计

为清洁和美观计，饭店给餐椅套上椅套。宴会的椅套要与台布、餐巾等一致。

(五) 座次设计

座次设计的内容，既包括一桌当中主宾座次的排定，又包括宴会中所有餐桌主人位的朝向的安排。座次的安排通过座次卡来表现。

1. 中餐

(1) 主桌（主宾席区）的确定

一般情况下，主桌（主宾席区）设在面对大厅、背靠主墙的位置。小型宴会突出主桌，中型、大型宴会突出主宾席区。

(2) 在同一桌中主人、副主人、主宾、副主宾座位的确定

按客人职务高低而排位，排位方法分两种。一种排位方法是：主宾一般坐主人的右侧，副主宾坐在副主人的右侧（见图一）。另一种排位方法是：主宾一般坐主人的右侧，副主宾坐在主人的左侧（见图二）

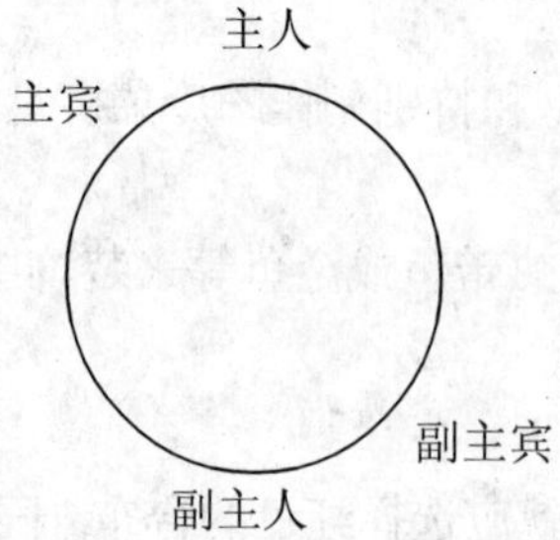

图 一

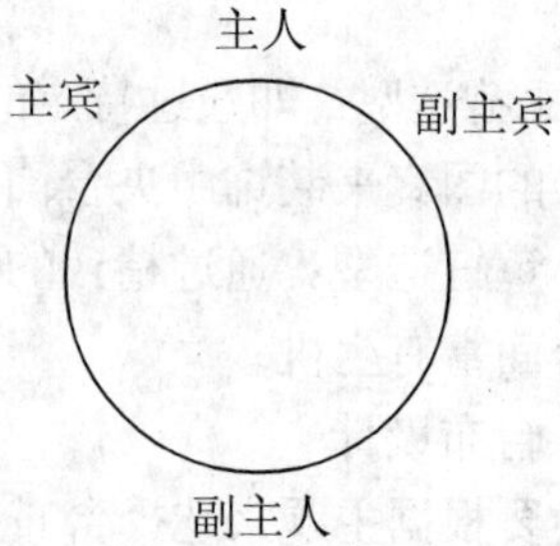

图 二

(3) 在宴会中所有餐桌主人位的朝向的安排

在中餐宴会中主人位的朝向分两种，一种是主桌（主宾席区）与来宾席

区的主人位朝向一致（见图三）；另一种是主桌（主宾席区）与来宾席区的主人位朝向相对（见图四）。

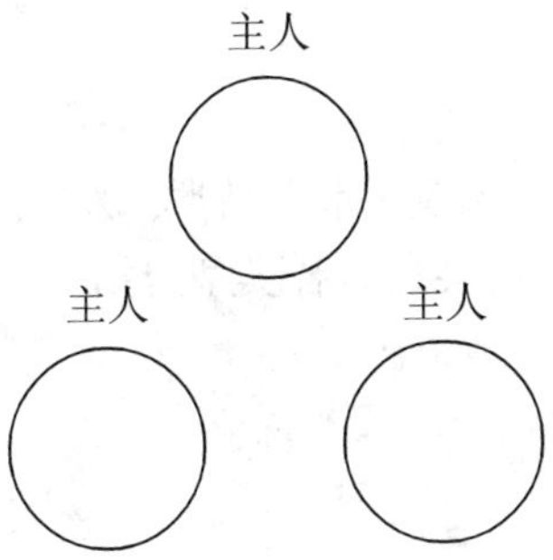

图 三

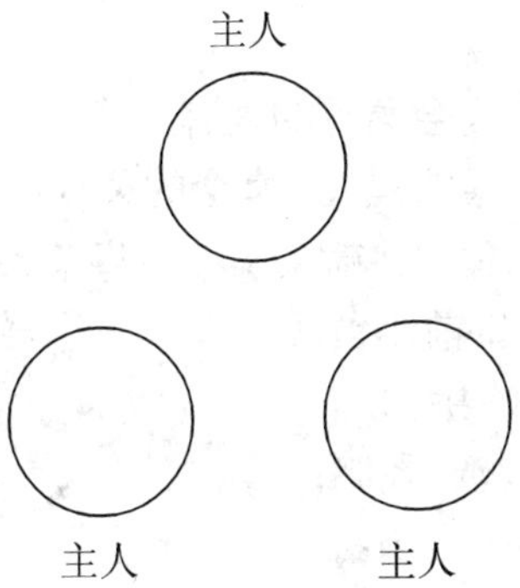

图 四

2．西餐

西方在席位的安排上往往习惯以女主人为准，主宾在女主人右侧，主宾夫人在男主人(一般坐在女主人正对面)右侧，遵循男女穿插的原则进行安排。

（六）菜单设计

一般宴会菜单的设计包括菜点设计、菜名设计和装帧设计。

1．菜单的内容

（1）公共信息

公共信息包括餐厅名称、地址、预订电话、邮编等。这些都可以在菜单纸上预先印刷好，方便客人日后联系。

（2）宴会信息

宴会信息包括主办单位（客人）名称、宴会地点（包房名称）、具体时间、席数、人数、宴会金额、菜名、菜肴配料、分量、优惠项目。这些都由宴会承接人员编写。

2．菜点设计

菜点设计是菜单设计的核心。

（1）宴会菜点的设计要求

——围绕主题：宴请菜点设计一定要围绕主办单位或主人举办宴会的意图。

——了解参加宴会客人的情况：尽可能了解参加宴会人员的身份、国籍、民族、宗教信仰、饮食嗜好和禁忌，从而使宴会菜点满足客人的爱好和需要。

——菜点要整齐：宴会菜点种类要齐全，包括餐前小吃、冷菜、热菜、大菜、青菜、点心、水果；要符合当地的习俗要求。

——菜点搭配要合理：主要指口味和用料的搭配，质与量的搭配，刀工的合理搭配，原料、调味、形态、质感的合理搭配，烹调方法的合理搭配，营养成分的合理搭配，出品部各工种的搭配等；席间菜肴品种应多样化，避免内容重复。

(2) 宴会菜点的内容

按菜谱的程式，宴会的菜点包括冷菜、肉类、水产品类、禽类、蔬菜类、汤类、主食类、甜菜类。以粤菜为例，宴会菜点组合类型包括：

A．餐前小食；

B．冷拼；

C．鸡或乳鸽；

D．羹、汤；

E．鱼、虾、蟹；

F．大菜；

G．蔬菜；

H．主食；

I．水果拼盘。

具体次序为：餐前小食→冷拼→虾→热荤→羹、汤→鸡（或鸭或鸽）→大菜→鱼（整条）→主食→水果。

热荤，是指宴会菜点中制作较为讲究、选料较为精致的小炒类菜式，俗称“热荤”。每张菜单可有2~4个热荤菜。现在的热荤菜式已演变成随心所欲，无固定格式。

3．菜名的设计

好的菜点离不开好的菜名，通过好的菜名，让一些简单的菜点成为一种思想情感交流的工具，一种文化、艺术的载体，使这些普通的菜点具有良好的审美价值和“语言”功能。

宴会菜名的设计，必须根据宴会的性质、主题，采用寓意性的命名方法，使其主题鲜明，寓意深刻，富有诗意。

宴会菜肴名称往往也要讲意头，即讨口彩，如婚宴菜单中的“金玉满华堂”(烤乳猪全体)、“幸福绵绵长”(炒伊面)、“百年好合”(百合莲子糖水)，其菜名暗喻夫妻的和睦恩爱，体现了人们的美好祝愿，令人遐想，给人美好的享受；寿宴菜式，则冠以“松鹤延年”、“寿比南山”、“福如东海”、“龙马精神”等名称；春茗菜式，则多用“发财好事大利”、“新春愉快”、“花开富贵”、“大展宏图”等好意头的菜名等。

4．菜单装帧设计

菜单装帧主要体现在制作菜单的材料、形状、大小、色彩、款式及印刷和书写等方面。

一般书写菜单，可用毛笔、美工笔、圆珠笔写，也可用电脑软件打印。在字体的选择上则可灵活行事。若是中式餐饮，可采用飘逸的毛笔字，使用毛笔书写，是较高层次的书写形式，但要求也较高，存在缺点是书写速度缓慢，现在常用美工笔、圆珠笔；若是儿童菜单，可选用幼稚活泼的卡通字；若是寿宴，可选择古老的隶书。

字体的大小上应以适宜目标客人阅读为准则。书写菜单特别讲究整齐有气势，让客人看上去大方得体。

书写格式有横、竖两种。竖写在酒楼中较为流行，竖写时一般是从右至左，最右面书写小食或拼盘，最左面书写果盘与主食，中间部分书写菜肴内容。书写菜肴名称，需要讲究先后顺序，这个先后顺序要与宴会上菜的先后次序大致相同。习惯上书写主食与果盘时，特意比菜肴类低一至两格，但与菜肴类的最下一个字体靠齐。

菜单上的标准色宜淡不宜浓，宜简不宜多，否则会影响识别效果。而菜单材质、款式的选择，则应体现别致、新颖、适度的准则。如用工艺扇、工艺瓷盘、微型石雕等制作的菜单，不仅起到菜单本身的作用，而且令人赏心悦目，成为可收藏之物。

（七）服务设计

宴会服务设计的内容包括服务方式、背景音乐及活动设计等内容。

1．服务方式的设计

宴会是讲究规格和气氛的就餐方式，而服务方式是决定宴会规格、气氛的重要环节。服务方式，主要包括上菜服务方式（特别是气氛菜的上菜方式）、分菜服务方式、小毛巾服务方式、茶水服务方式、撤换餐具服务方式、迎客服务方式、送客服务方式等。

2．背景音乐设计

音乐，是宴会不可缺少的助兴手段。宴会音乐的选择原则如下：

（1）与宴会的主题相符合。如寿宴为《祝你生日快乐》；婚宴为《婚礼进行曲》等。

（2）与宴会的进程相一致。如迎宾奏放《迎宾曲》；开席，《祝酒歌》；席间，《步步高》；送客，《欢送进行曲》。

（3）与宴者的欣赏水平相一致。

3.活动设计

活动包括请专业队伍表演和自娱自乐。专业队伍有时装表演、乐队演奏、文艺表演、魔术表演等。自娱自乐有卡拉OK、即兴表演和跳舞等。

二、宴会的组织实施

宴会的组织实施是宴会的关键，其内容主要包括宴会承接、内部信息沟通、人员分工、物质准备、宴前检查、现场指挥、宴会结束收尾等工作。

（一）做好宴会承订的准备工作

预订人员必须熟知饭店有关宴会方面的资料，包括：

（1）宴会场地、设施、设备等方面的情况。

（2）菜点、酒水、饮料等方面的情况。

（3）厨房的技术水平与餐厅的服务水平。

（4）饭店所能提供的优惠项目和配套服务项目。

（5）饭店宴会收费标准规定及宴会费用的预算。

（6）以往成功宴会的情况及方案、图片等。

（7）宴会预订金的收取情况。

（8）宴会提前、推迟、增人、减人、取消等方面的规定。

宴会订单被确认后，应与主办方确定详细活动内容。

（二）编写宴会菜单

1．编写菜单时，应做到“五定三知”

“五定”的内容：定宴会时间、定宴会地点、定宴会标准、定菜肴内容及菜肴数量与分量、定席数人数。

“三知”的内容：知道宴会目的、知道客人身份、知道客人饮食习惯与口味嗜好。

“五定三知”是营业员在帮助客人写菜单时必须掌握的，是编写好每一张菜单的前提。

2．对宴会菜点的具体要求

（1）在编写宴会菜单时，应把50%的金额放在有特色的两、三个菜肴上，剩下的金额放在其余的六七个普通菜肴里。这样才能给顾客惊喜。

（2）对具体菜点的要求

以粤菜为例：

A．餐前小食：四至八小碟，荤、素各半；

B．冷拼：乳猪或烧卤拼盘一盘；

C．鸡或乳鸽：一只整鸡或两、三只乳鸽；

D．羹、汤：炖汤或老火汤或羹、汤1窝；

E．鱼、虾、蟹：整条鱼一定要有，虾、蟹随意；

F．大菜：炒、煎、炸等的菜肴三盘左右；

G．蔬菜：也可以是菇类一盘；

H．主食：一饭一面，两款点心，一款糖水；

I、水果拼盘：可以一盘上或按位上。

(3) 在编写菜点时要考虑当地的风俗习惯、喜好避忌。如广州地区的婚宴、寿宴在选择菜肴时的一些禁忌有：

——牛肉：很多信奉观音的善男信女是不吃牛肉的，特别是在丧事宴席上如果吃牛肉，就会有先人会投胎做牛做马的说法，所以红、白事宴会一般不宜上牛肉菜肴。

——冬瓜盅：广州话“瓜”字在某种场合上有死亡之意；“盅”字之音跟终结之“终”同音。

——炖冬菇、炒鱿鱼：炖冬菇，广州话暗指降职；炒鱿鱼，代表解雇的意思。所以在公司的成立或周年的庆祝宴会上应避免出现“乌鸡炖冬菇”、“炒鱿鱼”等菜肴。

——七个菜：传统习惯，白事解慰酒一般只上七个菜，所以菜单尽量避免写七个菜，六个、八个、九个，甚至十个都无所谓，在菜式的斤两上增减就可以了。

3．对菜点分量的要求

下面写出宴会菜肴的大概总量，供参考：

(1) 餐前小食：400克～600克

(2) 拼盘：600克～750克

(3) 两个热荤：900克～1000克

(4) 羹、汤：1000克左右的材料

(5) 鸡或鸽：750克

(6) 三个大菜：2250克

(7) 虾、蟹：750克

(8) 鱼：800克

(9) 主食：1500克

总的来说，保证每人至少有750克左右的菜点，其中肉类与蔬菜的比例在7∶3为理想。婚宴及寿宴参照此比例，如果是政务或商务宴席，总量可以减少，每人吃量在500克左右就够了。

宴会菜单一般至少要有五份，四份餐厅内部管理用，厨房、楼面、传菜、收银各一份，一份给顾客，给顾客看的那一份不需要写详细的原料分量。营业部需把主食、糖水、烧味、卤味、海鲜品种、果盘单列出来，提前三天抄送给有关部门。

(三) 做好宴会前饭店内部的组织协调工作

宴会涉及的部门较多，尤其是大型宴会。要组织好一个宴会就需要有关管理者协调宴会每一个阶段的各种活动。

宴会订单被确认后，管理者要向有关部门发出一份宴会通知单，按照“5W1H”的原则分解任务后，在各部门之间沟通宴会活动的详细信息，以便有关部门明确各自的责任。

(1) 制定宴会场景设计平面图，并将设计要求交由工程部、公关部、绿化部门去完成。

(2) 应将菜单的内容、要求讲解给厨房及餐厅服务人员听，以利工作和服务。

(3) 管理和协调后勤服务，诸如原料采购、准备、供应及其他后勤服务设施安装等。

(4) 同宴会部协调，为宴会团体提供常规服务和特殊服务。如上菜次序、服务内容、餐具配置等，充分与宴会部沟通。

在合理分工的基础上，应使每一岗位的服务人员了解“五定三知”的内容。

(四) 人员安排

1. 人员的挑选要求

(1) 男女服务员的比例要适当。男服务员可以做些需要体力的工作，女服务员可以做些劳动轻而细致的工作。

(2) 主桌或主宾席区必须有有多年宴会工作经验、技术熟练、动作敏捷、应变能力强的基层管理者和服务人员。

(3) 所有的服务员都要具备熟练的宴会操作技能。

(4) 各区域的负责人要有丰富的工作经验，精通宴会的全部工作，有处理突发事件的能力。

2. 人员安排

根据宴会要求，对迎宾、值台、传菜、酒水、收银、贵宾室等岗位进行明确分工，提出具体任务和要求，并将责任落实到每个人。为了使每个员工清楚自己的位置和职责，大型宴会可将宴会桌位和人员分工情况标在图形上。

迎宾员：数量、姓名、负责人、到位时间；

值台员：数量、姓名、负责人、到位时间、具体负责台号；

传菜员（地哩员）：数量、姓名、负责人、到位时间、具体负责台号；

收银员：数量、姓名、负责人、到位时间；

酒水服务员：数量、姓名、负责人、到位时间。

一般主桌安排2名以上服务员值台，其余安排1名服务员值台，主桌传菜员安排1人，其余2~3桌可安排1人。

确定各个岗位人员的配置，同时保证每位员工都知道应该做什么、怎样去做。

（五）宴会场景、台面与物品准备

根据宴会主题进行场景布置和台面布置。

物品准备工作，包括备用餐具的准备、酒水的准备、服务用具用品的准备等。

（六）宴前检查

宴前检查是宴会组织实施的重要环节，其工作主要有以下几个方面：

1．餐桌检查

餐桌检查的内容有：

（1）餐桌摆放是否符合宴会主办单位的要求；

（2）摆台是否按本次宴会的规格要求完成；

（3）每桌应有的备用餐具及棉织品是否齐全；

（4）座次卡是否按规定放到指定的席位上；

（5）各桌的服务员是否已到位工作等。

2．卫生检查

主要检查如下内容：

（1）个人卫生；

（2）餐用具卫生；

（3）宴会厅环境卫生；

（4）食品菜肴卫生。

3．安全检查

安全检查的目的是为了宴会顺利进行，保证参加宴会客人的安全。检查应注意以下问题：

（1）宴会厅的各出入口有无障碍物，太平门标志是否清晰，洗手间的一切用品是否安全，如发现问题，应立即组织人力解决。

（2）各种灭火器材是否按规定位置摆放，灭火器周围是否有障碍物，如有应及时清除。要求服务人员能够熟练使用灭火器材，严格执行“四防”制度。

（3）宴会场地内的用具如桌椅是否牢固可靠，如发现破损餐桌应立即修补撤换，不稳或摇动的餐桌应加固垫好，椅子不稳的应立即更换。

（4）地板有无水迹、油渍等，如新打地板蜡应立即磨光，以免使人滑倒；查看地毯接缝处对接是否平整，如发现突出应及时处理。

（5）宴会所用酒精或固体燃料等易燃品要专人负责，检查放置易燃品的地方是否安全。

4．设备检查

宴会厅使用的设备主要有电器设备、音响设备和空调设备等，要对这些设备进行认真、细致的检查，以免意外事故的发生，避免因设备故障破坏宴会气氛，影响饭店声誉。

（1）电器设备检查

宴会开始前，要认真检查各种灯具是否完好，电线有无破损，插座、电源有无漏电现象；要将开关全部开启检查，保证宴会安全用电，确保照明灯具效果良好。

（2）空调设备检查

宴会开始前要检查空调机是否良好，并要求开宴前半小时，宴会厅内就应该达到所需温度，宴会厅越大，空调设备开启的时间也应相应提前。并始终保持宴会厅内比较稳定的适宜温度。

（3）音响设备检查

多功能厅一般都配备音响设备，在宴会开始前，要装好扩音器，并调整好音量，同时做到逐个试音，保证音质。如用有线设备，应将电线放置在地毯下面。

（4）其他设施检查

宴会开始前要认真检查宴会厅内各种设施的安排是否能造成宴会主题所需要的气氛。

5．人员到位检查

检查各岗位的人员是否已经到位，是否明确各自职责，仪表仪容、精神状态是否符合要求。

6．其他检查

包括纪念品、礼品是否备齐；签到台、笔、纸或签到簿是否备齐等。

（七）宴会的现场指挥

宴会成功与否，与宴会现场指挥是否有效关系密切。现场指挥的重点是：

1．控制宴会进程

宴会的现场指挥，必须熟知整个宴会的策划方案，掌握主人讲话致词、领导敬酒、席间表演等各个环节，以便及时安排递酒上菜的时间。

2．上菜控制

这主要是控制实际的上菜速度，保证按顺序上菜并控制好上菜的间隔时间，以配合宴会的顺利进行。管理人员应在备餐间现场控制上菜速度，以协调餐厅与厨房之间的关系。此外，还须注意主宾席与其他席面的上菜情况，适当调控两者的速度，以保证整个宴会的进程顺利。

3．督导宴会服务

宴会的服务程序是相对固定的，但是在宴会过程中仍然需要加以控制，任何宴会过程只有施以强有力的现场督导，才能使宴会顺利进行。在整个宴会过程中，现场指挥要加强巡视，及时根据宴会的进展和场上的变化，调度人员，协调好各方面的关系，并知道和纠正服务人员的行为，及时弥补服务中的不足，保证宴会服务达到规范的要求，特别是要注意主桌或主宾席区的礼貌服务。

4．处理突发事件

管理人员通常要考虑的问题是，根据宴会上菜的速度，会发生什么样的问题？应有什么样的对策？遇到意外事情时，有什么应急措施?等等。最棘手的突发事件，就是宴会临时增加人或减少人。

（八）收尾工作

1．结账控制

快要结束宴会时，管理人员应通知收银处预备结账，核对所有收费项目，清查预订金，检查酒水使用情况，检查其他临时发生的收费项目，由收银处统一开出账单，待客人提出结账时，立即进行结账，尽量不要发生意外问题。

2．征求意见

每举办一次大型宴会，可以说宴会组织者、服务员和厨师就增加了一次高水准服务的经历，所以，宴会结束后，应该认真总结经验教训，以利于搞好日后的服务工作。在宴会结束后，管理人员应主动征询主办单位对宴会的意见。如果在宴会中发生了一些不快，则要主动向客人道歉，求得客人的谅解；如客人对菜肴提出意见或建议，应虚心接受，并及时转告厨师，以防止下次宴会再次出现类似问题。

3．宴会档案记录

宴会档案记录是餐饮机构的财富和资源。它可为企业领导决策提供科学依据，为企业开展公关活动、提高自身知名度提供翔实资料，为宴会组织提供丰富经验，还可为新员工上岗培训提供生动、真实的教材。

因服务对象的不同、宴会规模的差异，宴会档案内容也有不同。一般的内容是客户姓名、联系电话、宴会主题、宴会日期、人（台）数、费用、菜单、活动计划等。

4．清理餐厅，清洗餐具

清理餐厅，清洗餐具，将宴会厅复原，消除活动过的痕迹。

5．消防检查

宴会结束后，要对宴会厅进行消防检查，包括检查电器消防安全、地毯上是否有烟头等。

第五节 到会与自助餐服务的管理

一、到会活动业务组织

为适应客人的需求，突破餐饮经营受经营场所的限制，饭店餐饮为客人提供到会服务。

到会，就是餐饮部应邀到饭店外客人指定的场所为客人提供餐饮服务。

到会活动分两种形式，一种是人员（含服务人员、厨师等）、食品饮料、餐具、服务用具、餐椅等都需饭店安排；另一种只是人员（含服务人员、厨师等）由饭店安排，餐具、服务用具、餐椅由客人自备，食品饮料既可客人自备，也可由客人委托饭店采购。

（一）准备工作

（1）成立专门小组，统筹活动安排。

（2）把握主题。了解到会活动的主题，根据主题来进行场景设计、菜单设计、服务设计。

（3）掌握活动的基本情况。清楚了解到会活动的时间、地点、服务形式、出席人数、主办单位的特殊要求。

（4）察看场地。

（5）出场景设计、台型设计等的平面图。确定厨房的位置、设备用品的摆放地点、餐桌的摆放、厅堂的布置和台型布置的要求等，以便服务人员进入后能够顺利展开工作。

（6）人力安排。根据每次外会活动的规模、档次、场地条件和工作量的大小选派适当、适合工作需要的厨师、服务人员和勤杂人员，明确负责人员的责任和任务。随车到主办单位去提供外会服务活动。

（7）食品、饮料的准备。根据档次、规模等做出食品、饮料的清单，交相关部门准备。特别是要分清楚哪些食品在饭店做成半成品然后到现场加工、哪些食品要做成成品。成品要注意保温、保鲜，半成品要注意保洁、保鲜。

（8）餐具、家具、服务用具的准备。根据规模列出餐具、家具、服务用具清单，然后按清单准备。

（9）做好交通安排。如果是规格档次高的到会活动，为保证准时，可能的话要交警出面协助。

(10) 召开参加服务工作的厨师、服务员、工程部人员、车队司机、财务人员工作会议。通报情况，分配任务，讲情注意事项。

(二) 现场服务与管理

到会活动是一项复杂细致的工作，每次服务活动的场地、环境条件都不完全相同。所以，现场服务与管理要重点做好以下工作：

(1) 根据事先制定的平面图，进行场景布置、台型设计、临时厨房的布置，原则是要符合主题、分区明显、便于服务、不影响客人活动。

(2) 检查炉灶，将各种备用的餐具、用具和其他用品分类整齐地码放好，备用的食品原材料放在加工现场，均由管事部派专人管理，防止丢失和损坏。

(3) 台面设计。外会活动的车辆到达后，和主办单位协商，迅速组织服务人员按事先设计好的方案摆放桌椅，打扫厅堂卫生，然后按台型设计和座次要求检查台面，组织服务人员铺台。铺台方式根据外会活动性质和服务方式要求进行。

(4) 食品、饮料制作。外会活动所提供的菜点服务与饭店内部大型会议宴会服务相同。其重点是按外会活动服务菜单设计，按先后顺序烹制菜点，保证质量。同时，注意出菜的时间。

(5) 现场服务与控制。外会活动的现场服务与酒店内部的宴会、招待会的服务基本相同。

(6) 结账工作。

(7) 清场，恢复原貌。外会活动服务结束后，要主动告别客人，然后组织服务人员迅速清理现场，打扫卫生，将服务场所恢复原状。特别是要再组织人员迅速洗涤餐食用具，将各种设备用品擦拭干净，打包装车，然后和主办单位负责人告别，返回酒店。

(三) 活动注意事项

(1) 双方加强协调。外会活动过程中，从业务联系、费用协商、场地察看、场地布置到接待服务、餐后服务，都要加强同主办单位的联系，取得他们的帮助和同意，有了问题，要及时同主办单位负责人协商。搞好协调和配合工作，以保证外会活动顺利进行。

(2) 注意用品管理。外会活动的设备用具和餐茶用品常常是由饭店提供的。同时，举办单位又有部分设备要投入使用。因此，必须加强设备用品的管理，从在酒店领取设备用品、活动现场使用、清洗到返回装车，都要严格清点品种和数量，防止丢失，降低报损，最大限度地维护酒店财产。同时，也要爱护主办单位的设备用品。双方的设备用品若发生损坏、丢失要及时商议，以防影响双方关系，小件物品丢失或损坏可作报损处理，不要轻率找主办单位。

(3) 及时收集客人反馈意见。每次外会活动结束后，管理人员要主动征求主办单位的意见，了解客人的反应。在服务过程中，若有客人投诉，要迅速解决，及时弥补，以确保服务质量。

(4) 做好客户档案整理。每次外会活动服务结束都要将预订单、协议书、接待方案等分类保管，并整理出客户档案，以便为今后外会活动服务销售提供充足的客户信息。

二、自助餐服务的管理

饭店提供自助餐服务，可部分突破餐饮菜点生产批量少的缺点，减少厨房的人力成本；由于顾客自助服务的替代作用，可以大大减少楼面服务人员的数量。

自助餐的管理重点主要在菜点酒水饮料管理、菜台和酒水台的布置、顾客管理、卫生管理和成本管理等几个环节。

（一）菜点酒水饮料管理

(1) 菜点酒水饮料品种数量的确定。顾客在选择同档次饭店自助餐厅时主要考虑两个方面的因素：一是价位；二是菜点酒水花色品种的数量。如在价格差不多的情况下，客人更多地会考虑菜点酒水的花色品种。

饭店应根据价位，在保证合理利润的前提下，尽可能提供多一些品种的菜点、酒水，最好是提供一些能吸引客人的菜点。

(2) 及时补充菜点酒水，在自助餐服务过程中，餐台不能出现菜点、酒水空缺。

(3) 菜单应当适合不同顾客群的特点和需要，应当根据不同时期餐饮消费潮流的变化进行调整。

(4) 通过声明的方式告知顾客节约的义务，做到不浪费食物。

（二）自助餐菜台、酒水台的布置

餐厅按照本餐厅自助餐所属的菜系，按照饮食习惯的先后顺序，布置好菜台和酒水台。每个菜前都摆菜卡，做到菜点、酒水分类明显，菜名清楚。

根据餐厅的实际情况，设计好客人活动路线，做到就餐时客人不拥挤。

（三）顾客管理

(1) 就吃自助餐的一些讲究给予顾客适当的指导。餐厅的管理人员、菜台值台服务员、厨师等都可采用暗示或明示的方式对顾客进行指导。

(2) 适当控制客人每次取食物的数量。有的餐厅按菜点的重量计价（不常见）；有的餐厅的某些菜点由厨师进行控制，如日本刺身、铁板烧等由厨师决定顾客每次取食的数量。

（四）卫生管理

(1) 自助餐提供的菜点应以饭店自制为主，外购的熟食、水果、饮料等必须经严格的卫生检查。

(2) 在就餐过程中随时保持菜台、酒水饮料台的卫生。

(3) 保持就餐环境的整洁。

（五）成本管理

自助餐既要控制成本，又要尽可能提供更多的品种和花色。为解决这个矛盾，就必须进行自助餐的成本控制。

（六）加强走动督导

加强走动督导有利于及时了解顾客需求、菜点供应情况、餐具的供应情况，特别是掌握菜点的被喜爱程度。

案例5-1

菜名写成的"特殊文件"

1993年举行了那次举世瞩目的"汪辜会谈"——汪道涵与辜振甫会谈——海峡两岸授权民间团体最高负责人的首次会晤。那次"会谈"，除了众所周知的海峡两岸共同签署的公证书、挂号信函、两岸会谈制度、汪辜共同协议四份文件以外，还有一份用菜名写成的"特殊文件"，至今仍是"汪辜会谈"中的美谈！

"情同手足"、"龙族一脉"、"琵琶琴瑟"、"喜庆团圆"等9道菜名，端端正正地写在汪道涵宴请辜振甫时的菜谱上。这是由会谈所在地新加坡海皇大厦的厨师们特意准备的。其实，这9道中式菜点都是早已有之，此时此事，老菜新名，别出心裁，引起宾主的强烈共鸣……

"情同手足"系乳猪与鳝片。烤乳猪是广东名菜，即火烤刚断乳的小猪，烤得皮色金黄，既香又脆，再以油炸鳝片配之。一个金黄，一个紫黑，好吃又好看。

"龙族一脉"即传统菜"乳酪龙虾"。因龙虾的形体与行动像龙而得名。含有多种营养成分，还有滋阴补肾的作用。

"琵琶琴瑟"又名"琵琶雪蛤膏"。以形似琵琶的蛤为主要原料。这种蛤一头尖、一头大，像只琵琶。里面塞进虾茸、芹菜末、奶酪，煽制而成。菜形奇特，味道鲜美。

"喜庆团圆"别名"董宫鲍翅"。以明清时被列为八珍之一的鲍鱼与享有"金丝菜"美誉的鱼翅配伍，再加入火腿鸡汤做羹。原料名贵，烹制精细，菜名吉祥。

"万寿无疆"也叫"官燕炖双皮奶"，是一道宫廷菜。以珍稀烹饪原料燕窝烹制。清宫“满汉全席”即把“一品官燕”列为头道菜。取“万寿无疆”菜名，尽显祝福之意。

“三元及第”是以3种名贵海鲜搓成鱼丸子，氽汤。汤清味鲜，美不胜收。

“兄弟之谊”系“木瓜素菜”，取诗经“投之以木瓜，报之以琼瑶”之意。

“燕语华堂”为主食荷叶饭。

“前程似锦”是造型美观的水果拼盘。

这9道精美菜点的名字，既饱含喜庆，又寓意深刻，令用餐者喜不自禁……

餐毕，两岸出席宴会的22人全都在这份特殊的菜单上签名留念。此时，台湾海基会的副董事长兼秘书长兴奋不已，高声对大家说：“我们又签署了一份‘共同文件’!”

这份“共同文件”，以“情同手足”开头，用“前程似锦”结尾，也是“度尽劫波兄弟在，相逢一笑泯恩仇”的“特殊文件”!

这份用菜名写成的“特殊文件”已成为改善两岸关系的一个见证，也已成为展示中国菜名文化的一个范例。

——《菜名写成的“特殊文件”》，单守庆，《中国旅游报》2005年3月2日第12版。

思考与讨论

1. 餐饮服务质量的内涵有哪些方面?
2. 实施餐厅质量监控的措施有哪些?
3. 投诉处理原则“不损害饭店利益”，你是如何理解的?
4. 服务规程的内容有哪些?
5. 制定服务规程的基本要求有哪些?
6. 使用餐饮管理软件，在点菜过程中可能出现的问题有哪些?
7. 餐厅如何培养金牌点菜师?
8. 如何编写宴会菜单?
9. 如何进行宴会场景设计?
10. 如何组织到会服务?

第六章 餐饮数字管理技能

管理要点

- 餐饮经营指标分析
- 餐饮成本分析
- 营业收入、成本预算
- 餐饮成本控制
- 餐饮产品定价
- 价格管理

引子

从餐饮经营管理实际情况来看，目前星级饭店的餐饮部总监过多关注“数字”，而餐厅经理则关注“数字”过少。俗话说得好，“既要埋头干活，又要抬头看路”。餐饮总监、餐厅经理既要注重一线工作，又要从宏观上对经营把关：进行经营指标（营业额指标和成本费用指标）预算、控制经营成本和进行有效的价格管理。

第一节 餐饮经营主要指标

一、销售额指标

(一)销售额指标

销售额是显示餐厅经营好坏的重要指标。一段时间内的销售额指标可以通过以下公式来计算:

一段时间的销售额指标=餐厅餐位数×预计平均每餐位周转率×平均每位客人消费额指标×每天餐数×天数

(二)各类产品和服务的总销售额

主要包括厨房出品的总销售额、酒水饮料的总销售额、茶芥总销售额等。

(三)时段销售量

时段销售量可以用两种形式表示:一段时间内所服务的客人数和一段时间内产生的销售额。

某时段(各月份、各天、每天不同的钟点)的销售数据对人员配备、餐饮推销和确定餐厅最佳营业时间特别重要。

(四)消费者人均消费额

人均消费额是指平均每位客人每餐支付的费用。从这个数据可以看出:菜点的定价是否合适,服务员和营业员是否努力推销高价菜、宴会和饮料等。通常,餐厅要求每天都分别计算菜点的平均消费额和酒水饮料的平均消费额,其计算方法是:

$$人均消费额=\frac{总销售额}{就餐人数}$$

管理人员应经常注意人均消费额的高低,如果连续一段时间平均消费额都过低,就必须检查食品饮料的生产、服务、推销或定价有无问题。

(五)每座位销售量

每座位销售量是指在一定的时段内平均每一餐位的销售额。其计算方法是:

$$每座位销售额=\frac{总销售额}{座位数}$$

每座位销售额可用于比较相同档次、不同饭店经营状况的好坏。每座位销售额也常用于评估和预测酒吧的销售情况。

（六）平均每座位服务的客人数

也常常被称作座位周转率，亦称翻台率，它以一段时间的就餐人数除以座位数而得。计算方法为：

$$座位周转率 = \frac{某段时间的就餐人数}{座位数 \times 餐数 \times 天数}$$

（七）每位服务员销售量

统计每位服务员销售量有两种指标：

1. 以每位服务员服务的顾客人数来表示

它反映服务员的工作效率，为管理人员配备职工、安排工作班次提供依据，也是对职工成绩进行评估的基础。当然，该数据要有一定的时间范围才有意义，因为服务员每天、每餐、每小时服务的客人数不同，不同餐别每位服务员能够服务的客人数也不同，不同餐厅的服务员能够服务的客人数也不同，高档餐厅的服务员不如快餐厅服务员服务的人数多。

2. 以每位服务员的销售额来表示

每位服务员服务的客人的平均消费额是用服务员在某段时间中推销产生的总销售额除以服务客人数而得。销售额能反映服务员的销售能力。

统计服务员的销售量，可掌握员工的工作情况及员工该努力的方向。

（八）酒水饮料比率

指的是饮料占食品销售额的比率。计算公式为：

$$酒水饮料比率 = 酒水饮料销售额 \div 食品销售额 \times 100\%$$

（九）菜点喜爱程度

$$菜点喜爱程度 = \frac{某种菜点销售份数}{就餐客人人数} \times 100\% 或$$

$$= \frac{某种菜点日均销售份数}{每种菜点日均销售份数} \times 100\%$$

二、毛利率

（一）概念

毛利率是产品毛利与产品销售价格或者产品毛利与产品成本之间的比率。毛利与售价之间的比率，称为销售毛利率，亦称内扣毛利率。计算公式表达如下：

$$\text{销售毛利率(内扣毛利率)} = \frac{\text{毛利}}{\text{销售价格}} \times 100\%$$

毛利与产品原料成本之间的比率，称为成本毛利率，亦称外加毛利率。计算公式表达如下：

$$\text{成本毛利率(外加毛利率)} = \frac{\text{毛利}}{\text{原料成本}} \times 100\%$$

内扣毛利率与外加毛利率的换算如下：

$$\text{内扣毛利率} = \frac{\text{外加毛利率}}{1+\text{外加毛利率}} \times 100\%$$

$$\text{外加毛利率} = \frac{\text{内扣毛利率}}{1-\text{内扣毛利率}} \times 100\%$$

毛利率的大小是由饭店根据企业的市场定位、经营范围和国家物价部门的有关法规综合平衡之后确定的。

毛利率不仅反映着餐饮产品的毛利水平，还直接决定着企业的盈亏，关系着消费者的利益。在餐饮产品原料成本和相关费用不变的情况下，毛利率越高，销售价格就越高，利润也越高；反之，毛利率越低，销售价格越低，利润也越低。

（二）餐饮毛利率的类别

在实际工作中，毛利率有三类：

(1) 某个具体的餐饮产品的毛利率，它反映的是某个产品的毛利率水平；

(2) 分类毛利率。它是餐饮企业各经营类别的毛利率水平，如按原料分，有海鲜产品菜肴的毛利率、米面制品的毛利率。也可以按经营类别分类，如普通零点菜肴的毛利率、高档宴会的毛利率等；

(3) 综合毛利率，又称平均毛利率，它反映的是整个饭店餐饮产品的毛利率水平。其计算公式是：

$$\text{综合毛利率} = \frac{\text{营业收入总额}-\text{原料损耗总额}}{\text{营业收入总额}} \times 100\%$$

（三）各种毛利率的核定

1．单个产品毛利率的核定

应根据饭店的经营政策和市场需求情况，确定每一具体餐饮产品的毛利率。

2．分类毛利率的核定

它是按某一类经营业务或菜肴、点心的销售价格和毛利来计算的。是餐饮企业制定产品价格的依据。要核定分类毛利率，先要对本企业经营的产品进行分类，如将米面制品分为主食品、一般带馅制品、精制点心(油炸、油酥制品、精面、精米)等。

分类毛利率的核定原则：

(1) 粮食主制品(米饭、馒头等)低于其他粮食制品(面条、包子、煎饼、油条等)；

(2) 素菜低于串荤，串荤低于净荤，净荤低于名菜(饭店行业有时例外)；

(3) 操作费工、产值较小的产品，毛利率稍高些；

(4) 耗用原料较贵、精工细作的品种高于大众化产品；

(5) 宴会高于一般菜肴；

(6) 时菜、名菜、名点高于宴会；

(7) 高星级饭店的餐饮产品高于低星级饭店餐饮产品。

3. 综合毛利率的核定

综合毛利率是考核饭店餐饮经营方向和经营状况好坏的综合指标。它是按餐饮企业在一定时期内的销售总额和毛利总额（毛利总额=销售总额—原料成本总额）来计算的。其计算公式如下：

$$\text{综合毛利率} = \frac{\text{毛利总额}}{\text{销售收入}} \times 100\%$$

三、成本类指标

(一) 原材料成本率

指的是原材料成本占营业收入的比率。其计算公式是：

$$\text{原料成本率} = \frac{\text{原料损耗总额}}{\text{营业收入总额}} \times 100\%$$

如果是计算整个企业的原料成本率，其中原料损耗总额和营业收入总额就是指整个企业而言的；如果是计算某个部门的原料成本率，上述两个项目也相应地是这个部门的原料成本损耗总额和营业收入总额。

(二) 费用率

反映费用占营业收入的比率。其计算公式是：

$$\text{费用率} = \frac{\text{经营费用总额}}{\text{营业收入总额}} \times 100\%$$

费用率的计算与原料成本率的计算道理是一样的。

四、厨师长业绩指标

厨师长业绩指标包括：菜点收入指标、利润指标、厨房毛利率、厨房工作人员人均创利率、炊具耗损率、餐具损耗率、食品合格率、卫生达标率、安全防火率、职工出勤率、创新菜（个／月）、回头客率、长住客就餐率、客人投诉数等。

第二节 餐饮成本分析

一、成本的概念

（一）固定成本、变动成本

1．固定成本

固定成本是指不随业务量的变动而变动的那些成本。在餐厅中，如员工的工资福利、设施设备的折旧费、保险费、利息费等。

2．变动成本

变动成本是指随着业务量的变动而相应成正比例变动的成本，如食品原材料成本、酒水成本、洗涤费用等。它们的大小一般取决于产品销售量的多少，和产品销售量成正比例关系。

（二）可控成本、不可控成本

1．可控成本

可控成本是指短期内可改变其数额大小的成本，变动成本一般是可控成本。如餐厅可以通过改变菜肴的分量或成分来改变菜肴的制作成本；通过增减服务人员来控制人工成本。

2．不可控成本

不可控成本是在短期内无法改变的成本，不可控成本一般是固定成本。如设施设备的折旧费、房屋租金、利息等。

（三）标准成本、实际成本

1．标准成本

标准成本，即按标准菜谱生产的每份菜肴所需要的总成本，它往往是比较理想的成本，它是衡量和控制餐饮实际成本的一种参照标准。

2．实际成本

实际成本是指餐厅在实际经营过程中发生的各种成本总和。它反映了餐饮成本管理现状。

（四）单位成本、总成本

1. 单位成本

单位成本指单位平均成本，如每份菜肴的成本、每杯饮料的成本、每位员工的工资等。

2. 总成本

单位成本的总和构成了总成本。

（五）直接成本、间接成本

根据费用发生额计入成本的方式，分为直接成本与间接成本。

1. 直接成本

凡能够直接计入某种产品成本的成本或费用称为直接成本，如食品、饮料的原料采购费和部门直接费用等，可以直接计入餐饮产品成本。

2. 间接成本

不能直接计入而要按一定标准进行分配后计入相关产品成本的费用称为间接成本，如企业的管理费、管理人员的工资等。

（六）边际成本、机会成本

1. 边际成本

指在餐饮生产管理中增加一定产销量所追加的成本，当边际成本等于边际收入时，企业利润最大。

2. 机会成本

指从多种方案中选择一个优化方案时，被放弃的次优方案所丧失的潜在利益。又称追悔成本，即实际并未发生的成本。

二、餐饮成本的组成

1. 菜肴成本组成

菜肴成本 = 主料成本 + 辅料（配料）成本 + 调料（调味品）成本

主料，指制成各饮食制品的主要原材料，如鸡、鸭、鱼、肉、蛋等。

辅料（配料），指制成各饮食制品所用的辅助原材料，一般以各种蔬菜、瓜果等为主。

调味品（调料），指制成各饮食制品所用的调味品用料，如油、盐、酱、醋、味精、胡椒、料酒、葱、姜等。

2. 餐饮产品成本组成

(1) 狭义上的餐饮产品成本

餐饮产品成本 = 菜肴成本 + 酒水饮料成本

(2) 广义上的餐饮产品成本

餐饮产品成本 = 菜肴成本 + 酒水饮料成本 + 餐茶用品消耗 + 服务用品消

耗＋燃料消耗＋水电消耗＋人力成本＋折旧费用＋管理费用＋销售费用＋卫生用品等。

3．餐饮产品总成本的比例构成

（1）食品原料、酒水饮料成本，一般占总成本的45%；

（2）燃料和物料成本，一般占总成本的3%左右；

（3）低值易耗品摊销，一般占总成本的5%左右；

（4）商品进价和流通费用，一般占总成本的3%左右；

（5）人工成本(包括员工的基本工资、奖金津贴、福利费用等)，一般占总成本的25%左右；

（6）水电费，一般占总成本的3%左右；

（7）企业管理费，一般占总成本的2%左右；

（8）其他支出费用，如赞助支出等，一般占总成本的5%左右；

（9）其余为折旧费用。

在以上各项内容中，餐饮原材料成本和人工成本是最主要的成本，其中原材料成本是餐饮成本构成中所占比例最高的成本，是餐厅日常支出的主要部分，因此，原材料成本控制是餐饮成本控制的重要内容。

三、餐饮产品成本的特点分析

（一）变动成本比例大

由于食品原材料成本是餐饮成本中最大的一块，而食品原材料成本又属于变动成本，所以，在餐厅内，变动成本的比重相对就比较大。

这就要求餐饮销售中不能任意打折，且价格的折扣幅度不能像客房价格折扣幅度那么大。

（二）可控制成本比例大

餐厅除了设施设备的折旧费、房屋租金等不可控成本，大部分费用成本都是可控成本。

这一特点决定了餐饮成本控制极端重要，如果管理人员积极性高，制度严密，措施得力，餐饮成本就能控制到合理的水平；否则，餐饮成本将大幅度增加，极大地影响餐饮实体的经营效益。

(三)成本泄漏点多

成本泄漏点是指餐饮经营活动过程中已经造成的或可能造成的成本流失。从餐厅的整个经营活动的过程来分析，每一道环节都有可能造成成本泄漏，如食品饮料的采购、验收、入库、储藏及发料，食品加工和烹调等过程都存在着许多成本泄漏的现象。

表 6-1 餐饮产品成本分类表

角度	成本种类	成本概念及主要表现	分类作用
按成本与产品形成关系划分	直接成本	在产品生产过程中直接耗用而加入到成本中去的那些成本。主要包括直接材料、直接人工、直接消耗三部分。	主要为部门核算和店级核算提供理论依据。部门以直接成本核算为主，全店以间接成本核算为主。
	间接成本	在产品生产中不是直接消耗、需要经过分摊才能加入到成本中去的那些成本。主要表现为管理费用、维修费用、销售费用等。	
按成本可控程度划分	可控成本	指在餐饮管理中基层和部门员工通过努力能够控制的那些成本。主要包括食品原料、餐茶用品、水电能源等。	主要为成本控制分工和重点掌控提供依据。部门基层以可控成本控制为主，高中层人员以不可控成本控制为主。
	不可控成本	指通过基层和部门员工主观努力难以控制、只有高层管理才能掌控的那些成本。主要包括折旧费用、管理费、维修费、保险费等。	
按成本的性质划分	固定成本	指在一定时期和一定经营条件下，不随产品、产量和销售额的变化而变化的那些成本。包括约束性固定成本和酌量性固定成本两大类。	主要为损益分析和成本控制提供理论根据。高层管理以固定成本控制为主，中低层管理以变动成本控制为主，尽量降低保本点。
	变动成本	指在一定时期和一定经营条件下，随着产品、产量和销售额的变化而变化的那些成本。以原料成本、水电能源、洗涤费用等为主。	
按成本与决策关系划分	边际成本	指在餐饮生产管理中增加一定产销量所追加的成本，当边际成本等于边际收入时，企业利润最大。	主要为领导决策提供理论依据。前者用于生产价格决策，后者用于采购、设备购置、管理方案选择决策。
	机会成本	指从多种方案中选择一个优化方案时，被放弃的次优方案所丧失的潜在利益。又称追悔成本，即实际并未发生的成本。	

（1）菜谱设计和菜点的定价决定菜点的成本率；

（2）对食品饮料的采购、验收控制不严，或采购的价格过高、数量过多会造成浪费，数量不足则影响销售；

（3）采购的原料不能如数入库、采购的原材料质量不好都会引致成本提高；

(4) 贮存和发料控制不佳，会引起原料变质或被偷盗造成损失；

(5) 对加工和烹调控制不好会影响食品的质量，还会加大食品饮料的折损和流失量，对加工和烹调的数量计划不好也会造成浪费；

(6) 餐饮服务不仅关系客人的满意程度，也会影响客人对高价菜的挑选，从而影响成本率。餐饮推销的好坏不仅影响收入，也影响成本率，例如加强宴会上饮料的推销会降低成本率；

(7) 销售控制不严，销售的食品饮料的数量与标准收入不符，使成本比例增大。

对上述任一环节控制不严都会产生成本泄漏，这就要求饭店加强对各个餐饮经营环节的成本控制。

第三节 收入、成本预算

一、营业收入预算

营业收入预算，包括餐厅接待顾客人次预测、消费额预测等。

（一）顾客人次预测

饭店餐厅接待的顾客包括住店客人和非住店客人两大类。

住店客人接待人次预测。饭店宾馆住店客人并不都在本饭店用餐。根据相关统计资料分析，住店客人中有85%的人在店内用早餐，其中20%左右要求送餐服务；有75%左右的住店客人在店内用正餐，其中在中餐厅的客人占40%，到西餐厅的客人占20%，到咖啡厅的客人占25%等。

饭店可根据上述资料和客房出租率，预测出住店客人到各餐厅用餐的接待人次。

非住店客人的预测。在目前的饭店餐饮经营中，当地居民已成为餐饮市场的主体。对非住店客人的预测，可以根据前3年～5年的翻台率历史资料，采用不同的方法来预测，如稳定性市场可以选择加权修正平均法、修正移动平均法等方法来预测；趋势型市场，可以选用一元回归法、变动趋势法、二元回归法、平均发展速度法等方法来预测。

（二）消费额预测

在预测消费额时，要认识到在本店用餐的客人中，散客、公司、团队、会议等客人的消费水平是不尽相同的，同时同样的客人在不同的餐厅就餐，消费水平也是不尽相同的。

一般来说，散客、公司客消费水平高，会议次之，团队最低；宴会厅的人均消费水平较高，主餐厅次之，再其次是风味餐厅。

预测餐厅人均消费水平，一般要考虑如下的因素：

（1）餐厅的档次规格和市场定位；

（2）餐厅人均消费水平历史数据，特别是上年度的实际水平；

（3）计划期当地物价水平的变动趋势；

（4）当地餐饮市场竞争程度等；

（5）餐厅的历史资料。

结合以上因素，经过综合分析，即可预测确定人均消费额。

二、主要成本预算

（一）房屋折旧预算

饭店根据饭店投资总额和国家有关规定，预算出全店折旧额，再根据部门使用面积进行分摊。

（二）餐饮原料成本预算

餐饮原料成本包括食品成本和酒水饮料成本，主要通过成本率来计算。这里需要注意的是不同餐厅它们的原料成本率也是不相同的。成本率计算公式是：

成本率 =1 − 毛利率

各餐厅的成本额是根据餐厅档次规格、当地物价水平、接待对象，结合上年度实际达到的成本率来完成预算。一般来说餐厅等级和客源层次越高，毛利率标准也越高，成本率就越低。原料成本额计算公式：

原料成本额 = 预算营业收入 × 成本率

（三）人力成本预算

人力成本包括：工资、奖金、福利、社会统筹等。

1．工资预算

工资内容主要包括岗位工资、职务工资、工龄和店龄工资等，现饭店的工薪制度大多采用以岗位职务为基础的等级工资制。

餐饮部根据各餐厅的人员编制计划、饭店工资制度和工资水平等，形成工资预算。

2．奖金预算

奖金是体现劳动差别、调动员工积极性的重要手段之一。员工奖金的预算方法是根据饭店或餐饮部经营计划预算的营业利润，按一定百分比计提奖金总额，然后根据人员编制形成人均奖金额。具体做法参照上年度实际奖金数额。

3．员工福利预算

员工福利的内容有员工膳食、员工制服、集体福利等几项。饭店一般为员工提供每天两餐的膳食，按员工出勤率和每餐膳食标准来确定膳食预算；员工制服主要根据当年计划按人均标准预算；集体福利一般以计划为基础，按人均标准预算。

4．社会统筹预算

社会统筹是指根据国家人事劳动改革的政策、法规建立的保证员工退休、医疗、住房等有基本保障的一种社会福利制度。主要内容包括员工社会保险、员工医疗保险、货币分房、住房公积金、失业保险等。根据国家和地方的政策法规有关规定，在政府、企业、个人分别负担一部分的原则下，由企业根据员工基本工资额的大小，按一定比例分别向国家和地方政府的社会统筹主管部门按月按员工个人账户向当地指定银行缴纳员工社会统筹基金。

（四）水电等能源费用预算

水、电、燃料等能源消耗是餐饮部门的直接成本费用。这些费用是随餐饮产品销售量的增加而变化的。其预测方法是以历史统计资料为基础，分析费用消耗的合理程度，结合餐饮销售收入预算的增减变化来确定。预算公式为：

$$水电燃料费用=上年实绩\times(1\pm业务增减\%)\times(1-费用降低率)$$

（五）餐具、茶具、酒具与用品消耗预算

饭店餐饮部门的餐具、茶具、酒具和台布、餐巾等大多开业时一次配齐，经营过程中每年必须重新补充消耗的部分和需要更新的部分，因此，餐具、茶具、酒具与用品预算就是制定每年需要更新和补充的这些用品用具消耗额。预算方法有两种：

(1) 以餐具、茶具、酒具与用品配备额为基础，确定预算年度的损耗更新率，以其购置费用的形式来预算，计算公式：

餐具、茶具、酒具与用品预算＝用品用具配备资金额×损耗更新率

(2) 以部门营业收入预报为基础，确定餐具、茶具、酒具与用品消耗占营业收入的比率来预算，计算公式：

$$餐具、茶具、酒具与用品预算=计划营业收入\times用品用具费用率$$

（六）部门家具、设备折旧预算

餐饮部门的家具设备种类较多。主要包括餐厅餐桌、餐椅、沙发、办公家具，厨房的炉灶、机器、厨柜、冰箱、冰柜，酒吧间的柜台、家具等等。由财务部门采用分类折旧法来确定其折旧额，其预算方法是：

$$家具设备折旧额 = \sum \frac{分类设备原值 - 残值 + 清理费用}{预计使用年限}$$

（七）洗涤费用预算

餐饮洗涤费用主要包括台布、餐巾、制服洗涤和餐具洗涤所产生的费用。预算方法都是根据历史统计资料，以上年度实际消耗额为基础来大致确定。

（八）销售与管理费用预算

餐饮部门的销售费用主要用于宴会预订、宴会推销和开展食品周、美食节等活动时的宣传促销开支。

管理费用则以办公用品、文具纸张和各种表格印制、差旅费用为主。

预算方法是以餐饮营业收入预算为基础，根据前几年这些费用开支占销售收入的百分比来大致确定。其方法是：

$$部门销售与管理费用 = 餐饮预算营业收入 \times 费用比率$$

第四节 餐饮成本控制

饭店餐饮成本费用控制是按照成本费用管理规定的有关成本预算要求，对整个过程的每项具体活动进行监督，使成本费用管理由事后算账转为事前预防性管理。饭店餐饮部门要提高经济效益，就必须对成本费用进行严格的控制。

一、餐饮成本控制的要求

餐饮成本控制既要符合国家有关规定，又要切合企业实际情况。要遵循的原则有：

（一）严格遵守有关成本开支范围及费用开支标准的规定，不得随意扩大开支范围

例如，资本性支出，对外投资支出，股利分配，没收财产的损失，支付

各项赔偿金、违约金、滞纳金、罚款以及赞助、捐赠支出等不得列入成本费用。财务制度也必须规定各项成本费用开支限额，必须严格执行这些法规、制度。

（二）正确处理控制成本与保持服务质量的关系

控制成本是指在不影响产品质量和服务的前提下，从其内部挖掘潜力，力求节约，减少浪费，不能因为成本控制而导致服务质量下降。

（三）实行目标成本管理

所谓目标成本管理，是指对各项成本事前预算，通过编制成本预算，确定目标成本，落实到各个实施环节。

（四）实行成本费用分别归口管理责任制

企业必须建立成本控制体系，实行成本费用分别归口管理责任制，把成本分解为各项指标层层下达，调动部门和全体员工的积极性，从各个角度开展全面的成本管理，使成本预算落实到实处。

二、餐饮成本控制的主要内容

（一）食品原料的成本控制

食品原料成本是中餐和西餐菜点的主要成本，它包括主料成本、辅料成本和调料成本。食品原材料成本通常由食品原料的采购量和消耗量两个因素决定。因此，食品原料成本控制的主要环节包括两个方面：食品原料的采购环节和餐饮产品生产环节。

（二）酒水饮料原料的成本控制

酒水饮料成本控制与食品原料的成本控制大体相同，主要从制定酒水饮料采购、验收、仓储生产和销售的标准和程序入手，特别是加强对销售环节的控制。

（三）人工成本控制

人工成本是餐厅经营乃至饭店经营中的主要成本。现代化的餐饮经营和管理应从实际生产和经营技术出发，合理地进行定员编制，控制非生产和经营用工，防止人浮于事，以先进合理的定员、定额为依据控制餐饮用工人数，使工资总额稳定在合理的水平上。

（四）燃料和能源成本控制

燃料和能源成本是餐饮经营中不可忽视的成本，尽管它在一盘菜点中可能占有很小的比例，但是在一个餐厅的经营中，它仍然占有一定的数额。

（五）经营成本控制

除了食品成本、人工成本和能源成本，餐饮生产和经营成本还有许多项目，如，固定资产的折旧费，设备的保养和维修费，餐具、用具与低值易耗品费，排污费，绿化费及因销售发生的各项费用。这些费用中有的属于不可控成本，有的属于可控成本。

三、餐饮成本控制的基本方法

（一）预算控制法

成本预算是饭店经营支出的限额目标。预算控制，是以分项目、分阶段的预算指标数据作为成本费用支出的依据，具体做法是，把每个报告期发生的各项成本费用总额与预算指标相比，在接待业务不变的情况下，要求成本不超过预算，通过分析对比，找出差异，并采取相应的改进措施，实施饭店成本控制。

食品原材料成本可通过毛利率来预算成本支出额，其计算公式为：

食品原材料预算成本 = 预算期预计餐饮营业收入 × （1 − 计划餐饮毛利率）

对于固定成本，则按实际发生额列入预算；对于其他变动成本，则通过科学的费用率指标加以确定，一般以历史数据作为确定费用率指标的基本依据，同时考虑影响成本变化的因素。

（二）主要消耗指标控制法

主要消耗指标是对餐饮成本有着决定性影响的指标，主要指原材料消耗定额、物料消耗定额、能源消耗定额、费用开支限额等。主要指标一旦制定，就应严格执行。

（三）制度控制法

制度控制法，即饭店通过建立和健全餐饮成本控制制度，形成正常的成本管理机制，有效地控制餐饮成本。

餐饮成本制度包括：各项开支消耗的审批制度，食品原材料及酒水的采购、验收、保管、领发制度等。

制度一旦实施，就必须维护制度的严肃性，加强监督检查，保证制度的贯彻和执行。

（四）标准成本控制法

标准成本控制法实际上就是单位成本消耗定额控制法，将标准成本作为控制实际成本的参照依据。饭店通过标准菜谱来制定菜点的标准成本。

在编制标准成本时要考虑以下问题：

（1）原材料价格走势；

（2）原材料的净料率（起成率）、涨发率等。

四、餐饮成本费用控制程序

1．制定餐饮成本标准

成本标准是对各项成本的数量界限，是成本控制及成本考核的依据。

2．计算实际成本

对食品原料成本，人力成本，水电能耗成本，餐具、茶具、酒具消耗成本等进行统计，得出某一阶段内的实际发生成本。

3．衡量成效

将实际执行结果和原定标准比较，根据发生的偏差判断成本控制的成效。如果实际耗费脱离成本的目标，应分析偏差的程度和性质，找出原因，为纠正偏差提供依据。

4．纠正偏差

针对产生偏差的原因，采取措施，使实际耗费达到标准的要求。

五、餐饮成本控制的措施

（一）确立成本领先战略

所谓的成本领先，并不仅仅意味着低成本运作，而是要求餐饮管理者在成本管理上有更系统、成熟的方式方法。餐饮产品成本涉及业务经营的各个环节、各个方面，甚至涉及每一个细小的管理和服务行为，所以要以系统、成套的制度，有效、规范的监督来达到对生产经营全过程、全方位管理的目的。

实行全面成本管理具体体现在成本管理中的“三全性”，即全员、全面、全过程，要求每一个环节、每一个工艺、每一个部门甚至产品制作现场每一个操作员工，都能参与到成本管理中。推行全面成本管理不但要体现“三全性”，而且要将科学性、主动性、一致性融入其中。因此，全面成本管理就是以成本管理的科学性为依据，建立由全员参与、包含业务管理全过程的、全面的成本管理体系。全面成本管理要汇集全员智慧，发挥全员主动性，让各部门员工不断降低成本，谋求在最低成本状态下，进行经营管理与组织运作。

（二）对餐饮产品原材料采购、验收、仓储、生产、销售各个环节实行成本控制

1．食品原材料及酒水饮料采购成本控制

采购管理是饭店成本控制的首要环节，任何企业都必须懂得控制采购的

必要性。一个营业收入超亿元的饭店，采购成本约占销售额的近40%，全年采购成本在4000万元以上，如果采购成本控制到位，就会在产品品质、成本优势方面显现较好实力。

餐饮经营利润虽然表现在销售价格上，但隐含在采购中。饭店必须围绕采购工作职能，着手建立一系列采购管理制度，如建立采购招投标制度、市场询价制度、定价比价制度、质量跟踪分析制度、供应商管理制度。

饭店采购管理重点从定价、质量跟踪、市场调查、采购渠道上着手开始全面展开。同时，采购工作还须深入到饭店各项消耗环节中，通过大量的市场调研，积极为饭店寻找适时的采购产品，以节约饭店的采购成本。

具体工作包括：

（1）根据标准菜谱的要求制定采购规格

采购规格是根据餐饮企业(餐厅或餐馆)的特殊需要，对所要采购的各种原料作出的详细具体的规定，如原料产地、等级、性能、大小、个数、色泽、包装要求、肥瘦比例、切割情况、冷冻状态等等。

制定采购规格是餐厅或餐馆食品原料采购工作中至关重要的一步，它有助于餐厅确保采购的原料都符合质量标准，适合各菜式制作的特殊需要。

（2）灵活选择采购方式

食品原料采购方法有公开市场采购法、招标采购法、合作采购法、集中采购法等。

公开市场采购亦称竞争价格采购，是指饭店或餐饮企业采购部门通过电话联系或商函，或通过直接接触，取得所需原料的报价，一般每种原料至少应取得三个供货单位的报价，分别将它们登记在市场订货单上，随后选择其中原料质量最适宜、价格最优的供货单位。适用于采购次数频繁、往往需要每天进货的食品原料。

招标采购是一种比较正规的采购方法。采购单位把所需采购的原料物品名称及其规格标准，以投标邀请的形式寄给各有关供货单位，供货单位接到邀请后即行投标，报出价格，亦以密封的文件形式寄回采购单位。一般来说，凡其原料符合规格标准、而出价最低者中标。这种方法有利于采购单位选择最低的价格，但另一方面由于这种方法要求双方签订采购合同，因而又不利于采购单位在合同期间另行采购价格质量更合适的原料。

合作采购法是指两家以上的餐饮企业组织起来，联合采购某些原料物品，其主要优点是通过大批量采购，各餐饮企业有机会享受优惠价格。

集中采购法是指大型餐饮企业或饭店集团建立地区性的采购办公室，为本公司该地区的各餐饮企业或饭店企业采购各种食品原料。具体办法是各企业将各自所需的原料及数量定期上报公司采购办公室，办公室汇总以后便进行集中采购。订货以后，可根据具体情况由供货单位分别运送到各个企业，也可由采购办公室统一验收，随后再行分送。集中采购的优点是由于大批量购买，往往可以享受优惠价格；集中采购便于与更多的供应单位联系，因此原料质量有更多的挑选余地；集中采购有利于某些原料的大量储存，因此能保证各餐饮企业的原料供应；同时，集中采购能减少各餐饮企业采购者营私舞弊的机会。

各饭店（餐饮企业）应根据自己的类型、规模、隶属形式、业务特点、市场条件等因素选择合适的采购方法。

（3）控制采购数量

控制采购数量，要考虑仓库面积、订货周期、每日消耗量、供货单位最低订货量规定、采购资金周转金额等诸多因素。做到原材料充足、不积压。

（4）控制采购价格，降低成本

调查市场行情，做到货比三家，价比三家。

具体措施有：①规定采购价格；②规定订购渠道和供应单位；③控制大宗和贵重食品材料及饮料的购货权；④提高购货数量和改变购货规格；⑤减少供应环节；⑥根据市场行情适时采购。

2．验收、仓储环节的成本控制

采购回来的食品材料及酒水饮料必须严格验收。验收要求有：①进入饭店的食品原材料及饮料必须符合规定的质量要求；②进入饭店经验收的食品材料及饮料的数量、价格等必须符合经批准的订单上的要求；③所收到的食品原材料及饮料的发票或送货单必须是合法的，单上所列数字必须正确（与实际交货数量相符）。

仓储管理做到合理控制储存定额和储存损耗及资金周转速度。

3．生产环节的成本控制

生产环节是餐饮成本控制的主要环节。具体工作包括：

（1）制定标准菜谱；

（2）对粗加工原料数量进行控制；

（3）对原材料起成率进行控制；

（4）充分利用下脚料；

（5）烹饪质量控制：菜肴质量达到标准菜谱要求；分量适中；不出错菜。

4．销售环节的成本控制

销售控制的目的是要保证厨房生产的菜品和餐厅向客人提供的菜品都能产生收入。成本控制固然重要，但销售的产品若不能得到预期的收入，则成本控制的效率就不能实现。

销售控制需要餐厅建立一个完整的销售控制体系，内容包括对点菜单的控制、对出菜检查过程的控制、对收银员的控制、对酒吧销售的控制、对员工生活习惯的控制，以及建立相应的销售控制指标与销售报表。

(1) 单据稽查

对单据的稽查主要分为出品稽查、海鲜稽查、酒水稽查3类。

餐饮运作，必须要建立完善的监督和稽查机制。通常在财务部都设有稽查一职，其主要职责是对餐饮部门所发生的单据进行核对查实，起到监督的作用，能够及时发现问题。这意味着每一个部门的操作程序中每一个环节都要有记录在案，对每个品种菜点、酒水、纸巾、烟的销售都要有明确的记录。同时，财务部对所有记录的单据进行稽查，以保证不发生漏洞和差错。

(2) 控制出菜

要求：

——厨房只根据入厨单生产菜点；

——地哩员（传菜员）取菜正确并送菜到合适餐桌；

——稽查员要检查账单上填的价格是否正确。

(3) 收银控制

如收银控制不严，企业利润就会流失。

要预防收银员吞没现款、少计品种、不收费或少收费等情况发生；加强对打折、签单、沽清取消的管理。

(4) 加强督导

管理人员要加强席间督导，防止客人走单（逃账），防止员工串通作弊，防止员工偷吃等。

（三）人工成本控制

餐饮经营和管理应从实际生产和经营技术出发，合理地进行定员编制，控制非生产和经营用工，防止人浮于事，以先进合理的定员、定额为依据控制餐饮用工人数，使工资总额稳定在合理的水平上。具体内容包括：

1. 控制用工数量

在人工成本控制中，管理人员首先是对用工数量进行控制，也就是对工作时间进行控制。做好用工数量控制在于尽量减少缺勤工时、停工工时、非生产和服务工时等成分，提高员工出勤率、劳动生产率及工时利用率，严格执行劳动定额。

2. 工资总额控制

为了控制好人工成本，管理人员应控制好工资总额，并逐日按照每人每班的工作情况，进行实际工作时间与标准工作时间的比较和分析，并作出总结和报告。

目前，餐饮企业为节约人力成本，往往使用两类员工，一类是关系相对稳定的固定人员，如餐饮管理人员、主要厨师、财务人员、餐厅服务的主要岗位人员等等，约占70%；另一类是关系相对松散的临时人员，如厨房的初加工人员、勤杂工、餐厅跑菜服务员，约占30%。

（四）燃料和能源成本控制

控制燃料和能源成本主要是教育和培训全体员工，使他们重视节约能源，懂得节约燃料和能源的方法。此外，管理人员还应当经常对员工的节能工作和效果进行检查、分析和评估，并提出改进措施。此外，控制燃料和能源成本与制定厨房节能措施分不开。

（五）经营费用控制

经营费用，如设备的保养和维修费、餐具用具与低值易耗品费、排污费、绿化费等的控制方法只有通过加强餐厅的日常经营管理才能实现。

第五节 价格管理

一、收费项目的确定

在餐厅里，收费项目包括出品营业收入、餐厅营业收入两大类。出品营业收入可分为厨房部、点心部、海鲜池、烧卤部、鲍翅房等，如果是饭店餐饮部还有西餐等其他收入。餐厅营业收入可分为酒水、茶芥、小食、纸巾、场租等。

餐饮部所有收费项目，一般由决策层作出决定，其他人无权改变。

二、影响价格的因素

1．产品价值

制定菜点价格的主要依据是其价值，所以产品价值是影响价格的主要因素。

2．供求关系

一方面，档次高的餐厅，其定价可适当高些；生意好的餐厅，价格也可比生意差的餐厅价格略高些；牌子老、声誉好的餐厅的菜点价格也可适当高些。

另一方面，菜点的定价也要考虑同行的竞争。

其次，还要考虑消费者的支付能力。

3．心理因素

价格心理学（Pricing Psychology）理论认为，适当的数字策略可以增强顾客的购买欲望。

三、定价的基本原则

（一）价格反映产品的价值

作为全部商品价值的货币表现的价格，除了原料成本之外，还有其他费用和利润。价格的基础是商品的价值。餐饮产品的市场价格由于供求关系的影响，经常围绕着价值而自发地上下波动。当供过于求时，它降到价值以下；反之，则上升。

（二）价格必须适应市场需求，反映客人的满意程度

价格的制定必须适应市场的需求能力，价格不合理，定得过高，超过了消费者的承受能力，或“价非所值”，必然会引起客人的不满意，降低消费水平，减少消费量。

（三）制定价格既要相对稳定，又要相对灵活

相对稳定，是指价格在不同时期应具有承上启下的连续性，不能忽高忽低。稳定并不是说价格不变，应该是一种平稳的、循序渐进的变化。

相对灵活，包括分等定价、时菜时价、随行就市定价等。

分等定价就是依照不同的经营档次和经营类别来定价。在一个餐饮部或餐饮企业里，餐厅有档次之分，如食街与零点餐厅、一般餐厅与宴会厅，这些不同档次的餐厅经营方式和经营对象不同，其毛利率水平也是不同的。同样道理，在同一个餐厅里，经营品种也有档次之分，因而也有价格上的高低之分。

时菜就是时令菜，还包括一些流行的品种。所谓时菜时价，就是对这些时令菜及流行品种采取以当时进货价为成本核算依据来计算售价，而不必拘泥于用公式计算出来的理论售价。一般地说，时菜的售价都较高，因为时菜的进货价较高，还有一些流行的品种也是采用高位价格策略的。注意，时令菜必须明码标价，而不能标为时价。

随行就市定价。对某些品种来说，因其进货价格是每隔一段时期浮动一次，因而其售价就要随着进货行情而浮动。另外，一些品种售价的制定也不必拘泥于用公式计算出来的数字，而应采用公认的市场价格，也即采用这个行业的平均价格，只有这样，才能使品种的供给与顾客的需求达到均衡。

（四）价格要服从国家政策、接受物价部门指导

要根据国家的物价政策制定菜单价格，在规定的范围内，确定本餐厅的毛利率，以合理成本、费用和税金加合理利润的原则来制定菜单价格。在制

定菜单价格时，定价人员要接受当地物价部门的定价指导。此外，关于价格与产品政策之间的关系、价格与广告推销策略之间的关系、价格与销售渠道策略之间的关系，也都要认真加以考虑。

四、定价的基本方法

餐饮产品定价方法有多种，餐厅要根据档次、市场定位、营销等因素综合考虑来定价。

（一）随行就市法

这是一种最简单的方法，运用以竞争为中心的定价策略，把竞争同行的菜点价格拿来为己所用。

随行就市法主要有两种形式：一是根据同档次餐厅的平均或习惯定价水平作为自己的定价标准，这种定价法反映了当地餐饮企业的集体智慧，同时能减少因价格竞争带来的风险。另一种形式是追随"领袖企业"价格，菜点定价不依据自己的成本和需求状况，而是与"领袖企业"保持相应的价格水准，目的是保证收益和减少风险。

（二）毛利率定价法

这是一种利用毛利在售价结构中所占的比率计算价格的方法。这种方法在餐饮企业中使用最为广泛，餐饮产品的基本价格都是采用这种方法计算出来的。

由于毛利率有内扣毛利率和外加毛利率之分，所以计算价格就有内扣毛利率法和外加毛利率法之分。

1．内扣毛利率法

简称内扣法，是用饭店规定的内扣毛利率和产品成本计算价格的方法。其计算公式如下：

$$\text{产品价格}=\frac{\text{产品原料成本}}{1-\text{内扣毛利率}}$$

2．外加毛利率法

简称外加法，是以产品成本为基数，按规定的外加毛利率来计算价格的方法。其计算公式如下：

$$\text{产品价格}=\text{产品原料成本}\times(1+\text{外加毛利率})$$

因为毛利率有销售毛利率(内扣毛利率)和成本毛利率(外加毛利率)两种计算方法，所以引用毛利率这个概念时，必须说明是内扣毛利率还是外加毛利率，以免引起误解。在行业中，除了另有说明的外，毛利率一般指的是销售毛利率（内扣毛利率）。

（三）主要成本率法

以食品原材料成本和直接人工成本作为定价的依据，从“损益表”中查得其他成本费用率和利润率，就可计算出食品销售价格。计算公式为：

$$产品价格=\frac{产品原材料成本+直接人工成本}{1-（非原材料和直接人工成本率+利润率）}$$

主要成本率法亦是以成本为中心定价的，但它考虑到了餐厅较高的人工成本率，这样如能适当降低人工成本，则定价可更趋于合理。

（四）声望定价法

餐厅利用自身的产品形象、品质和名望进行定价。对于注重体现身份和地位的目标顾客，餐厅档次越高，产品价格就越高；产品价格越高，在一定的价格范围内，就越受目标顾客的欢迎。

声望定价法的关键，就是要准确掌握目标顾客可接受的价格，然后在这一价格幅度内尽可能定高价，以获得更多的利润。

（五）低价位定价法

为了促销新产品、出清存货或加快现金周转，同时为吸引顾客，餐厅可把菜点价格定在比总成本低而接近边际成本的价格，从而达到薄利多销、扩大市场占有率的目的。

在餐饮“亏损先导”推销决策中，餐厅将亏损先导（Loss Leader）产品的价格定得很低，用来做诱饵吸引客人光顾餐厅。

五、制定售价考虑的顾客心理因素

理论价格出来以后，还要综合考虑顾客的心理因素，最后制定售价。

（一）尾数“心理价格”

所谓尾数，多是指以元或10元为单位的尾数。现时的餐饮经营以角或以分为尾数的品种是很少见的。

在人们的饮食消费中，普遍存在着这样一种心理效应：对价格尾数的反应特别敏感，容易产生“错觉”作用。比如，对99元的菜点，顾客会感到价格是几十元，而对101元的菜点感到是100多元。

（二）价格的认同

从顾客对品种价格的判断角度来看，顾客对价格第一位数字的反应是最重要的，因为第一位数字往往代表着品种的等级和档次，在同一个档次的价格范围，就容易产生价格认同效应。

例如，31元或39元是同一个价格范围，顾客对这两种价格就会产生心理上的认同感；而对于40多元的品种，就不会产生这种认同感，因为这显然是属于另外一种档次的价格范围。

（三）数字习俗的心理效应

一些数字习俗还会引起顾客的心理效应。例如，2、3、8、9等数字的谐音寓意吉祥幸福，象征发财幸运。由这些数字组成的价格更容易引起顾客的心理效应，如18元广州话谐音“实发”——“肯定发”，23元广州话谐音“易生”，寓意“容易做生意”，168元广州话谐音“一路发”等。制定由这些数字组成的价格顺应了某些顾客希望发财、求吉利的心理。

换句话说，利用顾客的这种心理可以适当调整某些餐饮产品的价格。例如，如果品种售价是14元，不妨可把它调整到18元；如果品种售价是26元，也不妨把它调整到28元，余此类推。

管理人员要注意的是，并不是所有顾客都有这样的心理效应。因此，只能是部分进行这样的处理。

六、售价的调整

售价是受供求关系影响而波动的，在价格的实施过程中，要定期或不定期地做好售价的调整工作。

（一）售价调整的前提

（1）市场供求关系发生变化。主要表现为市场环境、客人流量、客源构成、消费结构等发生变化。

（2）食品原材料的进价发生变化。

（3）相关费用的变化。具体包括人力成本、水电消耗、燃料消耗、餐茶用品和客用消耗品的价格变化。

（二）调整注意事项

（1）价格调整不宜太频繁，更不能随意调价；

（2）每次调价幅度不能过大，最好不超过10%；

（3）降低质量的低价出售以维持销量的方法是不足取的，只要保持菜点的高质量并适销对路，其价格自然能得到客人的认可和接受。

案例 6–1

惩治“暴利”——北京规范餐饮市场

为保护消费者合法权益，禁止以不正常价格行为牟利，近日，北京市物价局、市商委、市旅游局联合发布了《关于饮食、娱乐业禁止以不正当价格行为牟利的规定》（以下简称《规定》）。

《规定》规定经营饮食的企业综合毛利率标准为：特级饮食企业

为60%；一级企业为55%；二级企业、特级旅店的餐厅为50%；其他饮食企业和特级以下旅店的餐厅为45%；五星级宾馆为70%；四星级宾馆为65%；三星级宾馆为60%；一、二星级宾馆饭店为55%；未定星级的宾馆饭店饮食综合毛利率不得超过50%。专营小吃店的综合毛利率由企业自定。

经营饮食的企业销售饮食制品的最高毛利率不得超过规定毛利率的20%，其经营的每一酒水品种的毛利率均不得超过规定的饮食综合毛利率标准。

经营娱乐业的企业，其经营的酒水、食品、冷饮的毛利率不得超过70%；三、四、五星级宾馆饭店经营娱乐、酒吧的酒水毛利率由企业自定。

《规定》中对收取服务费也明确指出，星级宾馆饭店、特级饮食企业和娱乐业才可收取服务费。

一星级宾馆和二星级宾馆、特级饮食企业和娱乐业服务费标准不得超过其出售饮食制品和酒水金额的10%，三、四、五星级宾馆饭店不得超过15%，其他经营饮食的企业一律不得加收服务费。同时，经营饮食、娱乐的企业都必须严格执行明码标价制度，出售的饮食制品和酒水应标明品名、单位、规格、价格等。时令性菜肴不得以“时价”代替应标明的当日价格。

娱乐业必须在显著位置标明有中文标志的服务项目和收费标准，未标明的价格和收费项目，一律不得收费。

——《现代饭店营销创新500例》，饶勇，广东旅游出版社，2000年版。

思考与讨论

1. 你所在餐厅的经营指标有哪些?
2. 你将怎样根据服务员的销售额来衡量其工作情况并指出其努力方向?
3. 如新开业的饭店没有历史资料，你将根据哪些方面来进行营业收入预算?
4. 餐饮成本控制的主要内容有哪些?
5. 你所在的饭店是如何控制餐饮成本的?
6. 餐饮产品定价的方法有哪些?
7. 你们餐厅的出品售价有没有考虑顾客的心理因素？如有，主要表现在哪些方面?

第七章 现代厨房生产管理

管理要点

- 厨房生产决策
- 厨房日常管理工作
- 厨房生产的任务及质量控制
- 厨房卫生管理
- 厨房安全管理
- 厨房标准化管理等

引子

“头大脖子粗，不是大款就是伙夫”，这就是目前人们对厨师的评价。实际上，由于市场对厨房出品的要求越来越高，这就要求厨师不仅要懂得烹调，懂得营养搭配，而且要懂得餐饮文化。厨房管理也非常复杂，包括厨房的设置、制度建设、生产任务和质量控制、安全生产控制、创新等。这些都要求厨师、厨房管理人员不断提高烹调水平，有创新思维，努力学习厨房生产（管理）新技艺、新方法。

第一节　厨房生产管理概述

厨房出品是餐饮产品的重要组成部分，故厨房出品管理是餐饮业务管理中心环节之一。

一、厨房生产管理的要求

（一）建立简明高效的生产运转系统

从饭店层面看，要为饭店整个厨房出品部门建立一个完整的运转系统；从餐厅层面看，要为整个厨房设立一个科学的、简明高效的生产运转系统。

（二）建立合理的组织机构

一个厨房必须有一个合理的组织机构，充分利用这个机构，合理组织人力，量才使用，人尽其才。

（三）健全岗位责任制，完善规章制度建设

健全各项规章制度，是厨房管理成功的重要保证。各项规章制度必须是切实可行的，可行的规章制度可以使每一个岗位的生产人员明确自己的职责和具体的任务。制度一旦制定公布，厨房管理者必须严于律己，模范执行，确保制度的严肃性，这样才能保证各项工作按标准、按程序、按规格进行。

（四）提供优质餐饮产品，做出特色

提供优质产品，就是提供能满足宾客要求的优质菜点，这是厨房管理最基本的任务。做出特色，就是要分清本店经营的主次，发挥本店的技术专长，充分利用名特物料，运用独创技法和独有菜式，力求新颖别致，亮出名店、名师、名菜、名点的旗帜，显现与众不同的饮食风格。

（五）做到标准化、规格化生产

烹饪过程的各个环节必须做到标准化、规格化生产，才能保证菜点的品质，保证菜点生产的获利。具体包括标准菜谱的制定、起成率（涨发率）的规定、原料采购规格的制定等。

（六）加强厨房生产的成本控制

餐饮产品价格的高低直接关系到消费者的利益，也是宾客关注的问题。要控制成本，必须抓菜谱（单）的定价控制；抓原材料的控制（采购、验收、保管、领料、发放）；抓烹饪生产过程中的控制（加工、切配、烹调、装盘），

只有层层控制，才能有效控制生产成本。

（七）建立激励机制，有效调动厨师的积极性

及时检查和督导厨房生产，发现问题，迅速纠正。正确对待烹调师提出的要求，仔细分析，鼓励和帮助烹调师发挥特长，调动其积极性，以提高菜点的质量。

（八）创新菜式

这是厨房管理的主要内容。创新菜式，不仅是顾客的需要驱使，也是竞争的需要。创新菜式水平能集中反映厨房的技术水平。

有的饭店实行全员创新策略，即要求厨师个人必须创制出新品；有的饭店实行精英创新策略，即集中厨房技术骨干，或集团、连锁餐饮店的大厨们合力创新；还有的饭店借脑创新，即借助社会力量甚至投入巨资收购新品。

（九）抓厨师技艺的提高

对厨师进行多方面的教育和培养，是厨房管理的重要任务之一。比如，注重厨师文化基础的提高、职业道德的培养、岗位职责的学习、专业技能的培训等。要不断地灌输厨房管理的新理念，努力提高烹调师的个人素质，增强其参与市场竞争的能力。

二、厨房管理决策的内容

（一）厨房数量配备

厨房数量配备是以餐厅数量为基础的。一般说来，有条件的企业应做到每一个风味的餐厅都应配备一个与之相适应的厨房。因为产品风味不同，其厨房的设备、原料加工、烹饪制作的要求也不同。只有配备与之相适应的厨房，才能保证产品风味和产品质量。

也有一些饭店采用中心厨房制，即在饭店的一楼设置一个大型的中心厨房，一切食品原料的粗加工在中心厨房进行，而把食品生产的最后一道工序放到各卫星厨房，以满足各类风味餐厅的要求。

（二）厨房面积配备

一个厨房需要建多大面积，是以餐厅营业面积为基础的。传统的饭店的厨房面积（含小库房）要求与餐厅面积的比例为1:1，目前我国新建的合资饭店大多是按1:0.5，即餐厅面积100平方米，厨房面积50平方米左右。

（三）厨房镬头配备

镬头，也称为炒锅、炉灶，是厨房产品烹制的主要设备。厨房镬头配备的多少是以餐厅类型和餐厅座位数为基础的。主要有三种标准：

(1) 零点散餐餐厅厨房：镬头与餐位数，按1:30的比例安排。因为这种

厨房以小锅制作为主，1个镬头负责30个座位，最能适应生产需要。

(2) 团队和会议餐厅厨房：无需每个菜点单锅制作，且以大盘菜点为主，镬头与餐位数，一般按1:40～1:50的比例安排。

(3) 宴会厅厨房：因产品加工精细，烹调质量要求高，镬头与餐位数，一般按1:35～1:40的比例安排。

随着厨房编制的压缩，现大多数散餐厨房1个镬翻头负责60个座位，团体、宴会厨房1个镬负责80个左右座位。

(四) 厨房设备的配备

厨房设备的配备，既要考虑到生产的实际需要，同时要进行调研，并进行可行性研究，具体见第九章开业知识。

(五) 厨房管理模式

厨房管理大概有五种模式：

模式一：所有厨房由饭店统一管理，厨房全部人员都是饭店本身的职工。

优点：协调管理方便。

不足：人力开支大；专业人员招聘困难。

模式二：为解决技术的缺陷或不足，饭店将厨房的某个出品部门外包(Outsourcing)，如鲍鱼、鱼翅房外包给专业人员，或将某个环节外包。

优点：可借用他人的长处。

不足：开支较大。

模式三：某个餐厅整个厨房外包。

优点：方便管理；免去招聘成本和困难。

不足：开支较高；执行力欠缺一些。

模式四：将饭店的某个类型的餐厅外包，该厨房也由承包商负责管理。

由于饭店自身管理力量、技术力量的限制，该模式是迫不得已的办法。

模式五：餐厅经营者提供经营场地，各个品种的外包商自己生产出品和负责推销，餐厅经营者负责收银工作。

该模式借鉴社会上家电产品、家具的销售模式，生产和销售分离，是餐饮经营模式的一种创新。

(六) 厨师长及厨房人员的配备

根据餐厅的经营档次和经营特色定位，招聘合适的厨房生产与管理人员，其中招聘合适的行政总厨是关键的关键。要求行政总厨能全面负责各厨房生产管理组织工作；设计菜谱，制定标准成本；根据厨师技术专长，合理安排技术岗位，做好劳动力调配；主动听取宾客意见，保持和餐厅、宴会部的密切联系，抓好食品质量，保证餐厅供应；熟悉和掌握货源情况，监督货源请购计划，保证大型宴会和重要宴会的货源采购和落实，并做好食品保管；合理使用原材料，防止原料变质，减少丢失浪费，控制成本消耗；抓好厨师管理和技术培训，熟悉各菜系菜肴烹调方法，不断研制新菜式，增加花色品种，创出企业餐饮风味特点。

三、厨房日常管理工作要点

（一）厨房生产标准化管理工作

1．制定厨房标准菜谱

标准菜谱，就是饭店按照统一格式的卡片反映菜肴的特征，如菜肴名称，菜肴规格（大牌、中牌、例牌），主料、配料、调料名称及分量，烹调制作方法，装盘要求，菜肴装饰，成本率，总成本，售价，盛器规格，菜点彩色照片等。

厨房标准菜谱的制定是厨房生产的基础，亦是厨房统一生产的标准，有利于菜肴质量的控制，亦有利于成本核算和成本控制。

2．制定原料采购规格

根据厨房标准菜谱制定原材料的采购规格。采购规格是原材料采购的基础和要求，也是验收的标准。在采购规格中最重要的一个内容就是原材料的合用率，即原材料标准起成率。

（二）成本控制

总厨必须熟悉并掌握一切原材料的情况，监督原材料的请购计划以及各种原材料的保管，防止原料变质；控制食品成本，按照规定的毛利率，合理计价；抓好食品质量，严格保证食品的数量、规格及质量，合理使用各种原料，减少浪费，精打细算，降低成本。

（三）正确制订生产的提前计划

生产提前计划包含两方面的意思：

（1）根据预订情况，提前做好各种原材料的采购计划，提前下请购单。

（2）提前做好开市前的准备工作。例如，先把粗加工、切配工作都提前做好，到高峰时，再稍加工便成。这样可加快出菜速度，也可解决忙闲之间的矛盾，不要到忙时来不及加工，而空闲时又无事可做。

（四）开市期间的业务组织工作

在开餐时间内，厨房应以餐厅业务的进展为依据，以后镬岗（镬头）为中心来安排工作，厨房的一切工作岗位都要服从后镬岗的需要。

（1）加强与餐厅的沟通协作，随时通过跑菜了解餐厅业务的进展情况，并根据楼面用餐情况的变化来调整厨房的业务安排，合理安排好入厨单上菜点的烹制先后次序及出菜的速度。

（2）控制菜肴质量。菜肴质量一般由厨师本人负责，厨师长通过抽查进行监督和检查。

（五）厨房卫生控制

厨房卫生控制主要分四个内容：

(1) 生产环境、设备和工具的卫生：厨房生产环境、设备和工具要符合卫生要求，其中最重要的是要始终保持清洁干净。

(2) 原料的卫生：原料的卫生程度决定了餐饮产品的卫生质量，在原料的领取时，必须严加鉴别其卫生程度。

(3) 制作过程的卫生：生产过程要做到规范化、标准化、卫生化。

(4) 厨房工作人员的卫生：厨房工作人员必须持健康证上岗，同时加强对员工仪容仪表的检查，并使员工养成良好的卫生习惯。

（六）厨房设备管理

厨房设备是厨房生产的物质基础和必备条件。厨房设备繁多，一般实行“分级归口，划片包干”的原则进行管理，同时按照专业分工，指定专人使用，专人负责保管和保养。

（七）厨房安全管理

厨房是生产车间，也是各种刀具、锐器、热源、电动设备的集中地，在操作中如不加强安全管理，就会随时有安全事故的出现。所以对厨房工作人员必须进行安全思想、安全知识和安全技能的教育，特别是要进行厨房防火安全的教育。

（八）对厨师工作进行评估

参见表 7-1：

表 7-1　厨师工作成绩评估表

质量标准要素	优（3分）	良（2分）	中（1分）	差（0分）	得（分）
完成工作的可靠度和满意度					
工作的积极性和主动性					
人际关系					
劳动纪律					
食品烹调的质量					
烹调技术和速度					
供应食品的及时度					
按标准菜谱工作的准确度					
创新能力					
与餐厅服务员和其他厨师工作的协调性					
总计					

对于厨师的工作态度、工作情况等的评价，可参照表格内的内容进行。

第二节 厨房生产任务及质量的控制方法

一、厨房生产任务的确定

合理确定厨房生产任务是合理安排和使用食品原材料、保证生产需要、减少原料损失浪费的前提和基础。厨房产品生产任务的确定方法主要有：

（一）管理人员个人经验估计法

主要适用于厨房管理基础工作比较薄弱、缺乏统计数据的厨房，或新开业的饭店厨房。厨师长和餐厅经理等管理人员根据个人经验和对市场的判断，分析前后几天就餐客人的数量变化、销售趋势、点菜频率和各种产品的销售份数，大致确定未来一个短时期内厨房各种产品的生产任务量，并据此做好每天厨房生产管理的组织安排。

厨师长或餐厅经理在具体确定生产任务量时，还要考虑未来几天的天气气候变化、节假日、饭店所在地或饭店是否有影响客源的大型接待活动等因素，由此大致确定就餐客人数量和生产任务量。大凡节日、假日、社会性活动的时候，销售量必然比平时增加，如春节，销售量会比平时增加100%～150%。

（二）预订统计法

主要指对订单进行生产任务统计。大型宴会、酒会、冷餐会、团队用餐等都是经过事先确认预订的，客人的用餐标准和菜单也是事先商定的，厨房只要每天根据预订资料即可确定其生产任务量。

（三）喜爱程度法

主要适用于零点散餐餐厅，因为零点餐厅每天就餐人数是波动的，而且客人对各种菜点的需求量又随其喜爱程度的高低不同而变化。因此，厨房就可以根据各种菜点的被喜爱程度来确定其生产任务量。具体做法是以接待客人人次预算为基础，确定菜点被喜爱的程度和生产任务量。这种方法是以菜谱为基础，统计过去一定时期的餐厅接待人次和菜点销售份数，确定不同菜点的被喜爱程度，再预测未来一个短时期内每天的餐厅接待人次，确定各种产品的生产任务量。

二、厨房生产质量管理方法

厨房生产质量管理的总的做法就是使用标准菜谱。标准菜谱制定后，管理者必须组织厨房人员进行培训，使他们明确使用标准菜谱的必要性和重要性，并要求全体员工无论资历深浅、技艺高低，都要按标准菜谱出品。

对同一风味、同一品种的菜点采用同一标准来组织生产，这样才能保证产品原材料用量准确、口味质量优良。具体做法有：

（一）制定统一的卫生标准

卫生标准包括卫生操作标准、员工卫生标准、各生产环节的卫生标准等。

（二）原料加工标准化

原料加工标准化，即生产同一品种、同种规格的产品时，其原料加工的方式、方法、出料率（起成率、涨发率）的高低应该基本相同，从而为烹调制作标准化创造条件。

（三）厨房生产菜谱标准化

生产菜谱标准化的内容包括：配方标准化、分量标准化、烹调制作标准化、器皿与装盘标准化、成品质量标准化等。

配方标准化，即同一规格的产品，主料、配料、调味料的原料品种和使用数量应该是相同的。

分量标准化，即菜点主料、辅料配份标准化，统一料头。

烹调制作标准化，即厨师要按规定进行烹制，不随意发挥；讲求出菜顺序、出菜速度等。

器皿与装盘标准化，要求器皿合适、装盘符合当地习俗、盘饰形象完整等。

成品质量标准化，是指烹制出来的同一产品，在色、香、味、形、器、营养、分量、风味特色等方面都应达到同一标准。

（四）确定菜点的质量检验方法与手段

厨房应将菜点质量的检查工作纳入日常的管理工作，组成专门的小组，采取定期检查与抽查的方法，以促使厨房出品严格按照标准菜谱生产，促使厨房各部门扎扎实实做好基础管理工作。

（五）加大对退回厨房菜点的处理力度

总的要求是：

(1) 及时补换菜品，力求使客人满意；

(2) 了解退回原因，分清内部责任；

(3) 吸取教训，防止再次发生。

第三节　厨房卫生与安全管理

厨房卫生与安全管理是厨房业务管理重要的一个环节。随着人民群众的消费意识的变化，对食品卫生的要求逐渐提高，厨房必须提供卫生合格的菜点，这是客人对厨房出品的基本要求。厨房生产的机械化和自动化水平较低，设备运转和生产过程中存在着某些不安全因素，一旦管理失控或疏忽大意，就可能发生一些意外事故。

因此，建立健全各种卫生和安全制度，增强员工的卫生与安全意识，营造一种卫生与安全的工作环境，生产卫生合格的产品，既是对消费者负责，也是关心、爱护员工，保护员工利益的具体体现。

一、厨房卫生管理

（一）建立厨房卫生制度

1．厨房卫生操作规范

（1）解冻的食物不能再次冷冻，应一次用完；

（2）对食物卫生质量有怀疑时，不要去品尝，应送有关部门检验；

（3）水果和蔬菜未经消毒洗涤不能销售；

（4）设备、餐具上面不得留有食物残屑；

（5）餐具有缺口或裂纹的不能使用；

（6）用剩的食物不能再向宾客供应；

（7）不要把食物放在垃圾或污物附近。

2．员工卫生规范

（1）不要用手摸头、摸脸，不要把手插在口袋内；

（2）上班时不要嚼口香糖之类的食物；

（3）避免打喷嚏、打哈欠或咳嗽，如果不能自制，一定要避开食物；

（4）工作期间不得在厨房内吸烟；

（5）不要把围裙当毛巾用于擦手；

（6）不要穿着脏工作服上班，不要戴着首饰上班，禁止穿着拖鞋上班；

（7）不要带病上班，不要带伤工作；

（8）健康证过期或失效者不能上岗；

（9）不要用手指拈食物尝味；

（10）头发要干净。

（二）厨房日常卫生管理

（1）厨房员工必须保持个人卫生，衣着整洁，上班前自查一遍，领班对所属人员复查，不合格者立即纠正；

（2）厨房各区域按岗位分工，各自负责自己所用设备及工作区域的清洁工作，使之达到规定的卫生标准；

（3）各岗位员工每天上班后首先清理自己的工作区域和设备，生产过程中随时保洁，下班前清理干净，经主管检查后方可离岗；

（4）厨师长要随时检查各岗位工作区域的卫生状况，未达标者立即改正，屡教不改者予以相应的处罚；

（5）工作岗位、分工区域、用具和食品卫生每天由上级检查下级，逐级检查，发现问题及时指出并督导纠正。

（三）厨房各主要生产环节的卫生管理

1．原料阶段的卫生管理

原料的卫生状况决定着产品的卫生质量。因此，必须从原料采购、验收、仓储、领料等环节对原料的卫生进行严格控制。

（1）采购环节：必须从符合食品卫生法规的供应商和物流渠道购货，严禁采购有毒动植物原料。

（2）验收环节：加强原料验收入库时的卫生检查工作，对购进的破损或伤残原料更要严格检查，不符合卫生标准的不予验收。

（3）仓储环节：储存原料要区分性质和购进日期，严格分类储存，并坚持先进先用原则，防止变质和污染。

（4）领料环节：厨房在领用原料时要认真检验，鉴别优劣。如果罐头食品有膨胀现象或汁液混浊不清，有泡沫或异味者不能领用。肉类原料有异味或表面黏滑者也不能领用。果蔬类原料有腐烂现象者不能领用。

2．生产阶段的卫生管理

（1）厨房生产从领取原料开始，鲜活原料接收后，要立即送到厨房加工成半成品进行冷藏保存。冰冻原料出库后，要采取科学安全的方法进行解冻，解冻后及时加工处理。取用罐头食品时应先清洁罐体表面，再用专用工具打开，避免金属或玻璃碎屑掉入罐内。贝类、蛋类原料去壳时，防止表面污物沾染食用部位。容易变质的原料要尽量缩短加工时间。

（2）菜点配制要用专用盛器，切忌用餐具作配料盘；尽量缩短配份后的放置时间，不能及时烹制的可予以冷藏，需要时取出。

（3）烹制加热是决定菜点卫生标准的重要工序，要充分杀灭细菌。加热杀菌要考虑原料内部应达到的温度。出锅盛装时餐具要清洁消毒，切忌使用抹布擦盘。

（4）冷菜间卫生制度

①生产、冷藏必须做到专人、专室、专用器具、专门消毒、单独冷藏；

②操作人员严格执行洗手、消毒规定，洗手后用75%的酒精棉球擦拭消毒；

③生熟食品严格分开加工和储存；

④存放熟食的冰箱和冷柜门的拉手要用消毒的小毛巾套上并每日更新；

⑤盛装各类熟食的器具要每日洗净并消毒；

⑥餐具、砧板、刀、抹布等用后要洗净，次日用前要消毒；

⑦出售的冷荤食品必须每天化验，化验率不低于95%；

⑧冷菜间紫外线消毒强度不低于70微瓦/平方厘米，要定时开关，确保消毒效果；

⑨非冷菜间工作人员不得进入冷菜厨房。

（5）点心厨房卫生制度

①工作前必须先对工作台和工具消毒；

②严格检查所用原料，严格过筛、挑选，不用不符合标准的原料；

③蒸箱、蒸锅、烤箱、和面机等用前要擦洗，用后及时清理，并定期拆洗；

④盛装米饭、点心等食品的笼屉、箩筐及盖布用后要用热碱水洗净；

⑤面杖、刀具、模具、容器等用后洗净，定位存放，保持清洁；

⑥使用食品添加剂必须符合国家规定标准，不得超标使用。

二、厨房安全管理

厨房安全管理的任务就是实施安全监督和检查机制，通过细致的监督和检查，使厨房员工养成安全操作习惯，确保厨房设备正常运行，以避免安全事故、工伤的发生。具体涉及防安全事故、防工伤、防火、防盗等内容。

（一）厨房安全管理措施

（1）加强对员工的安全思想教育；

（2）制定厨房设备操作程序，严格按程序操作；

（3）建立安全检查机制；

（4）制定厨房安全检查项目表，明确检查内容和标准，既便于检查督导，又有利于全体员工自觉遵守安全规程和服从检查督导。（表7-2，表7-3可供参考）

表 7-2 厨房加工区域安全检查表

内容序号	加工区域的安全情况	检查结果	
		合格	不合格
1	地面是否平整、光滑，有无积水？		
2	下水道口上的铁板盖是否俱全，盖正？		
3	水池是否通畅，水龙头是否漏水？		
4	垃圾箱是否有盖，是否每天有专人倾倒和清洗？		
5	工作台和货架台是否摆放平稳？		
6	砧板是否清洁并摆放平稳？		
7	各种加工设备是否清洁和按规定保养？		
8	电灯照明是否完好，亮度如何？		
9	各种电器和电路有无接触不良和漏电现象？		
10	各种刀具是否安全存放？		

表 7-3 厨房烹调操作区域的安全情况

内容序号	烹调操作区域的安全情况	检查结果	
		合格	不合格
1	各种炉灶上的燃气阀门是否开关正常，有无漏气现象？		
2	电器设备是否有专用插座，电线容量是否够用？		
3	电器设备是否妥善接通地线，开关、插座有无漏电现象，安装位置是否方便、安全？		
4	厨房地面是否平整、清洁、干爽？		
5	员工是否遵守安全操作规程，是否掌握各种机械的使用方法？		
6	厨房过道上有无妨碍通行的杂物？		
7	厨房各种设备是否安全摆放到位？		
8	炉灶的照明电灯有无安全罩，亮度够不够？		
9	厨房门窗是否开关自如，有无松动或掉落的可能？		
10	厨房各种消防器材是否齐备，有无专人保管，是否定期查验？		
11	员工是否掌握消防器材的使用方法？		
12	厨房是否安装火灾报警器？		
13	煤气阀、煤气罐附近是否有醒目的防火标记？		
14	厨房内有无医疗箱，常见刀伤、跌伤等外用药是否齐备？		
15	厨房的各种钥匙是否有专人保管？		

（二）预防工伤发生

常见工伤事故有割伤、烧烫伤、跌伤和砸伤、扭伤等。

1．割伤

割伤是由于使用各类切割刀具的方法不当或精力不集中而造成的。其预防措施有：

（1）使用各种刀具时，要集中精力，正确用刀；

（2）操作时不得用刀具指东画西，不得将刀具随意乱放，刀柄不要外露砧板，防止碰落或滑落；

（3）一旦刀具掉落切不可用手去接拿；

（4）清洗刀具时要一件一件清洗，切不可将刀具浸没在放满水的水池中；

（5）不能拿着刀具在厨房到处走动，严禁拿着刀具打闹；

（6）清洗电动切割设备时，要先切断电源再进行清洗，清洗刀片时要格外谨慎，要将抹布折叠至一定厚度由里向外擦；

（7）在使用绞肉机、切片机、锯骨机等电动切割设备时，必须先检查设备装置是否正确；

（8）厨房内如果有破碎的玻璃器具和陶瓷器皿，要及时用扫把清理，不要用手拣拾；

（9）发现工作区域有暴露的铁皮角、金属丝头、铁钉之类，要及时敲掉或取下，以免划伤人。

2．烧烫伤

烧烫伤主要是由于接触高温食物或设备时不注意防护而引起的。其预防措施如下：

（1）在烧、烤、蒸、煮等设备的周围留出足够的空间，以免因拥挤避让不及而烫伤；

（2）在拿取温度较高的烤盘、铁锅或其他工具时，手上应垫用厚抹布，撤下的热烤盘等工具不得随意乱放；

（3）在使用油锅或油炸炉时，特别是当油温较高时，防止冷水滴入油锅，否则热油飞溅，极易烫伤；

（4）在蒸笼内拿取食物时，应先关闭气阀，再打开笼盖，待蒸汽散发后再拿取食物，防止热蒸汽灼伤；

（5）使用烤箱、蒸箱等加热设备时，人体不要过分靠近箱体；

（6）在炉灶上操作时，应注意用具的摆放，如果摆放不当，易被火焰烤烫而受伤；

（7）要正确识别油温，正确使用过油技术，防止热油溢出流入炉膛；

（8）端移大油锅或大汤锅时，要大声提醒周边员工切勿碰撞；

(9) 禁止在炉灶及其他热源区嬉戏打闹。

3．跌伤和砸伤

由于厨房内地面潮湿、油滑，行走通道较窄，搬运物较重等因素，容易造成跌伤或砸伤。其预防措施有：

(1) 工作区域及周围地面要保持清洁、干爽，油、汤、水洒落地面时，要及时擦掉；

(2) 厨师的工作鞋要有防滑性能，不得穿薄底鞋、高跟鞋、拖鞋及凉鞋；

(3) 所有通道及工作区域内不能有交通障碍物，橱柜的抽屉和门扇要关闭，不能无故开敞；

(4) 厨房内员工来往行走路线要合理，尽量避免交叉相撞现象。

（三）防火

造成厨房火灾的主要原因有：电器失火、烹调起火、抽烟起火、管道起火、加热设备起火等。主要预防措施有：

(1) 必须制定厨房各种电器的安全操作规程，并严格执行；

(2) 厨房各种电动设备的安装和使用必须符合防火安全要求，各种电器绝缘要好，接头要牢，配有保险装置；

(3) 煤气管道及各种灶具附近不准堆放可燃、易燃、易爆物品；

(4) 煤气罐与燃烧器与其他火源的距离不得小于1.5米；

(5) 各种灶具及煤气罐的维修与保养应指定专人负责；

(6) 炉灶要保持清洁，排油烟罩及烟筒要定期清洗，保证不因油垢厚积而起火；

(7) 正在使用火源的厨房人员不得随意离岗，致使火源无人看管而酿祸；

(8) 下班前，各岗位要由专人负责关闭燃气阀门，检查火种是否全部熄灭。

（四）防盗

(1) 厨房各作业区的工作人员下班前要将贵重用具放入橱柜并上锁保管；

(2) 剩余的食品原料放入冰箱或冷柜存放，钥匙由专人保管；

(3) 厨房各种钥匙下班后集中交给保安部，由保安人员统一放入保险箱，次日上班后到保安部签字领取；

(4) 加强门口监督和员工互相监督，发现问题及时汇报，及时查处。

案例 7-1

白天鹅宾馆厨房卫生

作为五星级酒店中的佼佼者，白天鹅宾馆十多间餐厅每天都客似云来。自成一派、美味可口的菜式固然是餐厅火爆的原因，但白天鹅宾馆饮食卫生多年来一直保持其冰清玉洁的健康良好形象也是其中不可或缺的因由。

【选好原料】构筑食品安全第一道防线

食品卫生安全从食品原料采购就开始抓起。

饮食部倡导“精料精制”，使用最好的原料制作最精美的菜式。宾馆采购部门会在充分了解了生产部门的需要和要求后，寻找资质合格、有实力、有信誉的厂商采购，收货部门更是严格检验产品的合格证，并抽样仔细检查。收货部门将收取的货品合格证和验收人员的签字存档，以备万一货品出现问题时有据可查，方便追溯来源，认清责任。

【科学保存】配置零下40℃低温雪柜

打开饮食部任何一个厨房的冰库和雪柜，你都会为它的干爽洁净、整齐划一而惊讶。可耐高、低温的透明塑胶箱盒整洁、有序地排列在层架上，蔬菜一个柜，水果一个柜，成品一个柜，半成品又一个柜……漂亮、透明的塑胶箱盒中间装了什么全部一目了然，而锃亮的不锈钢容器盛着的生肉料也整整齐齐地分柜罗列着，并且所有容器上都标着日期，哪个雪柜多少温度也有着严格的规定。

每个厨房的进货量亦有明确的限制，以最大限度地保证原料的新鲜度。各厨房进货由大厨亲自负责，根据生产销售实时跟进，定时检查，每天制定不同的进货品种和数量，再统一由总厨办公室传送至采购部门。即使保存期长的罐头食品也尽量减少存放时间。

为了保证一些容易滋生细菌食品的卫生安全，厨房甚至添置了可以达到 -40℃低温的雪柜来存放刺身等食品。

【健全制度】四盆消毒水、五种砧板、六种毛巾

保证食品卫生安全除了控制来源和存储环节，再就是靠建立健全制度。

饮食部有着一套系统、严密的卫生管理制度来确保每一位顾客的健康，而且通过文字下达到每一个部门，落实到每一个员工。尤其在非典后，饮食部对这套制度作了重新修订，以更高的标准规定了每一个条文。

现代人对饮食的要求越来越高，导致饮食企业对分工的要求也越来越细。白天鹅宾馆饮食部众多的餐厅为宾客提供着中、西、日等各地、各国的菜式，而各种菜式乃至各个岗位的操作标准都各有不同，对卫生的要求也不尽相同。饮食部的卫生管理制度由此细化到了每个餐厅的每个厨房、每个班组甚至每个岗位。

饮食部所有熟食间都设有预进间，进入熟食间的工作人员首先要在预进间内穿上白大褂，戴上帽子和一次性消毒口罩，用自动感应的水

龙头洗净双手后再用消毒水浸泡，然后再用自动感应的热风机吹干，避免双手在中间环节碰触到不必要的东西。更让人大开眼界的是一个熟食间竟备有四盆消毒水：预进间两盆，一盆用作操作前所有的用具消毒，另一盆用作洗手；工作间内也有两盆消毒水，一盆用于浸泡、消毒抹熟食工具的毛巾，另一盆用于浸泡、消毒抹工作台的毛巾，而这些消毒水每隔四小时就会被更换一次。熟食间还会在每天开餐前用紫外线灯对空间进行30分钟消毒。而熟食间用的砧板则在使用前要求放入蒸柜中蒸15分钟。

这还不止，熟食间的砧板居然分五种之多：红色的砧板用于加工熟食与冻肉类，白色的砧板用于制作三文治类与沙律类，绿色的砧板用于加工熟冻海鲜类，黄色的砧板用于加工切配水果，而木砧板专用于加工刺身。不同的砧板所使用的刀具也各不相同，均有严格规定。这么细化又具体的卫生规定完全杜绝了食品间的交叉污染。

有时候，从一个饮食从业人员手中所使用的毛巾，也可以管窥一个企业是否真正将食品卫生安全落实到家。前段时间传媒曝光的某餐厅使用“万能台布”的事件其实在许多饮食企业都存在，它们错误地认为只要将毛巾洗干净就可以一会抹桌子一会擦碟子了，认为毛巾经过消毒就可以放心地随便使用了。白天鹅宾馆饮食部早在20世纪90年代就对毛巾的使用和浸泡的消毒水作了明确的规定。其中毛巾分六种：人手一条的灰巾折叠挂在腰侧围裙绳上，用作手布使用；蓝巾则用于餐厅和厨房搞卫生使用；双色巾专门用于餐厅台面服务时抹转盘和台面使用；消毒过的报废巾拿来搞煤气炉头的卫生以及抹干地面水渍用；黄巾用于抹刀具、砧板、器皿时使用，用前要用消毒水浸泡，并用干净碟盛放；白巾专用于加工刺身类食品时使用，也要用干净碟放起。一条简简单单的毛巾在此折射出了白天鹅宾馆对食品卫生要求的严格、制度的完善，让人叹为观止。

各个厨房和通道除了随处可见的灭蝇灯外，还由宾馆专门的防疫组定期喷灭蟑螂，负责捕杀老鼠、蚂蚁。

到位的防范措施、严格的卫生制度让宾馆的生产成本提高了不少，但由此构筑的坚实卫生保障所带来的兴旺生意则是无法估量的。况且也不是所有的卫生措施都会加大开支，像点心部员工拌凤爪和包糯米鸡戴上了一次性薄膜手套后，不带手气的食品保存期就大大地延长了，由此也降低了生产成本。

【狠抓落实】卫生检查“鸡蛋里挑骨头”

卫生管理制度制定得再完善，如果没有严格的监管也是形同虚设。

白天鹅宾馆的卫生由省卫生厅和省卫生监督所监管。常规的检查和临时的突检是家常便饭，各个部门的卫生，各种食品、碗碟甚至餐厅的空气质量都在检查范围之内，每次有重大接待任务还会派员驻馆监督、指导。不管大、小接待任务，饮食部都会按照流程操作，一丝不苟地对待卫生工作。在严格地执行了每一项卫生工作之余，饮食部往往还主动留样送检。

上级卫生监督部门的检查固然十分细致、严格，然而如果你随便问一个饮食部的员工最怕谁来检查卫生，百分之百的人都会回答你：部门领导。每周一次的“鸡蛋里挑骨头”式的内部卫生检查从天花到地板，从炉头到墙角，从柜面到柜里乃至柜底、柜脚、柜缝，任何死角都不会放过。饮食部每周卫生检查发现的问题更会以文字形式上报总经理和下达到饮食各部门。

随着一次次的整改，凌乱的冰库变得整洁，参差的容器变得统一，湿漉漉的地面变得干爽而洁净，各部门的卫生工作开始变得井井有条了。饮食部员工常有一句口头禅挂在嘴边：“家里都没单位搞得干净。”员工们见到谢总助来检查也不再心虚了，神情变得自信起来，饮食部由此也能够在上级卫生部门越来越苛刻的检查中轻松过关，就算是事先毫不知情的突检，各部门也能以干爽整洁、一尘不染的卫生质量从容面对。一直以来，卫生部门对饮食部的卫生状况都给予了肯定。

饮食部也时刻关注着社会上的一些流行疫病的情况，并迅速制定出应对策略。像前年非典期间，饮食部大力推广分餐制，隔绝了客人之间的相互传染。去年一场禽流感席卷亚洲大地，在突如其来的瘟疫前，市民们谈鸡色变，可用鸡肉烹制的菜肴又是广州人餐桌上必不可少的菜式，广州人品鸡以肉刚熟、骨带血丝为最佳，虽然宾馆采购回来的鸡全部经过了严格的检疫，不会带有病毒，但饮食部依然在保证鸡肉口感嫩滑的前提下连鸡骨也完全煮熬，以防引起客人不必要的担忧。前段时间日本发现从中国进口的鳗鱼含有孔雀石绿，虽然广东方面没有发现含有孔雀石绿的水产品，但饮食部还是停止了鳗鱼品种的售卖。由于鳗鱼原本的销量就较小，再加上及时用其他品种作出了补充，所以对餐厅生意并没有什么影响，但这样做却换来了客人彻底的放心。

卫生安全成员工必修课

白天鹅宾馆对员工食品卫生安全方面的培训可谓不遗余力。白天鹅宾馆的每一个新员工在进入宾馆前，宾馆都会派医生对他们进行卫生安全方面的培训，进行包括个人卫生、岗位卫生和食品卫生安全方面的教育，只有考核合格了才能够上岗。可以说，新员工是未学技术先学卫生安全。

饮食各部门也会在班前班后结合本部门和各个具体岗位，对新、老员工进行食品卫生安全的教育，让大家认识到食品卫生安全的重要性，掌握相关的知识、技能，譬如客人在食用了异体蛋白后过敏该怎么应对等常识。

每年，饮食部都会组织食品卫生安全知识的学习和考核，宾馆医务室还加强员工健康的监管，每年组织员工体检，领取、核验健康证，防止患有传染性疾病的员工在岗位工作。

——《白天鹅饮食卫生“冰清玉洁”》，林天洪，《白天鹅之家》2005年10月总第71期。

案例 7-2

武汉餐饮业——引进“大佬承包制”

大佬承包制，原是境外餐饮业的一种厨房管理模式。近年来，湖北武汉市有许多私营餐饮业采用此法。从这年7月份开始，武汉市老字号国有企业老通城酒楼在全市国营餐饮业中率先引进了这种激励机制，试行几个月来，取得较好业绩。

据介绍，与其他私营企业招聘外来人员相比，老通城的大佬承包制80％选聘的是本酒店的职工，大佬由老通城特一级厨师余冬润担任，由他自行组织厨师班子，完成月营业额45万元的定额任务后领取2.4万元的包干工资。少则扣，多则按比例提成，达不到质量要求的饭菜由顾客退回后，一概由承包人员按出售价买进，并从当月包干工资中扣除。

老通城推行大佬承包制后坚持了“先出门后进门”的用工制度。所有参加大佬承包的职工必须先办理停薪留职手续，以受雇者身份进行承包。在此期间，酒楼不负担承包者包干工资以外的任何费用，而且承包者还要按工资总额的29.5％缴纳养老保险费，若酒楼认为承包者达不到规定的营业额、毛利率和服务质量，可即行解雇。

7月26日，大佬承包制在老通城三楼中餐厅正式运行，至今19名厨师已拿到了第二次总额为2.4万元的包干工资。这一新型的用工制度使酒楼员工的收入拉开了档次，加入承包的人员月工资平均在千元以上，个别可拿到2000～3000元。试行两个月后，营业额比去年同期增长了70％。

国有企业要搞活，在分配体制中引进激励机制，彻底打破大锅饭，这确实是一条可取之路。同时，从另一方面来说，“大佬承包制”又是一种符合国情的厨房组织形式，它充分体现了以人为本的管理思想，直接影响到工作效率、质量标准、信息反馈和职权的履行等诸多环节。

——《现代饭店营销创新500例》，饶勇，广东旅游出版社，2000年版。

思考与讨论

1. 试分析厨房各个管理模式的优点和不足。
2. 你们餐厅的厨师的工作业绩是从哪些方面进行评价的?
3. 如何控制厨房生产质量?

第八章 餐饮创新经营

管理要点

- 创新经营原则
- 菜点创新
- 服务创新
- 经营项目创新
- 餐饮经营打破时间的限制
- 餐饮经营打破销售地点的限制
- 经营条件创新
- 主题餐厅的设计

引子

根据经济学戈森定律，在一定时期内，一个人对某物品的欲望强度随该物品的增加而减少；随着欲望的满足，人所得到的享受是递减的。在餐饮消费中，同样也受到戈森定律的影响。因此，为增加对客人的吸引力，餐饮经营必须创新。

餐饮管理人员把握创意产生的10大时机有：坐在马桶上时；坐在公车上时；洗澡时；无聊时；散步、走路、逛街时；看电影、电视时；看书报时；听别人说话或和朋友聊天时；聚餐等上菜时；睡觉或刚醒时。

第一节 餐饮创新经营的原则

餐饮创新，就是指采用新的理念、手段和方法来整合餐饮资源，以创造一种新的餐饮运营模式。其根本目的在于满足需求，创造需求，节约资源，创造优势，实现可持续发展。

餐饮创新经营涉及餐饮产品组成的各要素，涉及原材料采购、生产、销售与服务各环节，涉及经营管理的各要素，具体可从产品创新、技术创新、服务创新、经营管理创新、营销创新、文化与主题创新、环境创新等方面想办法。

餐饮管理者在创新餐厅经营管理时，应把握如下基本原则：

一、注重餐饮本体

餐饮业的主要目标是满足人们日益增长的物质和精神生活的需要，为顾客提供风味独特的餐点出品、优美的环境、优良的服务和愉悦的体验。餐饮创新不能背离“餐饮”这一本体，否则，就会南辕北辙。

因此，餐饮创新的关键在于怎样很好地实现餐饮消费的实用性、适用性和食用性，使之融美食、文化于一体，提高餐饮消费水准。

二、适应目标顾客，满足目标顾客需求

餐饮创新应立足于研究目标顾客的餐饮消费心理，从餐饮消费需求心理、餐饮消费个性心理出发，真正满足消费者的心理需求。

三、顺应并引导餐饮潮流

作为餐饮的管理者，不仅要顺应潮流，更多的是要引导潮流。

餐饮管理者要掌握开发餐饮模式，如集团经营，以增强竞争力；直营连锁，树立企业品牌形象；特许经营，共享技术和利润；餐饮超市，满足顾客求廉、求全、求新需求；外卖，顾客得到实惠、便利等。

餐饮管理者要把握顾客的需求变化，如对菜点需求的“五轻”趋势，即

轻油、轻盐、轻糖、轻脂肪、轻调味品；更注重营养与保健；追求就餐的一种体验等。

餐饮管理者要把握节日经济给饭店带来的商机，设计适合当地居民休闲的产品。如星巴克咖啡店进入中国之初，就提出“第三生活空间”（The Third Place）的概念，意思就是说，星巴克致力于提供给人们一个除家和工作单位以外的第三个最想去的地方。

餐饮管理者还必须开发主题餐饮，掀起美食浪潮。

总的来说，不仅要顺应潮流，审时度势，创新经营，拓展新项目，而且要引导当地餐饮潮流。

四、营造文化特色

餐饮的竞争归根结底是文化的竞争。餐饮创新的终极目的应是营造一种良好的饮食文化特色。因此，餐饮创新应始终围绕提升餐饮文化而展开。

第二节　菜点创新

菜点创新，就是采用新的原料、新的方法，创造新的菜点，以及对传统菜点进行改良，在新原料、新调料、新技术、新器皿、新设备的基础上，求新、求奇、求特、求实、求便，使新创的菜点和改良后的菜点具有独特的风格。

菜点的创新，关键在于思路的创新。

一、菜点创新的基本要求

菜点创新必须切合实际，才能对顾客产生吸引力。

（一）正确定位

菜点从用途而言可分为宴会菜点、会议菜点、团队菜点和零点菜点。从档次而言可分为高中低三档。从适应对象来说，又可分为普遍性和特殊性两类。各类菜点只有具有各自的特性和风格，才能满足不同对象的需要，收到良好的效果。如宴会菜点强调精良、精致、高档；家常菜则要求经济实惠、口感入味；老年食品非常强调清淡易消化；儿童食品则要特别注意色彩、营养等。所以，菜点创新必须正确抓住各类菜点的本质特征，做到有的放矢。

（二）投消费者之所好

创新菜点必须符合消费者的饮食习惯和爱好，必须考虑到消费者的需求及其变化。

在当今社会，有的人追求口福的满足，于是仿古菜、家常菜、海鲜菜、野味菜等一时成为菜点创新的主要内容。有的人在追求口福的同时，还追求高效、健康等，于是，保健菜点、方便菜点、药膳菜点、美容食品、粗粮菜点、野菜菜肴、昆虫菜食等成为人们创新的主要菜点。

（三）营养、健康

要重视菜点营养的科学搭配，消除调料和原料在烹调时产生的危害因素，使创作的菜点有利于人体健康。

（四）达到菜点质量标准

创新菜点，既要做到新、奇、特，又要在色、香、味、形、质、器、营养等属性方面达到标准。

（五）顾及成本

创新菜点，要尽量降低菜点的实际成本，如原料成本、工时耗费。为此，创新菜点就必须注意时令性和地方性，即尽量就地取材，开发时令菜肴。此外要注意开发低成本、造型美、口味好的菜肴，并努力做好下脚料的综合利用。

二、菜点创新对厨师的要求

对菜点进行创新，要求厨房工作人员具有扎实的烹饪技术和丰富的经验，思想活跃，能博采众长。

(1) 具有熟练的操作技能和丰富的烹饪专业知识，了解各地方菜点的特点，掌握每个菜点的制作过程和成品特点，把握原料加工过程中的变化和调味品的科学组合等。

(2) 掌握一定的自然科学知识和专业基础知识，并能运用这些知识来解答操作中遇到的难题或利用这些知识来指导合理烹调，指导创新，使创新的菜点更加符合现代消费者的生理需要。

(3) 熟悉基本的美学原理。运用色彩配合、形态变化来设计菜点、创作菜点，使创作的菜点在保证满足现代消费者生理需要的前提下，取得色、形俱佳的效果，以满足消费者的心理需要或审美需要。

(4) 了解中外饮食文化，古为今用，洋为中用，南菜北烹，北菜南烹，将当前国内外的饮食潮流、饮食特点更好地融合在菜点创作中。

(5) 企业要建立交流学习制度，鼓励厨师多走出去学习，开阔眼界。

(6) 厨师要事事留心，多注意信息的收集，多动脑筋，这是做好创新菜点工作的基础。信息包括：有价值的历史资料，如名人菜谱、民间菜谱、历史传记等；餐饮消费的发展趋势；同行饭店、社会餐馆的菜点情况；国内外烹饪界的最新动态；饭店已推出菜点的销售情况；客人对菜点的评价反映等。

三、菜点创新对餐饮企业的要求

（一）加强组织领导

创新菜点是饭店餐饮业务管理的重要组成部分，必须列入重要议事日程，加强计划管理，并由专人负责。模式有三种：

(1) 要求每个厨师都要参与菜点创新，并将创新菜点纳入工作考核；

(2) 饭店建立专门的菜点创新研发小组，做到定目标、定任务、定人员，并做到经费保证、时间保证、制度保证、措施到位；

(3) 借用外脑机构，如烹调协会、烹饪专家等，进行菜点创新研究。

（二）建立激励机制

菜点创新，全员参与。为了调动餐饮部全体员工参与菜点开发的积极性，餐饮部应经常定期地统计菜点的点击频率、桌面上菜点的剩余情况、厨师的菜点投诉量等，并将各项统计结果与厨师个人奖惩直接挂钩。

四、菜点创新的基本思路

（一）加强对传统菜的挖掘

中国烹饪历史悠久，厨艺精湛，菜点众多，风味各异，个性分明。所以，菜点的创新应该努力挖掘和开发中国的传统菜点。具体做法：

1. 加强对历史菜的挖掘和开发

从历史的陈迹中寻找失传的历史菜，仿制和改良古代菜点。其途径主要有三：第一，根据历史留存的食谱、食单、笔记、农书、食疗著作中的史料进行挖掘仿制；第二，根据历史档案及其他一些史料，再加上厨师的回忆，加以挖掘整理，如孔府家菜、仿膳菜、乾隆菜等；第三，根据古典小说中描述的饮食内容，加以考证，然后进行制作，如红楼菜、西游记宴、水浒宴、三国宴等。

2. 加强对乡土菜的挖掘和开发

乡土菜，就是指在一定的地域内利用本地所特有的物产制作具有鲜明乡土特点的民间菜。其特点是靠山吃山，靠水吃水，就地取材，家常做法，原汁原味，鲜美异常，具有独特的乡土气息。如按原料而言，就有野菜系列、野味系列、鲜活系列、粗粮系列等。

3．加强对家常菜的挖掘和开发

中国的家庭在待客过程中创造了不少优秀的菜点，如臭菜系列、糟菜系列、酱菜系列、腌制系列等。这些家常菜往往流传于各地民间，饭店应善于整理、挖掘流传于民间的各类家常菜。

（二）借鉴西菜/东南亚菜做法

具体思路有：

1．西料中用

广泛使用引进和培植的西方烹饪原料，为中菜制作所用。

2．西味中调

广泛吸取西菜常用各式香料、调味酱、汁来丰富中菜之味。西菜/东南亚菜较有特色的调料有香辣醋、姜汁醋、蒜汁醋、甜酸汁、熏烤汁、酸辣汁、芥末汁、炸烤汁、蛋黄酱、烤肉酱、咖喱酱、烧烤酱、苏梅酱、樱桃酱、甜辣酱，以及XO辣酱、OK酱、沙爹酱、海鲜酱、柠檬酱、冰片酱、麦芽糖、奶油、椰糕、各种香叶和各种复合调味汁等数十种之多。

3．西法中效

借用西餐烹饪技法来制作中餐菜肴，如铁扒炉制作法、焗、客前烹制法等。

五、菜点创新的具体做法

（一）在原料上创新

袁枚在《随园食单》中写道：“物性之食，虽易牙烹之，亦无味也”，“大抵一席佳肴，司厨之功居其六，买办之功居其四”，说的是原料在美食中的重要性。

原料创新的方法有：

1．启用新的原材料

近年随着种植技术的发展，大量引进种养国外蔬菜和畜禽类，大大拓展了原料范围。

2．将不同的原料组合演绎出不同的品种

原料决定品种差异，不同的主料可组成不同的品种，如家畜、家禽、海河鲜等肉类原料就可组成不同的菜肴品种。就算同一种主料与不同的配料组合，在不同的调味方式和烹制方式下，也可构成不同的品种。

3．用“野”原料

即用野菜、野果做原料。随着原料种植技术的提高、种植周期的缩短，再加上保鲜技术的发展，原料的储存期延长，一些原料的季节性不再明显。另外，交通运输条件的逐渐完善使可用原料的范围突破了地域的限制，减少了季节气候对原料的影响。

4．选择特殊出产地的原料

如湘菜馆的原料出自湖南，味道就很正宗。海南餐馆，其原料东山羊出自万宁东山岭，和乐蟹出自万宁和乐镇一带的海中，加积鸭出自琼海市加积，文昌鸡出自文昌潭牛镇天赐村。再如吃大闸蟹就要吃阳澄湖的大闸蟹。法国菜就要以法国的鹅肝酱为原料。

（二）在酱料上创新

袁枚在《随园食单》中写道："厨者之作料，如妇人之衣服首饰也"，说的是酱料在美食中的重要性。

味道是菜点的灵魂。随着饮食的发展、对外交往的频繁，人们的口味要求有了很大的改变，正因为如此，酱料在菜点变化中所充当的角色就显得更为重要。通过调味，也可演绎出无穷无尽的味道。

绝大部分的品种味道是以复合味为主，而世间可供食用的酱料成百上千，所以复合味的组成也有着数不胜数的排列组合。一些品种之间的区别，正是味道上的差异所构成的。

酱料创新的做法：

(1) 不同的酱料搭配，产生不同的味道；

(2) 各种新酱料的出现使得品种创新可以有相当大的空间。

（三）在烹调方法上创新

袁枚在《随园食单》中写道："各用所长之菜，转觉入口新鲜，不失邯郸故步"，说的是烹调方法在美食中的重要性。

烹调方法的变化在近年的品种创新中起到了主导的作用。同一种原料可用不同的烹调法处理，或同一种烹调法可处理不同的原料，可演绎出不同的品种群。

如粤菜的烹制，不局限于传统的烹调方法，已糅合了内地各地方菜系具有特色的烹调方法，特别是借鉴西菜、日本、韩国菜肴的烹调法，如借鉴了西餐的焗、韩日的烧烤、日本的刺身、东南亚的咖喱等等，制法多变，各具特色，大大丰富了粤菜的烹饪技艺。

为了增加菜点制作的观赏性，很多餐厅推出了火焰菜和桑拿菜。

学习借鉴外地的烹调方法，不能完全实行拿来主义，全盘照搬，而应该加以改造，注意保持自身的制作特色。

（四）在装盘器皿上创新

餐厅可选择不同质地、不同形状、不同颜色的器皿。

(1) 器皿质地，可分为陶器、瓷器、竹器、金属器皿、玻璃器皿、水晶器皿、木质器皿等；

(2) 器皿形状，可分为方、圆、花、扇、多边、梯等各种形态；

(3) 器皿颜色，各种颜色均可，丰富多彩。

(五) 食法创新

中菜西吃，西菜中吃。

(六) 注重功能膳的开发

在消费者寻求健康的今天，功能膳越来越具吸引力。

(七) 生产不同规格的产品

生产不同规格的菜点，是消费者市场的差异化决定的，可满足不同消费者对菜点的不同需求。厨房可设计开发不同分量、大小的菜点，如出品分大牌、中牌、例牌；盘上改为位上；名菜微型化等。

(八) 生产过程创新

菜点制作由传统的厨房内制作变为客前烹调，在餐厅现场制作，客人可欣赏厨师的烹调技艺；同时，让客人参与烹调过程，如调味由客人自己调。

第三节 餐饮服务创新

再好的菜点都必须通过服务来呈现，更何况服务是餐饮产品的重要组成部分呢！因此，餐饮管理者还应从餐饮服务创新上想办法。

一、服务人员创新

在餐饮服务中，服务人员是主体，其素质高低直接影响服务质量的高低，因此，饭店应用新知识、新技术武装员工，使其为顾客提供创新服务。

在以前的人员招聘中，大部分企业都要招聘年轻貌美的小姑娘做服务员。但曾经就有媒体就顾客究竟需要美女服务员，还是需要良好服务对顾客进行过调查，最后得出的结果是，大部分顾客更多看中的是良好服务。当然，年轻貌美的小姑娘能提供优质餐饮服务的更好，但这并不排除其他年龄段的人加入到餐饮服务这个行业中来。

在餐饮服务员招聘越来越困难的今天，有的餐厅招聘大嫂级服务员，有的餐厅服务员则是上了年纪的阿公阿婆。大嫂、阿公阿婆服务员，成熟稳重，做事踏实，亲切随和，给顾客一种良好的感觉。

有的主题餐厅招聘双胞胎做服务员，有的招聘印度人做服务员，有的招聘光头做服务员和厨师。这些都是为了顾客提供更新、更好的服务。

在日益讲究品牌的今天，有些餐厅注重培养自己的品牌服务员、品牌岗位来为顾客服务。如在鲍参翅的客前烹调中，大部分餐厅是“鲍鱼王子”（男性厨师）为客人现场烹制，有的餐厅则另辟蹊径培养“鲍鱼公主”（女性厨师）现场烹调，使客人有眼前一亮的感觉。

二、服务内容创新

餐饮服务的主体是为顾客提供食品和饮料服务。但随着客人餐饮消费需求的增多，随着竞争的加剧，为了吸引顾客，饭店在餐饮服务上开始寻求各种附加服务，即延伸服务，这些服务包括免费提供报纸杂志、巴士免费接送、托婴服务、信任服务、信息服务、休闲服务、旅游服务、健康服务等一系列服务。

餐饮管理者应突破纯粹餐饮消费的观念，追求餐饮内涵的延伸，尤其是餐饮文化内涵的拓展与延伸。

三、服务方式创新

服务方式创新，主要包括菜点饮料等的服务方式创新和对客的服务方式创新两个方面。

菜点服务方式的创新，可以分餐代替围餐。分餐对客人来说，一是干净卫生，二是就餐氛围相对轻松。故较多顾客喜欢自助餐的就餐形式。

酒水饮料服务方式的创新，以茶水服务为例。常见的茶水服务方式有三种：一是服务员使用茶壶在桌上为客人斟茶；二是服务员利用茶壶在托盘上为客人斟茶；三是使用潮州工夫茶具为客人上茶。现在较流行且利润相对高的茶水服务方式就是采用茶艺表演的形式为客人提供茶水服务。有的饭店餐厅还专门引进茶艺馆的表演队伍专门负责餐厅茶水的推销与服务。

对客服务方式，以前饭店过于强调贴心服务、热心服务，久而久之，变成了无距离服务，客人时时刻刻被服务员盯着，客人感到很压抑。从心理学角度看，人际交往有一定的空间距离限制，不同的距离表示双方不同的关系，如果违背了这种距离关系，人就会感到不舒服。参见表8-1：

表 8-1

区域	距离	双方关系
亲昵区	<15 厘米	亲密朋友、夫妻，适宜讨论隐私话题
个人区	15~75 厘米	熟悉者，适宜讨论个人事情以及相互关心的话题
社会区	75~210 厘米	一般社交关系，适宜讨论一些公开消息
公众区	>210 厘米	正式的公开场合，适宜发布、讨论告知性、公众性话题

现在很多饭店提倡有距离服务、“零干扰”服务。有距离服务，并不意味着客人没人服务，服务员还是在关注着客人的一举一动，只不过是服务人员与客人保持恰当的距离，当客人每次示意时，服务员都会迅速来到客人面前，为其提供相应的服务。“零干扰”服务实际上是给消费者留一点自由空间，营造一种轻松、自在的消费环境和消费氛围。

四、服务语言创新

语言服务是服务沟通必不可少的工具，是优质服务的一个主要内涵。现在饭店形成了一整套规范化的服务语言体系，但这种千篇一律的单调语言正受到挑战，不少客人认为饭店的服务语言过于形式化、商业化，没有个性和不带感情色彩。现在不少饭店已着手研究语言的针对性、适度性、灵活性问题，并进行尝试。如一些饭店要求服务人员熟记客人姓名，用姓氏称呼客人，客人不再是“先生、小姐”，而是“某某先生、某某小姐”；一些饭店统称客人为“老板、老板娘”；一些企业则干脆称客人为“爸、妈”。有些餐厅称服务员为“小二”、“跑堂”等。

五、服饰创新

目前，我国饭店服务员的服饰从南到北大同小异，都是经理斑马裤/裙、主管“黑衫”。实际上，服饰也是衬托餐厅主题的一个方面，餐厅应根据经营特点、经营主题来设计服饰。如在海南岛的一些海滨饭店服务员、管理人员大都着休闲装，给客人休闲的暗示。如这时管理人员还着黑西装的话，就会被视为另类。

第四节　餐饮经营管理创新

餐饮经营管理创新是指餐饮经营管理各要素创新，具体包括经营项目、经营时间、经营环境、经营条件创新等方面。

一、经营项目上创新

长期以来，我国饭店餐饮管理人员容易满足于自己一亩三分地的经营，而忽略了拓展市场、创造市场，由此导致餐饮经营在一些方面竞争过分，在一些方面竞争又不足。

可喜的是，现在一些饭店已经意识到了这个问题，开发主题餐厅、风味餐厅、特色餐厅，将美食与多种文化形式融于一体，结合娱乐、知识、营养、信息、体育等多种手段，提高餐饮的参与性、娱乐性，不仅增加了餐厅的特色项目，而且营造了就餐的氛围。

有的饭店还与航空公司协作，负责制作航空餐，将饭店餐厅搬到了飞机上；有的饭店还成立专门的餐饮管理公司，进行连锁经营；有的饭店餐饮进行技术输出，举办各类厨艺展示，推出送厨上门等项目，为某些大型公司、企业提供餐饮服务上的策划、咨询和经营管理。

有的餐饮企业借鉴美国西部淘金的故事（很多人到美国西部淘金，但有一个人他不淘金，而是做餐饮，为淘金的人提供快餐盒饭，最后大部分淘金的人没有发达，但这一个做盒饭生意的人却发达了），为其他餐厅提供辅助服务，如提供专门的调味料（如西餐调料、粤菜调料，特别是潮州菜调料）、提供专门的原材料（如鱼翅、鲍鱼、西餐原料等）、提供餐用具等服务。

二、经营地点上创新

餐饮经营受经营环境的限制，最突出的一点就是餐饮产品的生产、销售和享用往往是在饭店的各类餐厅中进行的。其实，只要管理者想办法，餐饮经营就可跳出这一限制。

运动与静止是相对的，客人驱车前来餐厅，餐厅不动，相对静止；将出品送到客人面前，客人是静止的，餐厅是运动的。

餐饮管理人员受传统观念的影响，而忽略了餐饮经营空间的移动性。其实，饭店可通过经营创新，延伸餐饮经营的空间。具体做法有：

（1）提供客房送餐服务（Room service），将餐厅延伸进客房；

（2）提供到会服务，即厨师、服务员为顾客提供上门服务；

（3）流动服务（外卖）；

（4）利用现代科学技术，开展网上订餐服务等。

利用餐饮产品组成中氛围是一个重要的要素的特点，把餐厅搬出去，将餐厅的菜点、服务与秀美的自然风光、具有历史文化内涵的名胜古迹结合起来，让顾客“吃文化”、“吃自然”。这里要注意的是要保护自然、环境和历史文化古迹。

三、经营时间上创新

传统餐饮经营受时间的限制，餐饮管理人员应想方设法，尽量延长销售时间，以获取更多的销售额。具体做法有：

（1）餐厅尽量所有时间接近目标市场。现在24小时营业的商店、餐厅（茶餐厅）在经济发达的城市越来越多。

（2）利用中西方节假日，创造营销机会；

（3）利用某些时间点创造或开拓餐饮项目。如广州一些餐厅开设了下午茶、消夜等；还出现了早午餐（Brunch，即Breakfast+Lunch）。

（4）分时段营销。如在广州，一些餐厅就规定早茶8点之前结账免收茶位费；消夜11点之后包点、酒水打折。

（5）实现特色营销。有些餐厅没有分餐段经营的概念，从不清场，客人可从早上一直坐到晚上，有些客人就干脆在餐厅内办公。这种做法对顾客有很大的吸引力。

餐饮管理者要注意这样的一个现象：下午2:00～4:00、晚上8:00以后等时段，往往是人们洽谈、会友的黄金时段。因此，饭店可利用这个黄金时段开发各类休闲餐饮或边缘餐饮。

四、提高服务能见度界线

美国营销学家肖斯塔克指出，服务机构有一条能见度界线(Line of Visibility)。能见度界线，是指在服务过程中服务机构能直接被顾客看到或感知的部分与其余部分之间的分界线。一般来说，能见度较小，给人一种心理上的神秘感，正是这种较小的能见度和神秘感，让客人感到这类餐厅技能档次较高；能见度较大的餐饮企业，给人心理上以参与感、接近感和可靠感。

餐饮企业可利用这种联系，来调节能见度，达到提高营销额的目的。技能档次较低的饭厅可适当地减少能见度；而技能档次较高的餐厅，可适当地提高能见度，增强顾客的参与感、接近感和可靠感。

高档次餐厅经营方式的创新可在提高能见度方面想办法。

（一）展示原材料

（1）餐厅借鉴超市经营的做法，原料开架陈列，客人各取所需。采用这种方式要求饭店加大对食品原料的控制和管理，一方面减少因使用、储存不当而引起的消耗，另一方面要确保原料量足质优；同时，强化餐饮卫生管理。

(2) 将海鲜池等从后台移到前台，既方便促销，也美化了就餐环境。

(3) 将名贵的菜点原材料展示出来，如鲍鱼、燕窝、鱼翅，特别是天九翅。

(二) 展示菜点生产过程

(1) 将厨房的墙变成玻璃墙，一方面，客人可在就餐区域清楚地看到厨师的加工动作，真正做到“吃得放心”；另一方面，客人等待上菜的过程也就成了欣赏厨师技艺的过程，客人在心理上减少了等待时间。现在一些餐厅大包房都专门设计了带有透明玻璃墙的厨房。

(2) 利用包房内的电视，转播厨师加工某一特色菜的全过程。

(3) 采取现场烹制的方法提高制作的透明度等。

(三) 展示名师名厨

(1) 在餐厅的美食策划中，将名师名厨作为策划对象，以此作为餐饮市场的兴奋点。像以前，广东的餐厅就标香港名厨主理，外省的餐厅就标广东名厨主理；举办外国的美食节就请外国的名厨来主理；还如“鲍鱼王子”、“鲍鱼公主”等，以此吸引客人前来消费。

(2) 厨师挂牌，顾客亲点厨师为自己做菜。厨师招牌化对厨师本人来说既是鞭策，也是压力。

五、经营方式创新

餐饮企业做大的原则是：做大、靠大、并大。做大，就是依靠自己的力量壮大自己；靠大，就是与强强联合，组成战略联盟；并大，就是收购其他企业进行扩展。

(一) 餐饮企业在起步阶段，可采取靠大的战略，即加入品牌店，特许经营或合作经营

申请特许经营，餐饮企业可以马上广泛地被认可和接受，可以得到商标持有人系统的训练和营业帮助，还可以为自己的经营提高起点打下良好的基础。不足之处，就是企业要承担起沉重的特许经营费用。

合作经营，就是一些独立经营的餐饮企业为了与大型餐饮企业竞争抗衡，自愿联合，使用统一公认的标志、统一的预订系统，进行统一的广告宣传，执行统一的质量标准，组成联营集团，但各企业在管理上、财务上独立。合作经营的目的是为了创造整体形象，增强宣传效果和互送客源。

(二) 企业在壮大阶段，可采取连锁经营及特许经营的办法，扩大市场占有率

连锁经营：是指经营同类商品、使用同一商号的若干门店，在同一总部的管理下，采取统一采购或特许经营等方式，以取得规模效益的组织形式。餐饮连锁经营一改传统餐饮经营小店铺的模式，实现了原料采购、服务规范、商号品牌的一致性。与传统经营模式相比，连锁经营的优势在于解决了规模经营与消费分散性之间的矛盾，实现了资源共享、品牌共享、信息共享。

采用连锁经营方式，要求餐饮企业在形象策划与管理、原料配送与管理、服务质量控制与管理、营销策划与管理以及连锁扩张等方面加大控制力度，并视具体情况选择不同的连锁模式。

特许经营：是指餐饮集团（让渡者）通过向餐饮实体（受让者）让渡其特许经营权，包括允许受让餐饮实体使用其名称、标志，加入集团的销售网络等，扩大其成员，谋求相应利益的行为。

六、经营条件上创新

（一）从设施设备上进行创新

设施设备是餐饮经营的物质依托，饭店可寻求设施设备上的创新，力求形成一个新的经营卖点。

（1）餐厅设立上网区，供就餐顾客免费上网；

（2）对餐桌进行创新：可按就餐人数的多寡，调整餐桌的大小；有的餐桌可免费提供MP3、MP4服务；

（3）上菜方式，由传统的人员传送，变成由传送带传送。如日本料理餐厅就推出“流水线台面”，客人就餐围坐在椭圆形的台面前，台面由流动的传送带组成，各种菜品源源不断地依次从客人面前流过，客人可根据自己的偏好各取所需；

（4）对婴儿凳进行改良。有的餐厅婴儿凳既能调整成凳，也能调整成婴儿的摇篮车，吸引带婴儿的客人。

（二）从食具、酒具上进行创新

各类食具、酒具在饮食活动中有着不可或缺的实用价值和艺术价值。随着社会的进步，饮食器具已从最初的有实用性发展到有实用性兼顾美观性，已成为饮食文化中重要的一部分。

日本、欧美等国的一些饭店已不再简单地购买、使用市场上各类大众化的饮食器具，而是聘请资深的设计专家，从餐厅的经营理念和经营特色着手，量身定做各类富有个性、适合本店特色的餐具，包括碟、盘、碗、勺、盅、筷等一系列的用具，确保饮食器皿的独一性。

（三）从管理技术上创新

现在的餐厅越来越多地引进现代高科技，对餐饮原材料采购、仓储、生产加工、点菜、销售、成本、利润、客户关系、预订、稽核、报表等各个层面、各个环节进行信息化系统管理，不仅提高了效率、提高了准确性、节省了人力，而且为顾客带来了便利。

餐饮管理走信息化系统管理之路，已成为一种趋势。

七、经营主题上创新

在星级饭店里，常常以某个创新主题来进行餐饮促销，主题营销已经成为各大饭店进行餐饮促销的主要手段之一。

（一）美食节

美食节是饭店最具特色的餐饮项目之一，它围绕某一主题，策划出相应的餐饮产品（菜点、服务、氛围），能在一定时间内促进饭店餐饮整体销售，为饭店带来丰厚的经济和社会效益。

（二）各类节日

餐饮经营的实践表明，节日里饮食需求都会大幅度地增长，并且，在不同的节日里会表现出不同的需求特点。因此，根据各种节日来进行营销，也是一个很实用的促销手段。

我国目前的节日有这么4类：

(1) 法定的节日，如元旦、五一节、青年节、儿童节、建军节、教师节、国庆节等。饮食消费对象主要是社团和单位，因而消费形式多是茶话会、座谈会或酒会。

(2) 传统节日，如春节、清明节、端午节、中秋节、冬至等。这些节日都有其特定的内容和主题，如春节的团圆饭、元宵节的元宵、清明节的烤乳猪（拜祭祖先）、端午节的粽子、中秋节的月饼、冬至的汤圆等。这类节日的消费对象面广，需求强劲。

(3) 地方性节日，如荔枝节、风筝节、广州出口商品交易会、深圳高科技交易会等。

(4) 西方节日，如圣诞节、情人节、父亲节、母亲节、复活节等。消费对象主要是青年人。

案例8-1

星级饭店年夜饭产品的设计

近年随着社会消费能力的提高，星级酒店的中菜厅成为吃“年夜饭”的好去处。据统计，2005年的年夜饭，北京28家企业132个餐饮网点年三十到初五餐饮零售额达3000万元，同比增长27.8%。上海118家餐饮企业年夜饭共售出1.77万桌，桌数比上年增长15.4%；

实现营业额2155.89万元，同比增长17.6%；平均每桌消费1216元，同比增长2%。星级酒店也纷纷在“年夜饭”这一商机上下起了功夫，但是它们在产品设计方面还存在着许多问题，没有达到预期的效果。

“星级酒店年夜饭产品设计”是星级酒店在体验经济蓬勃发展的时代背景下，为了满足顾客的体验需求，获得一种差异化的竞争优势，并最终获得较高的经济价值，而作出的一种战略选择。

对于餐饮而言，要给顾客留下难以忘却的感官刺激体验和情感体验，首先需要有特色的菜品、优质的服务和体现主题的环境氛围，然后通过对餐饮服务的流程的合理规划，在适当的时机、地点给顾客以激励和刺激，使顾客拥有某种体验。

一、准确的主题定位

一部电影需要主题，一部文学作品需要主题，一台戏曲更是需要主题，那么，作为一次完整的餐饮体验也需要一个统领性的主题。一个成功的餐饮产品若想留给消费者鲜活的回忆和耐人寻味的体验，其主题的设计是必不可少的。现在的消费者需求和行为呈现出的特点是情感需求的比重增加，那么星级酒店年夜饭产品的主题设计就要结合顾客过春节时的情感特征。

例如中国人过年的普遍心理就是“团团圆圆”、“吉祥”，设计者可以围绕着这些心理进行设计。例如羊年时候，有的酒店设计的百年好合双人套餐、吉祥富贵四人套餐等都透着浓浓的“年味”。其中尤以菜名与“羊”沾边儿的卖得快。三羊开泰、喜气洋洋、金羊送福等菜，因寓意吉祥几乎桌桌都点。也许是与“羊”字沾边儿，涮火锅也成了当年年夜饭的抢手菜。

二、吉祥的氛围营造

体验性餐饮产品往往发生在特定的时间和空间中，同时加上具体的事件，给顾客身临其境的感觉。星级酒店年夜饭餐饮产品应该营造一种吉祥喜气的环境、设计一种团圆的场景以助顾客完成整个体验的过程。

好的氛围会牢牢吸引住顾客。可以通过硬设施和软要素的结合，特别是细节的处理以进行氛围设计。酒店氛围的营造可从酒店的外观和内部出发。临近年关，酒店餐饮部可以在酒店门口贴上对联，挂上红灯笼等，内部则注重合理功能分区，将迎宾区域、菜品展示区域、就餐区域、公共区域用有年节特色的屏风、矮墙等隔开，形成既相对独立又处在餐厅整体的环境中的、具有独特氛围的小环境。同时酒店也可以运用色调、照明烘托和提示，餐厅墙面、餐厅色彩、餐厅照明的设计来营造节庆的氛围。让游客一进餐厅，就感觉到扑面而来的喜庆的气氛。

三、体验的服务

从亲友聚餐的角度而言，农历新年和圣诞节有异曲同工之处，就是它们除了有可口应节的美食外,还有必要为消费者提供一个舒适、带有浓厚节日气氛的用餐环境。体验存在于与顾客接触的所有时刻，体验源于服务、高于服务。不仅要用良好的服务给消费者留下深刻的印象,更要通过员工的服务给客人造成一种感觉，使客人觉得整个企业都是为他特别服务的,他受到了特殊对待,从而激发起客人强烈的情感。

餐饮服务的作用不仅是帮助顾客完成餐饮消费活动,更重要的是在顾客进行餐饮消费过程中与顾客进行沟通、与顾客产生良性互动，进而为顾客带来情感体验。

四、有创意的情节设计

任何独特的主题和概念都需要一个个具体的情节去实现。当星级酒店餐饮部设计了主题之后，就要考虑用怎样的情节去表达这个主题，怎样让顾客感受到这个主题的真实性。年夜饭餐饮产品情节设计要结合特色餐具、餐桌、餐椅、菜单、菜肴等实物。特别是菜单上的餐饮产品的主体风格、种类项目、烹饪技术、品质特点等都应该与“春节”这一主题相结合。其间，再配以喜庆的音乐和中国特色的过年节目以及祝福。

五、贯穿情感体验的服务流程设计

客人在餐饮消费过程中获得的主要是以感官体验和情感体验为主的一种综合性的感觉，情感体验主要来源于顾客与服务人员的互动过程，因此，要想为顾客提供积极的情感体验，服务流程的设计至关重要。在适当的时间、适当的地点给予适当的服务，给客人一定的刺激，并营造和主题相关的氛围。在年夜饭产品流程设计中，可以根据酒店实际情况在其间穿插“财神”和“书童”给顾客拜大年、品尝名厨烧制的大餐、欣赏中国民乐表演、燃放烟花爆竹等节目。

六、惊喜的附加价值

顾客年夜聚餐，目的除了吃特色、吃健康、吃喜庆、庆团圆外，还追求高附加值的产品。星级酒店在设计体验式餐饮产品时，要抓住这一普遍的心理，设计高附加值的礼物和纪念品，以便收到意想不到的效果。例如，年夜饭搭售客房或是赠具有团圆意义的大蛋糕。

——摘自《星级饭店年夜饭产品的体验设计》,梁圣蓉,《中国旅游报》2006年12月20日第七版。

案例 8-2

五星夜市——香港尹悦酒店开“平民大排档”

对于酒店业中的“极品”——五星级酒店来说，人们怎么也无法将其与只属于平民百姓生活范畴的“大排档”或是“灯光夜市”联系起来。其实，无论是五星级酒店，还是平民夜市，终归都是消费领域中最受人们爱戴的事物，至于二者之间是否一定要“井水不犯河水”，相信香港尹悦酒店的“泳池夜市”就足以回答这个问题。

这年夏天，尹悦酒店经过精心策划和组织设计后，面向香港市民推出了以“夜市场景”和“摊头小吃”为主题的“大排档”宴会，颇受欢迎。

尹悦酒店仿照香港著名的尖东夜市，在酒店的露天游泳池畔再造了一个完整的夜市场景：

宾客们可以在此品尝到街头摊贩供应的各类小吃，购买到五花八门的手工艺品；也可以观赏中国功夫表演和街头艺人演奏；甚至穿上中国传统民族服饰，享受富有特色的中式宴会或参加具有30年代风情的旧上海舞会。

“大排档”宴会的主题也不断地变化创新，经营的小吃种类或中或外，或今或古，无有定数，使前来消费的顾客永远都有意想不到的发现，永远都有新鲜感。

如在荟萃亚洲各国美食的“亚细亚之旅”，顾客们能一夜之间尽享由日本料理、印度咖喱饭、朝鲜泡菜和菲律宾甜点等组成的特色盛宴，还可以欣赏到东方民族舞蹈、特技、魔术等生动活泼的现场表演……

在有限的空间内将精彩的东方民族文化呈现在顾客面前，突破酒店原有条件的客观限制，这就是香港尹悦酒店推出“大排档”宴会的初衷。

——《现代饭店营销创新500例》，饶勇，广东旅游出版社，2000年版。

案例 8-3

有感于“汽车穿梭餐厅”

开着汽车，不熄火，不进店，司机和游客伸手就能来一份肯德基。上海出现了一家专为开车一族开设的肯德基“汽车穿梭餐厅”，这是肯德基在中国继北京之后开出的第二家、也是华东地区第一家的“汽车穿梭餐厅”。

“汽车穿梭餐厅”有专门设计的车道，能同时容纳6～8辆汽车穿梭购餐，客人不用下车便可以点餐、结账、取餐，方便至极，一点也不亚于到一般的肯德基去就餐。正由于此，这家餐厅从早到晚，车来车往，生意十分红火。餐厅共3层，楼下专为驾车族及乘车旅客服务，即“汽车穿梭餐厅”；楼上两层则为普通肯德基餐厅。

“汽车穿梭餐厅”的经营理念就在于快捷、省心。“快捷”者，从点餐到结账、取餐，前后不过几分钟时间，对驾车族而言只是穿梭而过，省去了下车吃饭的停车费用；“省心”者，司机和乘客足不离车便可在餐厅的“窗口”自己点餐、取餐，吃到可口的食物。所以，这种“汽车穿梭餐厅”从第一天呱呱坠地起，就赢得了消费者尤其是驾车族和经常外出的人的一片赞许声。

其实，“汽车穿梭餐厅”在汽车普及率很高的西方发达国家早已不是什么稀罕之物。在美国，肯德基汽车穿梭餐厅占其整个市场的一半以上。中国日益火暴的汽车消费热潮对国外快餐业巨头颇有吸引力，肯德基捷足先登，并计划近期在中国各大城市开出更多的“汽车穿梭餐厅”。

笔者认为，在这一点上，“老外”领跑了。改革开放以来，人们的生活节奏加快了，时间变得越来越金贵，乘车外出的旅客尤其是自驾游一族过去那种停车吃饭的传统方式显然已不适应了。“汽车穿梭餐厅”的理念启示我们，守市场不如创市场。近几年，我国汽车消费进入了快车道，拥有私家车的人越来越多，“自驾游”已经成为人们一种广泛的旅游方式，因而“汽车穿梭餐厅”的市场前景非常乐观。

洋快餐能开出一家家的“汽车穿梭餐厅”，中式快餐何尝不能如此这般呢？此外，许多与汽车相关的行业，诸如“汽车影院”、“汽车旅馆”、“汽车穿梭超市”等，同样会如雨后春笋般涌现出来，谁是赢家，就看众商家“八仙过海，各显神通”了。

——《有感于“汽车穿梭餐厅”》，韩导勤，《中国旅游报》2007年3月21日第5版。

思考与讨论

1. 了解周边餐饮企业创新经营情况，特别是竞争对手的创新经营情况。
2. 菜点创新对厨师的要求有哪些？
3. 谈谈你对经济型饭店餐饮经营的看法。
4. 餐饮经营如何打破受时间的限制，谈谈你的看法。
5. 餐饮经营如何打破受销售场所的限制，谈谈你的看法。
6. 在企业发展的不同阶段，餐饮企业该采取哪些措施来壮大自己？
7. 餐饮经营条件包括哪些方面，如何创新？

第九章 餐厅开业知识

管理要点

- 开业准备工作
- 开业前服务人员培训
- 开业前管理人员培训
- 餐厅空间布局
- 餐厅氛围布置
- 模拟运转
- 试营业管理等

引子

俗话说，万事开头难。开业对餐厅经理、餐饮部总监乃至总经理都是一个考验。为了开业顺利，很多企业把开业分为模拟运转、试营业、正式开业三个阶段，以便顺利平稳过渡。

对于餐饮职业经理人来说，餐厅开业是一个常规性工作，是一个必须具备的技能。当然，餐厅的档次各异、经营环境各异、人文环境各异，因此，餐厅开业对职业经理人来说，也是一个挑战。

餐厅开业过程，分开业前的准备工作（Preparation）、模拟运转（Simulation）、试营业（Soft Opening）和正式开业（Grand Opening）四个阶段。

第一节　开业前的准备工作

做好开业前的准备工作，对餐厅开业及开业后的工作具有非常重要的意义。开业前的准备工作，主要是建立部门运转系统，为试业、开业打下扎实的基础。部门运转系统包括组织设计与运作系统、人力资源管理系统、服务管理系统、质量管理系统、产品生产系统、市场营销管理系统、财务管理系统、工程与安全管理系统。

一、各餐厅市场形象的决策

餐饮决策者首先要确定本餐厅在目标市场中树立何种形象。餐厅的市场形象包括厨房出品形象、价格形象、服务形象、设备设施形象、管理人员形象、员工形象等。

（一）厨房出品形象

厨房出品形象是餐饮企业形象要素中的核心内容，出品形象的好坏直接关系到市场对餐厅的总体评价。餐厅要制定标准菜谱，在色、香、味、形、器皿、技艺、营养、卫生等方面制定厨房出品质量标准，以此来塑造出品形象。

（二）服务形象

包括餐厅的服务项目、服务内容、服务方式、服务态度、服务效率、营业时间、服务手段等等所塑造的形象。

（三）设备设施形象

它是指餐厅的设备、设施及建筑，包括餐厅的装修、用餐的环境以及建筑物的外观、停车场等所显现出的形象。

（四）餐厅经营管理人员的形象

管理者是餐厅的代表，是餐厅的人格化。他们的经营观念、管理方法、管理方式、对员工及客人的态度等都影响到客人对餐厅形象的评价。

（五）员工形象

员工形象指员工的技术素质、文化水平、职业道德、精神风貌和仪表仪容、言谈举止给客人的整体印象。

二、合理设计餐饮部及餐厅的组织结构

餐饮决策者要综合考虑饭店餐饮的规模、档次、市场定位、经营方针和管理目标、建筑布局、设施设备等，来设计餐饮部及餐厅的组织结构。

（一）设计餐饮部及餐厅的组织结构

组织图要能全面反映餐饮部（餐厅）业务内容、部门组成、业务区域划分、组织结构、权责关系、岗位分工、人员安排等综合情况。

（二）建立岗位责任制

岗位责任制用来规定什么人、完成什么工作、达到什么标准。岗位责任制分管理岗位责任制（也称管理职务说明书）和作业岗位责任制。饭店的各项工作最终要落实到各岗位，责任到人。建立岗位责任制要确定饭店的所有岗位。岗位设置由各部门提出具体方案，由饭店决策层决定。每个岗位要确定工作内容、工作任务、作业范围、岗位人数。

（三）明确部门的组织联系

饭店工作的综合性决定了工作的联系性，所以必须明确各个餐厅、各个环节、各个岗位的组织联系。

三、人员的配备

（一）核定各部门、各工种的定员编制

根据餐饮规模、营业时间等因素综合核定各部门、各工种的定员编制。

（二）制定各岗位的人员素质要求

素质要求包括职业道德、身体素质、文化素质、专业素质等方面。管理人员的素质还要考虑如下三个方面：个人能力，包括基本品质、道德意识、学历阅历、个性气质、思想观念等；管理能力，包括管理理论、管理思想、管理知识、管理方法，还有心理成熟程度和应变能力；业务知识和业务能力，包括本专业知识的深度和广度、餐饮各方面的业务知识、与餐饮相关的各种业务知识。

（三）开展人员招聘工作

餐饮企业在招聘时应注重人员对餐饮业和服务职业的兴趣。例如，有两类对服务职业有兴趣的人。其中，一类是天生喜欢服务职业的人。一些喜欢社交、富于同情心、助人为乐和人缘关系较好的人，往往是这类对服务职业有内在兴趣的人。这类人选择服务职业的一个动因就是通过服务获得社交的满足和愉悦。这类人是餐饮业服务岗位合适的人选。另一类人对服务职业不

一定有内在兴趣但能扮演服务角色，也就是能通过角色扮演同样表现出对服务有"浓厚兴趣"。这一类人也是合适的人选。

餐饮企业在招聘时，还需考察人员的服务能力和专业水平。服务能力包括技能、知识、专业化水平和体质等；专业水平，是指是否拥有厨师、服务师资格证书。餐饮业需要人员具有良好的体质。如体质较差的服务人员在比较繁忙的服务过程中容易表现出疲倦感和对顾客不耐烦的情绪，而顾客对这样的服务人员自然不会满意。

餐饮企业最好招聘不同阅历、不同背景的人才，以适应市场多样化的发展趋势。

在餐饮企业的人员招聘中，最困难的任务是厨房工作人员的招聘，餐饮管理人员必须高度重视。

四、管理系统设计

（一）管理制度建设

拟定工作制度，形成管理规范。餐饮部的管理制度涉及原料采购、库房管理、厨房生产、餐饮服务、安全生产、成本控制等诸多方面。

制度包括：《餐饮人事管理制度》、《餐饮财务管理制度》、《餐饮公司突发事件处理程序》、《安全防火管理制度》、《食品卫生安全管理制度》、《厨房各部门职能与岗位职责》、《楼面各职位岗位职责》、《食品验收管理规定》、《贵重物品验收与领用程序》、《质量安全奖罚条例》等规章制度。

（二）建立服务规程

餐饮服务规程，即餐饮服务的规范和程序，是餐饮服务的基本依据，也是饭店服务质量控制的基本准则。饭店应将各项服务规程视作饭店内部的质量法规。

要制定各餐厅、各部门、各环节的服务规程，如中餐服务规程、自助餐服务规程、咖啡厅服务规程、扒房服务规程、宴会服务规程，并严格组织贯彻实施，由此形成规范化管理，这是完成餐饮管理任务的前提和基础。

餐饮服务程序分四个环节：餐前准备阶段、迎宾服务阶段、席间服务阶段、结账和送客及收尾阶段。

（三）信息沟通网络建设

信息沟通网络建设，包括表单设计、沟通渠道界定、管理手段选择等内容。

(1) 设计表单。表单即各部门、各环节沟通的媒介。餐饮的表单有：点菜单、沽清单、酒水单、加菜单、结账单、预订单（簿）、采购申请单、领料单、营业报表、顾客征求意见表等。

(2) 沟通渠道界定。即各部门、各环节之间沟通的内容与渠道。

(3) 管理手段的选择。管理手段包括传统的管理手段和运用现代信息管理技术（采用餐饮管理信息系统）。

五、质量管理系统

餐饮质量管理系统内容包括：厨房出品质量、服务质量、员工个人卫生质量、餐厅卫生与清洁质量、氛围质量、保证质量的督导方法等。其中厨房出品质量要求协同行政总厨制定餐厅菜点的标准菜谱，确保厨房出品的标准统一。

质量管理系统的建立是餐厅管理的一个关键环节。

六、厨房出品生产系统

（一）厨房管理制度建设

厨房管理制度是规范和纠正厨师工作行为的措施。

（二）制定厨房的生产目标

厨房的生产目标根据餐饮经营目标而定，主要指生产指标和毛利指标等。

（三）厨房的运转流程建设

(1) 制定菜点生产的标准菜谱；

(2) 根据标准菜谱，制定厨房出品原材料、调味料的采购规格；

(3) 选择原材料、调味料的供应商。选择原材料、调味料供应商必须考虑以下因素：

①补货的正确性；

②品质的维持；

③准时的运送；

④共同解决问题的诚意；

⑤危急时的反应；

⑥合理的单价；

⑦合理的前置期；

⑧运送的频率；

⑨技术上的能力；

⑩最低的单价；

⑪合理的付款条件；

⑫数量折扣。

以上条件的重要性依次序递减。

七、物品、用具的采购与管理

（一）制定物品、用具采购规格应考虑的因素

1．饭店的档次

档次和行业标准（或星级饭店评定标准）是制定采购规格的重要因素。

2．各餐厅的主题

主题是餐厅的主调和灵魂，它反映餐厅总体形象，形成餐厅风格。餐厅的物品、用具要突出主题，反映餐厅风格，切忌中不中，西不西，不伦不类，牛头不对马嘴。

3．各个餐厅的目标市场定位

管理人员还应根据本饭店各个餐厅的目标市场定位情况，考虑目标客源对餐饮物品、用具的配备需求。

4．餐饮行业发展趋势

管理人员应密切关注本行业的发展趋势，在物品配备方面应有一定的超前意识，不能过于传统和保守。

5．配套和美观适用相结合的原则

餐饮设备用品，特别是供客人使用的设备用品，如各种餐桌，坐椅，餐车，台布，餐巾，各种餐具、茶具和酒具等，既要配套，又要美观适用。配套的具体要求是：(1) 单项设备和用品配套。如同一餐厅的同种规格的餐桌、坐椅、餐盘、茶具等要配套，不能东拼西凑；(2) 餐厅设备和用品配套。同一餐厅中的各种不同用途的设备和餐茶用品要配套。如每个餐台、每个餐位的骨碟、汤碗、筷子、酒杯等是配套的；(3) 外观配套。同一餐厅、酒吧和宴会厅中的同种设备和用品要在外观、风格、色彩、质地等方面统一配套。所谓美观适用就是要充分考虑餐厅等级规格和客人精神享受的需要，保证设备用品美观、大方、舒适、适用，能够有利于突出餐厅特色，增强美感。

6．其他因素

在制定物资采购规格时，有关部门和人员还应考虑其他相关因素，如翻台率、饭店的资金状况等。

（二）采购规格应涉及的内容

采购清单的设计必须规范，通常应包括下列项目：部门、编号、物品名称、规格、色彩、质地、用途、单位、数量、参考供货单位、备注等。此外，部门应在制定采购清单的同时，就确定有关物品的配备标准。

（三）服务用品、用具的种类

餐厅的服务用品、用具可分为：

(1) 瓷器类;
(2) 中西厨房及楼面杂件类;
(3) 水晶及玻璃制品类;
(4) 餐饮一次性消耗品类;
(5) 印刷品类;
(6) 洗涤药剂类;
(7) 金银器类;
(8) 布草类(餐巾、台布、椅套、制服等);
(9) 工程工具类
(10) 办公用品、设备、家具类;
(11) 各种服务车类;
(12) 清洁易耗品及清洁设备类;
(13) 标牌类;
(14) 货架类;
(15) 管理软件类;
(16) 电脑、扫描仪类;
(17) 其他。

(四)参与或负责制服的设计与制作

制服设计首先要符合餐厅的主题风格,其次要兼顾不同工种,最后要方便员工工作。要求管理人员在制服的款式和面料的选择方面,有独到的鉴赏能力。

(五)制定设备用品的管理制度

餐饮设备管理采取集中管理和分级归口管理相结合的原则。集中管理就是要在饭店总经理和财务部门的领导下,在设备用品的配备、采购、预算、价值核算等方面都要遵守饭店统一规定的有关制度、规章,防止混乱。分级归口管理主要包括三级:一是餐饮设备和用品的价值量管理要以财务部门为主,使用部门配合;二是餐饮设备的维修管理要以工程部门为主,使用部门配合;三是餐饮各种设备用品的日常使用和维护管理要以餐饮部门下属的管事部为主,各餐厅配合。由此形成以分级归口管理为主、又互相协调配合的运行机制。

(六)主要用品的配套定额

1. 餐具、茶具、酒具

团体餐厅、自助餐厅、咖啡厅等至少应配备2~3套,西餐厅、宴会厅至少应配备3~4套。在品种、规格、质地、花纹上做到美观、舒适、统一、协调。

2. 餐厅的台布、餐巾等

一般说来,台布、餐巾等要配备4~5套。台布、餐巾要每次翻台必换。

3. 服务人员的围裙、开瓶器、打火机等服务用品

要齐全、清洁，便于随时为客人提供服务。

（七）协助采购

按饭店采购部的模式，有的餐饮部总监可能不直接负责采购工作，但这项工作对各餐厅的开业及开业后的运营工作影响较大，因此，餐饮总监应密切关注并适当参与采购工作。这不仅可以减轻采购部经理的负担，而且还能在很大程度上确保所购物品符合要求。餐饮总监要定期对照采购清单检查各项物品的到位情况，而且检查的频率应随着开业的临近而逐渐增高。

八、制定设备用品的定额标准

餐饮用品种类繁多，消耗方式各不相同，因此必须制定定额标准，控制用品消耗，降低费用开支。根据餐具、茶具、酒具、厨具、炊具和各种用品的不同，分别制定消耗定额、储备定额，控制日常消耗，降低破碎、丢失、报损率，以降低餐茶用品费用开支，提高经济效益。

九、厨房设备的配置与管理

厨房设备种类繁多，对厨房出品质量影响大，在餐厅经营中占用的资金较大，因此，必须重视厨房设备的配置与管理。

（一）厨房设备的分类

1. 原料预处理设备

主要分原料加工设备、面点加工设备两大类。原料加工设备主要有：锯骨机、切片机、榨汁机、搅拌机、绞肉机、家禽脱毛机等；面点加工设备主要有和面机、压面机、搅拌机、打蛋机等。

2. 加热设备

加热设备是对烹饪材料进行加热或熟制处理的设备，根据能源的不同可分为燃料设备和电热设备。燃料设备，即以固体、液体、气体燃料为热源的设备，如镬头、煲仔炉等；电热设备，以电为能源，且能够经济而有效地用于食品热处理方面的设备，如电烤箱、微波炉、电煎锅、电炸锅等。

3. 厨房器具

厨房器具按用途可分为加工类器具、烹调类器具、其他器具。

4. 其他设备

厨房中还有其他一些不可缺少的设备，如制冷设备、通风排气设备、清洁消毒设备、给水设备、供电照明设备、消防设备等。

（二）制定厨房设备的选购程序

1．项目提出

根据厨房的生产规模、经营方针和实际需要，提出所需的设备清单。

2．调查研究

(1) 自身条件：提出项目的理由与背景、设备的利用率和潜力状况、安装设备的环境条件、能源的供应情况、资金来源、操作和维护的技术水平和人员配备等方案。

(2) 设备制造厂方面，厂家信誉情况、技术水平、质量状况及售后服务。

(3) 费用、售价、运输费、安装费、保险费等。

结合以上三个方面进行调研。

3．进行可行性研究

(1) 投资项目的背景和历史条件，对研究结果的概要说明及项目存在问题和解决方案。

(2) 与项目有关的市场状况和前景。

(3) 设备与所需能源的关系，对保证设备正常运转所需的能源、辅助材料和配件等应有充分的分析研究。

(4) 环境保护，设备运行是否存在排放废气、油烟和噪音污染问题，并提出解决方案。

(5) 设备投资方案的经济评价。经济评价是可行性研究的主要内容，要说明投资总额、资金来源、投资方案的经济效益，要对多种方案进行客观比较，选择最佳方案。

(6) 项目的实施计划。要精心安排项目的规划、设计、采购、安装、试验和投产等工作。

(7) 可行性研究结论。综合各项分析，从技术、经济方面归纳可行性意见，并明确存在的问题和提出解决方案。

（三）厨房设备的管理方法

(1) 使用定点定量；

(2) 建立设备档案，做好分类编号；

(3) 必须根据各种设备说明书进行培训、操作，并将所有说明书集中保存（备查）；

(4) 分级归口，专人使用，实行岗位责任制；

(5) 制定维修保养规程；

(6) 随时考核设备使用效果，提高设备利用率；

(7) 制定设备及用具卫生清理的制度和规范，定期清洗、清理，落实到人。

十、餐厅、厨房验收

验收餐厅、厨房，一般由基建部、工程部、餐饮部（厨房部）等部门共同参加。力求工程达到生产要求和饭店所要求的标准。

十一、负责垦荒工作

组织员工进行模拟运行前的垦荒工作。垦荒工作主要包括卫生清扫、家具的搬运等。垦荒的实绩直接影响日后的经营，因此，餐饮部要制订垦荒工作计划，并就专项工作进行培训。

十二、制定开业各个阶段的工作日程表

各个阶段的日程表内容包括工作内容、工作时限，实施部门、负责人等。

在各个阶段，应将不同的任务按“5W1H”的模式进行分解，做到人尽其责、事事有人做，具体可参考准备阶段进度表。

表 9-1 餐厅开业前准备工作进度表

工作项目	进度（周）			实施部门	负责人
	一、二	三、四	五、六		
厨房设备安装调试	安装	调试	试菜	厨房	厨师长
餐厅用具	进货	摆放	配齐餐具	餐厅	餐厅经理
店堂卫生	全面打扫	重点死角	试运转	餐厅	餐饮经理

十三、餐厅“准生证”的申报

餐厅的“准生证”包括食品卫生许可证（卫生监督所）、消防安全许可证（消防局）、税务登记证（国、地税务局）、工商营业执照（工商行政管理部门）、环境保护许可证（环保部门），同时要求所有从业人员都必须持有卫生防疫部门颁发的健康证。

十四、餐厅收费项目与收费标准的确立

财务部与餐饮部协同制定各餐厅的收费项目和收费标准。收费项目包括

菜点、酒水饮料、茶芥、小吃、纸巾、茶位费、饭费、服务费等。收费标准，除菜点的价格、酒水饮料的价格在制定菜谱、酒谱时已考虑外，其余项目要根据餐厅的档次和市场行情来决定。

十五、餐厅氛围布置

按照各餐厅的主题来进行氛围布置，餐厅类型不同，氛围布置的主题也不完全一样。

第二节　开业前的人员培训

餐饮管理水平的高低、服务质量的好坏，甚至生意的成败，在很大程度上都取决于员工的整体素质，而员工整体素质的高低在很大程度上又取决于培训质量的高低，因此，餐饮部必须重视员工的培训，特别是开业前的培训工作。

现在很多饭店、餐饮企业都已经意识到了培训在经营中的作用，并对员工进行了开业前的培训、岗前培训、在职培训，然而大部分饭店和餐饮企业却忽视了对管理人员的培训。饭店、餐饮企业的员工培训，根据培训对象可分为一般员工的培训和管理人员的培训。

开业前的培训，不仅要重视一般员工的培训，更要注重管理人员的培训。

一、开业前培训应坚持的原则

（一）系统性原则

即开业前的培训，应实行全方位、全过程、全员培训。

内容应包括：饭店的概况、饭店员工手册、餐饮部的组织机构及岗位职责、餐饮产品知识、餐饮服务六大技能及服务规范、沟通渠道与沟通技巧、表单使用等。

（二）标准化原则

由于招聘的员工阅历、背景不同，有的对餐饮服务的了解就像一张白纸，有的可能有好几家餐饮企业的工作经历或好几年的餐饮服务工作经历，因此，培训必须统一标准，将员工不同的操作方式、方法进行统一。

标准化培训并不妨碍餐厅提供个性化服务。个性化服务是在标准化基础上的升华。

（三）实用性原则

对员工进行开业前的培训，必须在内容、方式、要求上保证实用。

二、一般员工的培训

一般员工的培训，坚持人事部门的培训和部门培训相结合、店内培训和到其他企业成建制顶岗实习相结合的原则。

（一）人事部门的培训

人事部门的培训内容主要包括对饭店员工手册的学习；了解饭店的环境，了解饭店的情况；仪容仪表、礼节礼貌培训；消防安全教育等。

（二）部门培训

部门培训主要是部门业务的培训，包括学习餐饮部的组织结构、规章制度，掌握餐饮部信息沟通的渠道，学习餐饮服务技能技巧等。

餐饮部门组织的培训，必须课堂教学与实际操作相结合。

在培训时，管理人员最好能担任培训教师。管理人员如果能亲自担任培训教师，对自己工作的开展和餐厅的管理会带来诸多好处，具体表现在：

（1）能及时获取员工反馈的意见；

（2）能把工作与培训有机地结合起来；

（3）有助于与员工建立良好关系；

（4）有利于改善员工间的人际关系，培养团队工作意识；

（5）能让主管部门更好地了解员工及他们的想法；

（6）有利于提高员工工作积极性，激发员工的工作热情；

（7）有利于培训与评估的结合。

（三）成建制顶岗实习

成建制顶岗实习是开业前最具成效的培训方式。企业与相同档次或稍高档次的餐饮企业（非竞争对手）联系，将餐饮部门的员工以成建制的形式派到联系企业实习。员工通过实习，能获得实战经验，从而为餐厅开业打下良好基础。

三、管理人员的培训

餐厅开业前，对管理人员进行培训十分必要。管理人员的培训内容主要包括行为意识和职业道德教育、管理技能培训、饭店业务培训、跟班管理培训，通过培训，力求使他们成为合格的饭店管理者。

管理人员的培训方法有练习（Exercise）、参观（Field Trips or Visit）、程式化教学（Programmed Instruction））、头脑风暴（Brainstorming）、案例分析（Case Studies）、角色扮演（Role Plays））、电脑化训练（Computer-Based Training）、拓展训练（Outward Development）等。

（一）练习

练习是指给管理者提供一定的机会尝试所学的或业已生疏的知识或技能。练习主要适用于管理者在学习完某种知识或技能之后，用此法来测试和增强管理者的学习成效，并能给管理者提供熟悉有关知识和技能的机会。

练习可提高管理者的自我学习能力，有助于激发管理者的学习兴趣和学习动力，能够很好地将理论与实际相结合。

有效的练习需要一定的条件予以配合，如提供必要的场地、资料、设备等；练习要有详细的说明、指示和要求等。

（二）参观

参观就是带领管理者到某一著名饭店、餐厅作实地的考察和了解，学习别人先进的管理模式和经验。参观是管理人员提高管理技能的一种快捷方式。通过参观，帮助管理者了解现实世界的一些真实情况，了解理论与实际之间的差距。

参观能够激发管理者对实际问题的关注，可加强管理者与外界间的联系。

参观前，要给参观者讲述参观的目的，提出学习目标，让参观者带着问题去参观。参观行程结束后，要进行简短的讨论以加强学习效果。

（三）程式化教学

程式化教学是把学习内容划分为一个个小单元，按照由浅至深、由简至繁的程式和步骤，使管理者逐渐学得所需的知识技能。学习的工具可分为书面资料、录音影带、电脑软件等。程式化教学是系统提高管理者管理知识的一种有效方法。

（四）头脑风暴

头脑风暴，就是鼓励管理者针对某一特殊问题，在不受任何限制的情况下，提出所有能想象到的意见。

头脑风暴主要用于帮助管理者尝试解决问题的新措施或新办法，用以启发管理者的思考能力和想象力。餐饮企业可组织学习小组，开展小组式的头脑风暴活动，以达到共同提高的目的。

组织者要鼓励管理者之间的资讯交流与辩论，鼓励良性竞争，鼓励管理者选出最佳意见。

(五)案例分析

案例分析就是借助设计的情景或案例，让参与者进行讨论，以找出答案及解决问题的办法。

案例分析可帮助管理者学习分析问题和解决问题的技巧。

(六)角色扮演

角色扮演就是让管理者分别扮演各种特定的角色，如服务员与顾客，并讨论在此种情况下的各种反应与行为。

角色扮演的目的是为了给管理者提供不同的待人处事的观点和练习处理各种人际关系的技巧，寻求在特定情境下解决问题的可能方法。

(七)电脑化训练

电脑化训练就是应用电脑快速计算、整合、探求餐饮企业内部和外部的各种关系，或寻找资料，以提升相关知识和技能。

(八)拓展训练

拓展训练就是利用户外活动的形式，模拟真实管理情境，对管理者进行心理和管理两方面的培训。

拓展训练的所有项目都以体能活动为引导，引发出认知活动、情感活动、意志活动和交往活动，有明确的操作过程，要求学员全身心地投入。

通过拓展训练，参训者在认识自身潜能、增强自信心、改善自身形象、克服心理惰性、战胜困难、启发想象力、解决问题方面有显著的提高；通过拓展训练，参训者能认识到群体的作用，认识有效沟通的重要性，提高对资源有效利用的认识，增进参与集体的意识与责任心，改善人际关系，学会懂得珍惜、感恩，从而更为融洽地与群体合作。

第三节　开业前餐厅空间布局及氛围布置

没有文化的餐厅是缺乏生命力和魅力的餐厅。餐厅的空间布局及氛围布置，是餐厅经营理念、经营风格的外在表现。理想的空间布局及氛围布置不仅影响顾客的用餐心境，而且也影响员工的工作行为。

一、餐厅的空间布局原则

（一）“三线”应避免交叉、重叠

为减少相互之间的干扰，创造一个良好的用餐环境，保证客人顺利用餐，也减少劳动力的浪费，餐厅在空间布局上要求客人活动线、服务员活动线、物资活动线三线不能交叉，更不能重叠。对以上三种路线的轨迹要进行分析和合理安排。

客人活动线，是指顾客在餐厅里活动所构成的路线。一般而言，顾客进入餐厅，先经过大门，然后过一个过渡的空间，再通过主要通道到达就餐区位置，顾客就餐完毕，再通过主通道走出餐厅门口客人活动线。另外一条就是顾客到卫生间的路线。

在一些档次较高的厅房里，顾客活动的空间分为休息空间、娱乐空间和就餐空间，顾客的空间流向就是这三者空间的联结。

服务员活动线，是指为提供相应的就餐服务而必备的餐厅各种工作程序在空间内的有序联结。包括上下班活动路线、餐厅内部固定的员工通道、餐厅办公区、酒吧、厨房、传菜间、员工专用洗手间等。

物资活动线，是指厨房、酒吧出品从领料、初加工、细加工到输送的活动路线；另外就是餐具的递送路线。

（二）餐厅空间布局要适应餐厅档次

餐厅空间可分为就餐空间、公共空间和服务空间。餐厅空间布局是指为了便于迎接客人、销售食品饮料、客人用餐和对客服务方便、安全或为了营造特定的用餐环境和气氛，而将餐厅分为不同的区域，由此形成餐厅整体空间构图形象和美感效果。

1. 就餐空间

就餐空间就是顾客在餐厅的就餐区域，这是餐厅的主要构成部分，也是空间比例最大的部分。就餐空间又可分为大厅和厅房，主要是由餐台、餐椅和通道组成。

2. 公共空间

公共空间是指餐厅里可供顾客活动或观赏的空间，如门面、门口与就餐区的缓冲空间、电话间、衣帽间、洗手间，还包括一些水池假山等。

（1）洗手间。洗手间要与餐厅在同一个层面，档次要与餐厅相一致，蹲位要与餐位保持一定比例，特别要注意女性厕所的活动空间要大一些。

（2）电话间。餐厅的电话使用既要方便顾客，又要节省电话费支出。因此餐厅要根据档次慎选电话模式，如磁卡电话、投币电话或分机转拨电话等。

3．服务空间

服务空间是指餐厅为顾客提供服务而必备的空间，如迎宾引导区、收银台、食品展示区、餐厅营业部、吧台、服务餐台、服务通道等。

(1) 迎宾引导区。迎宾接待台要美观大方、整洁。

(2) 吧台、收款区。吧台、收款区的设置要与餐厅座位布局协调，设备摆放整齐美观，柜台前面留有适当面积。

(3) 食品展示区。鲜活鱼类展示区的装饰布置要美观大方，与就餐服务区协调；各种鱼缸、展示柜及其周围要十分整洁干燥，便于客人观赏和挑选。

餐厅空间的划分因规模和档次而异，规模越大，档次越高，空间的划分就越分明；规模越小，档次越低，空间的划分就越模糊。合理的空间布局应该是这三个功能空间之间的协调。

（三）餐厅要有方向感

餐厅的空间布局必须要有方向感。如果顾客走进餐厅，分不清哪是主墙、哪是主桌、哪是主人位，就会感到茫然不知所措，就会给顾客心理上造成不踏实的感觉。

一般正对着餐厅入口的墙面叫做主墙，也有选择虽然不是正对着餐厅入口、但墙体面积较大的墙作为主墙。主墙定下来后，就可以通过壁画（或龙凤幛）、装饰物、通道等要素体现出有序的空间排列。这样餐厅布局就有了秩序，哪里是中心位置，哪里是边角位置，在领客人入席时就有了参考坐标。

二、自助餐厅的空间布局

自助餐厅的空间可分为自助食品摆放区、客前烹制服务区、酒水服务区和就餐服务区四个区域。

1．自助食品摆放区

自助菜台台面美观大方，各种食品在盛器、容器、加热和制冷器具中摆放整齐，高低错落，取用方便。

2．客前烹制服务区

设有炉台、灶具、炊具，可以为客人现场烹制鸡蛋、青菜、部分饼类或烧烤的食品。

3．酒水服务区

为客人提供酒水服务的区域。

4．就餐服务区

一般占自助餐厅面积的75%～80%。

三、餐位设计

餐厅餐位的设计与布置要坚持如下原则：

（一）根据餐饮风格进行餐位设计

一般情况下，中餐使用圆形台面餐桌，其他使用方形台面餐桌；中餐宴会主桌（主宾席区）和来宾席区采用不同直径的圆形台面餐桌；中餐零点（散餐）餐厅圆形、方形台面餐桌综合使用。

（二）坚持一张餐台一张客单、空位最少的原则

由于就餐客人的规模不一，因此餐桌应具有多种规格，2人台、4人台、6人台和8~10人台等台面齐全，方台、长台、圆台配套。这样既能尊重客人的消费心理，提供方便服务，又能提高餐位利用率，降低空位率。

（三）分区原则

为方便管理，就餐空间在内部要进行分区，如分A、B、C、D区等。

（四）对称和自由原则、分散与集中原则

一般餐厅进门处的两边放2人台和4人台，靠边靠窗放4人台和6人台，中间和靠后放8人台和10人台。遇有台柱、门边、拐弯处等放2人台。

四、餐厅的氛围布置

根据餐厅主题布置氛围，要求中餐厅氛围布置必须反映中华民族文化特点和地方特色，西餐厅氛围布置必须反映西方民族文化特点。

第四节　餐厅模拟运转

模拟运转（simulation），就是在试业之前，在不对外营业的情况下，按餐厅既定的经营要求，餐厅进行运转，以达到检查培训效果，让各部门、各岗位员工熟悉岗位工作，及时发现菜点、餐厅及员工存在的问题并进行改进的目的。

实际上并不是所有餐厅开业之前都进行模拟运转，但它确实是餐厅开业很重要的一个环节，能为正式的运营打下坚实的基础，所以必须高度重视。

一、成立专门的领导班子

成立包括负责营运的副总经理、餐饮部总监、培训部经理、行政总厨、各餐厅经理以及采购部、财务部、工程部人员在内的领导班子，并指定专门人员全权负责模拟运转工作。有的饭店由培训部经理牵头，大堂副理协助；有的饭店由餐饮总监牵头，培训部经理协助。不管是谁牵头，全饭店上下都必须高度重视，积极配合，以便达到在实战中发现问题的目的。

有的饭店集团还专门配备了开业顾问（Consultant），负责旗下各饭店的开业。

二、模拟运转的阶段划分

一般模拟运转分三个阶段：

第一个阶段，在没有顾客的情况下，在培训导师的指导下，按既定的经营特色，厨房按菜谱出品，餐厅楼面按培训的要求提供服务，餐厅经理和培训部经理作为考评员对出品、服务、氛围等进行评价。

第二个阶段，内部员工（含管理人员）作为顾客。在顾问的指导下，按既定的经营特色，厨房按内部顾客要求出品，餐厅楼面按培训的要求提供服务，开业顾问和邀请的内部员工作为考评员对出品、服务、氛围等进行评价。

第三个阶段，邀请专家学者、行家、潜在的重点客户作为顾客。（不收费，即使收费，也是模拟收费。）在顾问的指导下，按既定的经营特色，厨房按顾客要求出品，餐厅楼面提供针对性服务，邀请的专家学者、行家、潜在的重点客户按饭店提供的质量调查表进行逐项打分，饭店稍后进行汇总和研究，逐项改进。

三、建立正规的沟通体系

模拟运转时，就应建立内部例会制度、签到制度、交接班制度；正式使用表格沟通；部门之间的内部沟通应逐渐走上正轨。

四、排班

排班就是排定班次，是根据各岗位及由岗位组成的班组的业务规律，规定它们的工作时间和时间段，规定它们的作业内容。在同一时间或同一空间从事同一性质和内容工作的一群人组成了班组。排班有两种形式：

(1) 按工作时间区分，排成早、中、晚等时间班。

按工作时间排班，要具体情况具体分析，如有的餐厅不开早茶，有的餐厅只开晚餐等。

(2) 按工作内容排成业务班，如迎宾、传菜（地哩）、值台班等。

时间班和业务班不是截然分开的，它们是交错在一起的。业务班要以时间为单位分出班次，时间班总是从事一定的业务，两者是综合的。

排班首先要作调查研究，确定各班次的工作量、工时定额、日工作量等，为核定班次人数提供依据。然后各部门按业务特点排定业务班次。业务班次的业务界面要明确。业务班次安排妥后再排时间班次。排时间班次要明确各时间及工作班组，明确各时间班次的工作任务、工作内容、工作量、工作重点。

五、模拟运转关注的重点

（一）检查设备设施的运转情况

餐厅、厨房设备设施安装后，运转是否正常，服务员、厨师是否掌握其使用控制方法等，这些都是模拟运转时要重点关注的内容。

（二）检查服务用品、服务用具的到位情况

虽然在开业前的准备工作中列出了采购清单，并协助采购，但是由于各餐厅的实际情况不一样，在模拟运行阶段还会发现很多物品没有到位。

（三）检查餐饮管理软件的操作、运转情况

检查电脑管理软件的运行情况，指导员工正确操作。

（四）检查员工仪容仪表、礼节礼貌

注意检查员工的仪容仪表、礼节礼貌，特别是要提醒员工做到说话轻、走路轻、操作轻，培养员工良好的习惯。

（五）检查厨房的运转情况

(1) 厨房内部的分工协作情况。

(2) 出品质量。厨房出品是餐厅楼面服务的基础，是餐厅的核心，是餐厅的主要经营特色所在。

(3) 楼面与厨房的沟通协作情况。包括点菜单的沟通、出菜时间的协调等。

(4) 厨师对炉灶火候的把握等。

（六）检查楼面服务情况

1. 迎宾服务的检查

迎宾员是否熟悉饭店、饭店餐饮、本餐厅的基本情况？对点菜单的控制

是否正确？迎宾待客、带位是否规范？拉椅让座是否规范？与值台服务员的沟通是否及时？等等。

2．对点菜服务的检查

点菜员是否对厨房出品熟悉？有没有根据顾客特点积极介绍菜点？有没有对客人重复点菜内容？所点菜单是否整齐？点好菜后有没有根据菜点推荐酒水饮料？等等。

3．值台服务员席间服务的检查

茶水服务是否迅速？酒水服务是否规范？上菜前准备工作是否到位？上菜时有没有介绍菜点特色？摆菜是否正确？餐桌是否保持清洁？服务是否热情？有没有微笑服务、有声服务？等等。

4．结账工作的检查

账单是否完整、正确？账单是否干净？找赎是否准确？等等。

（七）检查服务员、管理人员的心理情况

服务人员有没有出现怯场？有没有出现急躁情况？管理人员处理突发事件的能力如何？在员工出现失误时，管理人员有没有过多地指责员工？有没有激励员工？等等。

（八）检查餐厅卫生

餐厅卫生包括员工卫生、环境卫生、餐具卫生、洗手间卫生等。

（九）检查运转秩序

各部门、各环节、各岗位的运转是否井井有条？服务人员、管理人员的工作是否落落大方？等等。

第五节　餐厅试营业

按计划，餐厅模拟运转后，就进入试营业（Soft Opening）阶段。模拟运转基本上是在封闭的环境中进行。试营业，就意味着餐厅要对外营业，客人的组成复杂，顾客的需求多样，因此试营业往往是餐厅最忙、最易出现问题的阶段。加强对试营业阶段的管理及对问题的研究，有利于减少事故的发生，有利于餐厅从试营业到开业的顺利过渡。

一、全员动员，做好试营业的思想准备工作

试营业是餐厅最忙、最乱、最容易出现突发事件的阶段，因此，有经验的管理人员会适时召开餐厅全员大会，对员工进行动员，为试营业做好思想准备，以防措手不及。

二、持积极心态投入工作

既然是尝试着对外营业，餐厅肯定会有很多问题显露出来，员工可能会出差错。对此，管理人员要多给员工微笑，多给员工信心，持积极的态度，多对下属进行鼓励，帮助其找出解决问题的方法。在与其他部门的沟通中，不应把注意力集中在追究谁的责任上，而应研究如何解决问题。

三、检查厨房与采保部门的互动情况

互动内容包括：

（1）仓库的原材料购置情况如何？

（2）采购部是否按厨房的申请单采购？

（3）采购、供应是否及时？

（4）厨房领料的手续是否完善？

（5）库存量控制是否符合生产要求？等等。

四、监督餐厅楼面与厨房的互动

互动内容包括：

（1）出菜速度的控制；

（2）出菜的顺序控制；

（3）叫／起的控制；

（4）沽清的控制；

（5）催菜的处理；

（6）退菜的处理；

（7）客人点菜谱上没有的菜的控制等。

五、重视过程控制

（1）对设备设施的控制。

服务设备设施，如电梯、空调、房间照明灯、餐厅厨房厨具、餐桌椅等均要处于受控状态，确保各项设施完好，维修及时。

（2）服务态度的控制。

要求微笑服务，服务热情、及时、周到，管理人员在适当的时候为客人提供服务。

（3）控制服务规范。

（4）控制服务流程。

六、重视顾客的管理

“再忙也不能忘了客人。”餐饮管理人员必须熟知这一黄金准则。试营业过程中，餐饮管理者的工作千头万绪，但始终不能忘记关注你的客人。所以，餐饮管理人员现场管理的首要任务就是热情问候客人，及时征询客人的意见，适时提供必要的服务，帮助客人解决一些特殊的问题，使客人有受尊重、受关照的感觉。

餐饮管理人员必须随时注意客人的表情和情绪，主动征求客人的意见，及时把客人的不满情绪消灭在萌芽状态。对于客人的投诉，则应给予足够的重视并注意处理的技巧。

七、做好人力的调配

为了做到分工明确，职责清楚，责任到人，餐饮服务一般采用分岗分区域负责制。但在试营业过程中，客人的分布及抵达时间往往不以我们的意志为转移，造成餐厅各区域忙闲不均的情况，为此，餐厅管理者就必须现场调度，进行第二次乃至第三次分工，以保证接待服务质量。另外，由于顾客用餐有高峰和低谷，当用餐高潮过后，餐厅管理人员应适时安排部分员工休息，以节约劳动力。

八、加强防盗工作

试营业期间，客人众多，餐厅难免出现鱼目混珠的情况，服务人员、管理人员必须增强防盗意识，避免在就餐的过程中出现顾客财物被盗情况。

九、加强对试营业期间营业数据的收集

（一）各时段销售额

餐厅各时段的销售额可作为经营决策的依据。各时段的销售数据可用于营业时间决策、清淡时段推销活动决策和人工安排决策等。

（二）开业需增加的固定开支

开业需增加的固定开支，主要指电费、燃油费等，不包括餐厅固定资产的折旧等。

（三）其他变动费用率

除食品饮料成本外，还有些费用会随销售量的增加而增加，如台布的洗涤费、牙签费等。通过实际费用统计，计算变动费用率。

根据上述数据可计算出餐厅开业要求达到的最低销售额。

十、根据试营业情况决定餐厅的营业时间

餐厅营业时间的确定，要考虑到试营业期间各时间段的销售量、当地饮食习惯、餐厅的经营特色等因素。时段销售量可以用两种形式表示：一段时间内所服务的客人数和一段时间内产生的销售额。

十一、做好开业的准备工作

（1）确定开业时间；

（2）开业庆典的筹划；

（3）开业期间的营销策划工作等。

案例 9-1

饭店能否限制客人出入

某日晚，一位客人在一家饭店就餐时，发现钱包不见了。客人及时向饭店报告此事，饭店马上代他报了警，民警随后赶到，经一番搜查，没有发现客人丢的钱包。

客人认为，饭店若及时关闭大门，控制人员进出，民警赶到后，就很可能找到失窃的钱包，甚至抓住小偷。但该饭店负责人却表示，客人当时并没有明确的怀疑对象，同时饭店也无权关门限制顾客出入。

律师观点：

饭店是否承担责任，要看饭店作为安全保障义务人是否履行了相应

的安全保障义务。

安全保障义务人是指对进入特定场所的消费者、潜在消费者或者其他进入服务场所的人之人身、财产安全依法承担安全保障义务的人，其主体包括自然人、法人、其他组织，其共同特点是对该场所具有事实上的控制力，且不以有交易关系为必要。特定场所包括住宿、餐饮、娱乐等。

安全保障义务人的安全保障义务一般分为三种：

第一种是设施设备安全保障义务，一般称为硬件安全保障义务。比如餐厅里的洗手间应当采取相应的防滑设施。

第二种是服务管理安全保障义务，一般称为软件安全保障义务。比如饭店里面应当制定完善的防火管理制度，告知客人哪些行为可能导致火灾。

第三种是防范制止第三人侵权行为的安全保障义务。比如超市里应当配备保安，防止顾客的财物遭到小偷的偷窃。

违反安全保障义务的侵权行为的责任形式包括直接责任和补充责任。在上面提到的三种安全保障义务形式中，安全保障义务人如果没有或者怠于履行第一、第二种安全保障义务，那么应当自己承担相应的民事责任，这种责任称为直接责任。安全保障义务人如果没有或者怠于履行第三种安全保障义务，就是防范制止第三人侵权行为没有尽到安全保障义务，安全保障义务人有过错的，应当在其能够防止或者制止损害的范围内承担相应的补充赔偿责任，这是补充责任。

在本案当中，消费者在饭店就餐时，饭店作为安全保障义务人对消费者负有安全保障义务，这种安全保障义务是基于法律产生的。《消费者权益保护法》第7条规定，经营者对于消费者的人身、财产负有安全保障义务。消费者在饭店失窃，饭店是否应该承担责任，应当承担什么责任，需要看饭店是否尽到了安全保障义务。

饭店作为消费者消费场所的经营者，其有能力也有义务对消费者的财产安全给予必要的保障。饭店应当承担怎样的安全保障义务，法律上没有明确的规定。一般来说，饭店的安全保障义务应当与其管理能力和控制能力相适应，一个五星级的饭店和一个普通的饭店的安全保障义务当然不相同，饭店和小区的安全保障义务也不相同，也就是说饭店的安全保障义务根据实际情况确定。

在本案中，饭店应当履行的最基本的安全保障义务，一个是事前提醒义务，如提醒消费者保管好自己的贵重财物；另一个是事后协助义务，如发现消费者的财物丢失后，立刻报案。至于消费者要求饭店关闭大门，控制人员进出，这就有可能超出了饭店的安全保障义务范围，因为饭店是开放式的服务场所，如果关闭大门，那么势必影响饭店的经营，而且也将影响到饭店其他消费者的出行。饭店在消费者财物丢失后及时协助报案，履行了相应的安全保障义务，因此饭店不需要承担相应的责任。

——“律师信箱”，《酒店能否限制客人出入》，徐家力，《中国旅游报》2006年11月29日第6版。

思考与讨论

1. 餐饮部门运转体系的内容有哪些?
2. 开业前，如何选购厨房设备?
3. 垦荒工作包括哪些内容?
4. 为什么要对管理人员进行培训?
5. 对管理人员进行培训的方法有哪些?
6. 餐厅空间布局的原则有哪些?
7. 餐厅餐位如何设计?
8. 试营业期间的主要工作有哪些?

第十章 餐饮部执行力打造

管理要点

- 为员工提供优质服务
- 执行力文化建设
- 根据“SMART”原则设立企业经营目标
- 高效团队建设
- 例会召开技巧
- 督导技巧
- 授权技巧

引子

执行力是职业经理人的主要职业能力之一，亦是企业打造核心竞争力的重要内容。

有的管理人员认为执行力是企业的事，有的员工会认为执行力是管理人员的事，与自己无关。实际上，执行力是从上至下的，涉及企业、管理人员、员工，而且三者是互动的。

第一节 执行力概述

一、执行力的概念

所谓执行力，对个人而言，就是把想干的事干成功的能力；对于企业，则是将长期战略一步步落到实处的能力。一句话，执行力就是企业或个人按质按量完成自己的工作任务的能力。

二、造成执行力不高的主要原因

(1) 管理者没有持续地跟进、跟进、再跟进。大的方面是：对政策的执行不能始终如一地坚持，常常虎头蛇尾；小的方面是：有布置没检查，或检查工作时前紧后松，跟进不力。

(2) 制度出台时不够严谨。有些方案没有经过充分的论证就出台了，缺少针对性和可行性，或者过于烦琐不利于执行，结果导致政策变换比较频繁，连续性不够。

(3) 在执行的过程中，业务流程过于烦琐，形式的东西增多。当企业取得成功时，常常更加注重形式、更加官僚化、离客户更远。

(4) 在执行过程中缺少良好的方法。表现之一是沟通协调不好；二是员工创造性解决问题的能力还有待提高；三是培训的有效性、针对性不够。

(5) 缺少科学的监督考核机制。

(6) 企业的执行文化还没有完全形成。

三、提高执行力的基本手段

1．沟通

沟通是前提。有好的理解力，才会有好的执行力。好的沟通就成功了一半。通过沟通，群策群力、集思广益可以在执行中分清战略的条条框框，适合的才是最好的。通过自上而下的合力才会使企业执行更顺畅。

2．协调

协调是手段。

协调内部资源，从上到下一个方向，能达到事半功倍的效果。

3．反馈

反馈是保障。执行的好坏要通过反馈来得知，而反馈得来的效用可以用具体而细致的数据来表示。

4．责任

责任是关键。企业的战略应该通过绩效考核来检查实现情况。只有建立奖惩制度，才能不会使执行做无用功。

5．决心

决心是基石。决心能保证我们把执行进行下去。成功就像一扇门，如果战略这把合适钥匙我们已经找到，那么现在需要的只是我们下决心把钥匙插进去并朝正确的方向旋转把门打开。

四、在企业的执行力中老板与员工充当的角色

（一）老板充当的角色

在企业里，老板是雇主。企业执行力的实现，老板是第一执行人，也是第一责任人。老板是建立规则的人，也是容易破坏和随意改变规则的人。

（二）员工充当的角色

在企业里，员工是受雇方。既然是受雇方，客观上来讲是偏向于接受任务、执行任务、完成任务的角色。这一角色定位从一开始就意味着受雇的一方是满足执行力实现的需要条件。

五、构建执行力体系的行为准则

行为准则一：着眼于目标的管理；

行为准则二：没有调查就没有发言权；

行为准则三：整体思考，整体行动；

行为准则四：排除障碍，积极参与；

行为准则五：自助措施；

行为准则六：着眼于过程的调控；

行为准则七：精心挑选关键人员；

行为准则八：保持活跃的交流。

第二节 企业层面提高执行力的举措

一、为员工提供优质服务

(一)为员工提供优质服务的原因

万豪总裁比尔·马里奥特(Bill Marriott)说过这样的名言:“没有满意的员工就没有满意的顾客,只有快乐与充满激情的员工才能提供优质的宾客服务。”为员工提供优质服务是为顾客提供优质服务的基础。

饭店的核心任务是为顾客提供优质服务,优质的服务可以提高顾客感觉中的消费价值和满意程度,从而增加顾客回头的可能性,并争取潜在顾客。

服务人员的服务技能、服务知识、服务意识、心理健康状况、服务行为等对顾客感觉中的服务质量有极大的影响。作为服务人员,一般在身心状态良好的情况下,才可能保证为顾客提供优质服务。对于一个饭店来说,员工不仅是主人,而且是饭店的“内部顾客”,为内部顾客提供优质的服务,可以提高员工的服务意识、态度、知识、技能,从而也就相应地提高了顾客感觉中的服务质量,提高了饭店的声誉和经济收益。所以饭店要求员工为顾客提供优质服务,管理人员必须首先为服务人员提供优质的内部服务。

(二)具体做法

(1)以人为本,改善工作环境和文化环境,构建和谐的上下级关系。

(2)培训员工,对员工进行智力投资。饭店应提高员工的素质和技能,具体做法有:建立图书馆供员工借书阅读学习,鼓励员工参加社会上举办的各类学校和文化技术学习班,分期分批送员工赴境外作短期培训等。

(3)为有潜力的员工提供各种培训,包括课程培训、职务轮换、短期任职,使其有机会在本部门之外运用专业技能;

(4)提供心理咨询服务,让员工保持健康的服务心境。服务的特点之一就是服务有差异性,这种差异性包括饭店提供的服务不可能完全相同以及同一服务员提供的服务也不可能始终如一,如果员工受心理影响较大,那么这种差异性就更明显。员工的心理状态对其服务有较大影响,在服务过程中,员工的个人感情、思想、情绪往往容易带到服务中去。员工的心理状态稳定,其服务质量就有保证;反之,就没有保证。所以,要能保证员工提供较高的服务质量,就必须保证员工心理状态的稳定。这就要向员工提供心理咨询服务。

(5) 饭店要尊重员工，为员工创造公平、和谐、发展环境，使员工在为饭店服务的同时实现自己的人生目标。

(6) 为员工提供人力资本增值服务。通过人力资源开发、培训等来提升人力资本的价值。

二、建立共同愿景

共同愿景（Shared vision），就是大家共同愿望的景象，它是人们心中一股令人深受感召的力量。共同愿景，就是要将饭店的目标与员工的期望结合在一起，做到企业与员工共同发展。

饭店的远景目标能够引导管理层和基层员工对饭店未来充满信心，能使饭店员工看到未来发展的希望，能够给员工提供事业追求的目标，有利于大大提高团队的士气。

共同愿景能使员工清楚地认识到为组织目标而不断努力，在不断实现组织目标的同时达到自己的个人目标。相反，饭店缺乏战略规划和远景目标，不仅对于饭店的发展是致命性的，而且会使员工看不到奋斗目标，看不到饭店未来的希望，员工的工作会失去动力，变得得过且过。

饭店可通过价值分享、收益共享等方式来强化共同愿景。价值分享，就是通过富有竞争力的薪酬体系及价值分享系统来满足员工多样化的需求，包括饭店内部信息、知识和经验的分享。收益共享，就是员工参股以共享成功和同担风险。

三、建设饭店执行力文化

饭店文化是饭店依靠本企业的客观条件，长期从经营中创造的、具有企业特色的物质财富和精神财富的总和，也是以价值观念为核心的理念文化、行为文化和物质文化的综合。饭店执行力文化是饭店文化的一个组成部分。

饭店文化体现了饭店的群体价值观和饭店所推崇的精神理念，通过各种载体诸如制度、政策、口号（也包括总经理在员工大会上的发言）、主题活动等来引领员工的思想潮流和意识形态。

美国西点军校的学生常常用四句话回答长官，第一句“是的，长官”，第二句“不是，长官”，第三句“我不知道，长官”，第四句话最精彩：“没有任何借口。”西点军校有一句名言：“合理的要求是训练，不合理的要求是磨炼。”所以西点军校磨炼出来的军官全美国都要。西点军校形成了自己的军校文化和执行力文化，并以此培养出合格的军官。

ISO9000的精髓是：该说的要说到，说到的要做到，做到的要见到。该说的要说到，要求员工做到的一定要形成制度、指令，一切按照规范的要求来运作；说到的要做到，凡是形成的规范、制度，一定要不折不扣地执行；做到的要见到，执行结果一定要留下记录，没有记录就没有发生。ISO9000实质上就是一种企业文化和执行力文化。

执行力文化建设的措施有：

（1）讲求速度：崇尚行动，雷厉风行，允许小的失误；

（2）团队协作：沟通直接，拒绝烦琐，各司其职，分工合作；

（3）责任导向：提倡"领导问责"，出了问题要找出其原因并分清主要责任，只有这样才能更好地树立起责任感；

（4）绩效导向：拒绝无作为，关注结果，赏罚分明；

（5）继承文化：对企业中优秀的传统、规章及成果要注意继承，在继承基础上的革新才会事半功倍；

（6）用人文化：人才引进要严把关，力争将不认同企业文化的人挡在门外；

（7）要营造爱心文化：相互尊重，相互鼓励，乐于分享，共同成长。

企业要大力加强执行力文化建设，重用和提拔对饭店的制度、任务执行得力和努力完成的人，奖赏和信任工作踏实、认真负责的人，反对急功近利、浮躁虚伪、懒散松垮、说的比做的好等等不良作风。

四、制度建设

餐饮部必须加强制度建设，制度是组织执行力的保障。制度建设得好，能起到事半功倍的作用。

五、流程再造

（一）组织灵活化、问题简单化——让企业知道如何服务客户

界定组织各部门职责、权限；责权对等，让有责任的岗位有处理职责范围内事情的权力；用简单管理的思想处理日常事物，简单重复就是高效。

（二）配置合理化、岗位责任化——让员工明确自己的任务、职责

开展工作分析，对职务进行界定，权衡长短期需求，进行岗位描述，明确"责任到人，不可推卸"。明确任职资格，做到知人善任。

（三）工作流程化、行为制度化——让员工知道如何做事

用流程优化的方式梳理各部门、各岗位工作程序，用简单重复产生效率的思想将日常工作流程化、制度化、表单化。

六、合适的管理跨度

管理跨度，就是一个管理人员能有效管理多少个直接下属。一位饭店管理人员能够有效管理的下属人数取决于内在因素的影响。管理的直接下属多，管理跨度大除受理解力强、善于与人相处、博得员工的忠诚和尊敬等这些个人品格决定之外，最重要的决定因素是管理人员减少上级花在下级身上时间的能力。影响管理跨度的因素很多，详见下表：

表 10-1　影响管理跨度的因素

窄跨度的影响因素	宽跨度的影响因素
很少或没有经过培训	下属人员得到较好的培训
不适当或不明确的授权	明确授权，承担明确的任务
计划目标不明确	计划目标明确
无法考核的目标或标准	可以考核的目标或标准
内外环境的急剧变化	内外环境的缓慢变化
交流方法不当	恰当的方法运用
上下级间无实效的联系	上下级之间有效的联系
简单的工作	复杂的工作
中低层存在较多的专业问题	较高层存在较多的专业问题
管理人员能力弱	管理人员能力强
无经验的员工	有经验的员工
员工不愿意承担责任或风险	员工愿意承担责任或风险

七、找到合适的人，并发挥其潜能

执行的首要问题实际上是人的问题，因为最终是人在执行企业的策略，并反馈企业的文化。餐饮企业要找训练有素的人，要将合适的人请上工作岗位，不合适的人请下工作岗位，同时营造人才竞争的氛围。

企业内部面对人才竞争的大环境，要解决好五个问题：

（1）双向选择，能进能出，双向流动；

（2）有职有权，责任分明；

（3）能者上，庸者下；

（4）健全奖罚机制，薪酬与效绩挂钩，可推行年薪制、股份制；

（5）强化监督机制，约束不轨行为。

八、培训持续化，能力模型化

企业的执行力实际上就是企业的运作能力，企业的运作能力就是员工的工作能力（知识、技能、品格、心态、能力）。企业必须明确执行过程中的角色定位，建立培训体系，开展员工生涯设计，建立能力素质模型。

九、设立清晰的目标和实现目标的进度表

企业经营目标要可衡量、可检查，不能模棱两可。一般根据“SMART”原则来设立目标。所谓“SMART”原则，就是目标必须是具体的（Specific）、目标必须是可以衡量的（Measurable）、目标必须是可以达到的（Attainable）、目标必须和其他目标具有相关性（Relevant）和目标必须具有明确的截止期限（Time-based）。

十、建立起有效的绩效激励体系

分配公平化，奖惩公开化，给员工适当的回报激励，论功行赏，奖优罚劣，奖勤罚懒，进行岗位价值评估确定薪酬结构，开展薪酬调查分析决定薪酬水平，凭员工业绩（执行的结果）决定个人收入。用奖励机制推行计划执行。

十一、建立科学的监督考核机制

企业的战略应该通过绩效考核来检查实现情况。应该建立奖惩制度，从主要业绩、行为态度、能力等方面来评价个体执行能力。

第三节 管理者层面提高执行力的举措

一、对管理者执行力的素质要求

1.团队建设能力

对管理者而言，团队的成功才是真正意义上的成功。

2.良好的沟通能力

良好的沟通能力是管理者最重要的能力之一。

3.执行制度的能力

管理者要能切实制定企业的制度，公平地执行企业的制度，要奖罚分明。

4.较强的管理能力

管理者要掌握管理的基本方法和技巧。

5.坚韧的情感强度

无论遇到多大的困难，都能忍受压力，自我调节，自我激励。

6.高度的责任心

摆正权利和义务的关系，勇于承担责任，管理人员要对饭店负责、对客人负责、对员工负责和对本职工作负责。

7.审时度势的能力

执行力要求行动迅捷、简洁明快。因为形势在瞬息万变，速度常常决定成败。

二、从管理者自己做起

执行是从上到下贯穿一件事，上面有执行型的主管，下面才会有执行型的员工。只要我们管理者带头，才能发挥团队最大的执行力。

(一)群雁高飞头雁领

优秀的集体总是由好的带头人在带动前进，只有具备较强责任心的管理者才称得上称职。管理者应充分认识所肩负的责任义务，以身作则赢得员工们的尊重和信任。

实践表明，要求下级做到的上级首先必须做到；要求下级会的，上级本身应当先学会；要求下级努力完成任务，上级则必须身先士卒。榜样的力量是巨大的，身体力行的管理人员才可能在督导中说话有力。

(二)改善对员工管理的方法

对员工的管理要讲究方法效果，力戒简单武断。要做到：

(1) 不能受现场情绪影响，处理事情要冷静；

(2) 在处理违纪违规方面不得拖延，要坚决保障制度的权威性；

(3) 不能只说“有问题”，要说明问题的根源；

(4) 不用电话处理问题，电话不是面对面，因而会让上下陷入曲解之中，增加矛盾；

(5) 要戒除一步登天的急躁情绪，遇到问题要考虑客观事理，让员工专注于一两个方面进行改善，不过分强求；

(6) 不偏私，下属要求管理者不偏私和管理层要求上级不偏私一样，否则影响内部稳定。

三、建设高效团队

（一）了解员工

管理人员要了解员工，对员工要忠诚。任何一项新的管理、新的服务、新的营销举措，最终都是通过员工去实现的。最大限度地调动员工的积极性，提高员工对企业的忠诚度，开发员工的潜能，也就能创造最大的价值。企业要做到这一点，必须建立诚信的人文环境，关心员工福利及生活状况，开展丰富多彩的员工活动，为员工创造良好的学习环境，激发员工的主人翁意识，培养他们的团队精神和对饭店的归属感。

（二）了解员工能力

饭店员工的能力也是各不相同的，要了解员工的能力。

（三）充分发挥员工能力

所谓执行力应该是让合适的人到合适的岗位上，充分发挥员工能力。

1．了解员工的能力，安排与员工能力相符的岗位

餐饮部门的每个岗位对员工能力都有特殊的要求。管理人员在考核和选拔人才及安排工作岗位时，除考虑员工的一般能力外，还必须考虑员工的特殊能力，并作出适合的安排。

2．处理好能力阈限与工作安排之间的关系

能力是有阈限的，能力阈限是指一个人恰好具有完成某项工作的能力水平，不高不低。从事的工作要与人的能力阈限相适应。这是因为智商过高的人从事比较容易的工作往往会感到乏味，不能对该项工作保持兴趣，当然也就会影响到工作效率。反之，一个能力水平较低的人去做比较复杂或困难的工作，会感到压力很大，产生焦虑，甚至产生人格异常而导致严重事故。所以，一个好的管理者不在于能集聚最优秀的人才，而在于正确地使用人才。

3．安排工作要考虑员工的心理状况

一个人的工作成绩除与能力水平因素有关外，还与主观心理环境有密切的关系。一个人在从事他感兴趣的工作、心境好的时候，可能会取得很大的成绩；而在相反的主观心理支配下，就可能一事无成。因此，一个优秀管理者应该注意员工的主观心理状况。

4．要重视实际能力水平，不要只看文凭学历

文凭并不完全标志一个人的能力水平，而是意味着他接受过某种文化知识的训练。因此，在招聘员工和安排员工工作时，不要只看他的文凭学历，而要看他的实际能力水平。

（四）让员工参与决策

基层管理者在制定新的规程或措施时，不让员工参与，员工就无法了解变革的意图，变革的措施就很难被员工接纳。员工往往最了解问题的症结、改进的方式，甚至客人的想法。让员工参与决策，员工执行起来自觉性、责任感就大大增强，从而也会提高工作效率。

（五）激励执行好的员工

如果一个部门赢得了企业的奖励，不要忘了那些一直在默默地坚守“执行”信念的员工，应给予他们更多的鼓励，这样才能激励更多的员工愿意执行、敢于执行。没有一个好的激励机制，肯定没有执行力的生成和养成。

（六）重视提升员工的服务观念

观念是人们内在的信念和追求，是行动的指导，没有先进的观念，就不会有优秀的服务行为。饭店从业人员所需要的观念主要包括职业观念、服务观念和创新观念。

在观念的提升过程中，尤其要结合本饭店（餐厅）的企业文化建设，引导员工认同本企业的价值观念、行为准则、道德规范、传统习惯、规章制度、企业形象等。

四、明确工作目标

（一）完善成本控制

(1) 制定严格的成本控制制度，以规章制度严格管理全员日常发生费用。

(2) 做好各部门管理费用控制，对人员实行编制，加强物品采购和使用环节的管理，厉行节约，控制好各网点的管理支出。

(3) 切实加强对物资设备的维护，使人人都有物品折旧的概念，加大控制物品能耗。

(4) 杜绝各类能源损失，各班组责任到人，节约开支，降低能耗。

（二）创新服务

(1) 以创新服务打造特色亮点，形成较好的口碑，提高宾客的满意度；

(2) 为宾客提供到位服务，点滴服务等细微化服务，以人气聚财气，促进利润的增长；

(3) 用心努力赢得宾客忠诚，激发宾客热情和消费回报等，创造饭店利润的最大空间。

（三）以人为本，积极营造和谐的环境

(1) 创造公平竞争的环境。如在绩效考评、工资待遇、晋升机会等方面，对大家一视同仁，不搞亲疏远近，让大家看到付出和回报的正比关系，从而

保障部门员工都踏实工作。

(2) 注重对员工进行业务培训，拓宽员工进步渠道。要抓好员工培训工作，如对员工实行激励培训、交叉培训、再培训等，把培训与员工部门内晋级提升、奖励等结合起来，从而调动员工工作热情。

(3) 构建融洽的沟通氛围。饭店员工都比较辛苦，要设身处地为员工着想，通过交流沟通来缓解员工的压力，让员工感受到集体的温暖。

(4) 给员工好的评价。有些员工总是抱怨，管理人员只有在他们出错的时候，才会注意到其存在。身为管理者，最好尽量给予下属工作方面的回馈，如公开赞美员工等。至于批评可以私下里提出。

(5) 听员工诉苦。当下属来汇报工作时管理者要善于倾听，不要急于下结论，除非对方需要否则不要随便提建议，以免流于瞎指挥。

(6) 有了成绩就应奖励。认可下属的努力和成绩，不但可以提高工作效率和士气，同时也可以使员工信心倍增。

五、提高组织能力

组织即宣传、培训、任务下达和制度贯彻的过程。所谓组织有方指的是：宣传，要将制度、任务的意义所在讲足讲透；培训，让员工既要知其然，还要知其所以然；任务下达，要做到目标明确，责任到人；制度的贯彻，则由简入繁，由松到紧，循序渐进，配套进行。组织阶段不但不能忽视省略，而且还要多花些时间和精力，认真按以上要求去做。只有组织阶段举轻若重了，才可能在执行中做到举重若轻，事半功倍。

(一) 要具有良好的沟通能力

沟通是指信息的传递和交换过程。对于餐饮管理人员来说，沟通还包括感情的交流和意见的交换过程。

(二) 学会给员工分派任务

管理人员在给员工分派任务时，首先，工作目标要努力做到可衡量、可操作、可检查，不能模棱两可；其次，目标一旦确定，要对目标计划进行层层分解。最后，再将分解的目标落实到具体的人。

此外，管理人员要对每项工作任务的执行难度有充分的预测，并应给予该负责员工足够的权力，否则员工会在任务的执行过程中遭遇重重困难。责任和权力是统一的，只有责任，没有权力，是无法完成好任务的。

(三) 开好班前、班后例会

班组例会的目的是为了形成共识。管理者召开班前、班后例会，要注意技巧：

(1) 讲究内容的选择。班会的内容应该是餐厅普遍存在的工作问题，如果是个别问题，那么最好在其他时间里采用一对一交流的方式解决。

(2) 讲究传达方式。言之无文，行而不远。没有员工会喜欢枯燥乏味、没有一点儿波澜的语言表达方式。

(3) 多双向提问，不搞一言堂。

(4) 言简意赅。同一个内容被反复重复，或不着边际地发挥，最容易引起员工的不满与抱怨。

(5) 忌空泛说教。基层管理者和员工在任何时候都是平等的，在班组会上也是这样。基层管理者和员工之间只有工作岗位的区分，而没有地位高低的区别。某些基层管理者认为自己的地位比员工高，潜意识里产生一种优越感，觉得自己比员工有经验、比员工懂得多，因此往往在班组会上对员工进行说教，因此往往不被员工所接受。

六、加强督导

贯彻执行制度、程序、规范、标准等，如果督导不力，很可能贯彻执行走样变形甚至没有贯彻执行，从而达不到预期目标。因此在贯彻执行过程中，监督、指导就成了管理人员特别是基层管理人员日常工作的主要职责和内容。

(一) 现场督导，走动督导

管理人员要多深入生产服务第一线，做员工的坚强后盾。只有深入第一线，才能发现问题，才能及时解决问题。走动督导要不放过工作中的关键部位、关键环节，一旦发现问题，立即追踪整改，直至落实。

(二) 善于利用经济手段、行政手段和法律手段来管理

经济手段是指通过经济指标和分配制度来进行管理；行政手段是指通过下达政策、计划、规定、办法、指示、决定等行政命令来进行管理；法律手段是指通过员工手册、奖罚条例、各种规章制度、合同等来进行管理。

(三) 善用表单、定量管理法

表单管理法，是指通过各种表格、单据等传递信息，衔接各部门、各环节的工作，并进行检查监督的管理方法。表单管理法渗透着企业的理念和质量标准，它起着记录作用、现场跟踪作用、数据分析作用，因此，是一种有效的质量监督方式。

定量管理法，就是通过数量标准进行检查监督的管理方法。

(四) 根据员工的能力选择督导方式

员工的成熟度可按意愿和能力来划分。然后可根据员工的成熟度选择相应的督导方式，见表10-2：

表 10-2

员工成熟度	督导方式
没意愿、没能力	指挥式
有意愿、没能力	教导式
没意愿、有能力	鼓励式
有意愿、有能力	授权式

七、狠抓落实

制度规范实施乃至日常工作布置，效果是否达到预期目标，需要管理人员抓落实。

由于餐饮工作环节多、涉及人员多、变化因素多，只要一个环节松脱，一个员工马虎，或出现一个突发事件，都有可能导致一连串的失败。因此，如不抓落实的话，就会出现：制度、程序都在执行中，但执行走样；规范标准都已颁布，但执行不严；工作任务作了布置，但不是进度达不到，就是脱节出纰漏。

（一）实行严格的层级管理

在明确管理层级的条件下，实行严格的层级管理制。各餐厅经理是餐厅的最高协调者；主管实施现场的游动式监督检查和协调；领班在自己的工作区域内实施直接督导；服务员则要听从领班的直接指挥与指导。

（二）动态管理

执行力在很大程度上就是认真、再认真；检查、再检查；跟进、再跟进。在发现潜在困难和注意事项后，要及时给员工预警。出现问题后，要主动帮助员工找出原因，提出补救建议和具体措施，避免员工以后再犯同样错误，确保他们在工作的时候做到协调同步，保证质量。事实证明，要想达到理想结果，就要执著地对执行过程进行监督，有什么样的过程，就有什么样的结果，只有控制过程才能控制结果。

（三）关注细节

“细节决定成败”。为了提高执行力度，还必须时常关注工作中的细节。各级管理人员在日常工作中要强调细节，在监督检查时要落实细节，唯有如此，才可能使制度、程序、规范、标准的执行到位，圆满完成工作任务以及重大接待活动。

八、学会对下属授权

授权是指将分内的若干工作交托给下属代为完成，或是将本来属于管理者一个人掌握的权力根据需要和可能转移到下属（或职能部门），随之，责任也一起授予下属。责任指下属必须履行按上司指示去做的义务，对被分配的工作负责，具体说，每一个下属必须努力做好工作，并对失误要作出解释和承担责任。

授权并不等于放任自流，所以，不要忘记必要的指导、支持和控制，更不要忘记承担责任。授权人要对最终工作效果负责。

（一）授权的目的

授权延伸了管理的功能，从而增大有效管理的范围，超出了一个管理者所能发挥的能力；授权足以令主管腾出充分的时间发挥管理功能。

根据部门和岗位职责，向员工授予相应的权力和责任，使员工拥有更大的决定权；授权可增进下属的归属感，能提高下属的工作满足感，有利于员工积极主动地为顾客提供个性化服务，有利于创造饭店内部的和谐环境。

（二）授权的内容

作为管理者，通常可以将自己的工作分成四类：一是重要且只有自己能做或只适合自己做的事；二是重要但别人也能做的事；三是不重要且只有自己能做或只适合自己做的事；四是不重要且别人也能做的事。对于第一类事需要自己亲自处理。第二类事在自己的时间精力比较充足的情况下，可以选择一些相对更重要的事来做，否则全部授权于人。第三类事虽不能或不适合授权他人来做，但可以尽量压缩和减少，只有那些真正必须自己亲自处理的事才亲自处理。第四类事应毫不犹豫地授权他人处理。

（三）授权原则

（1）授权应坚持统一指挥、分级管理、责权统一的原则。

（2）应根据工作的性质、重要程度和授权的对象来授权：大的决策权，如经营权、财务权等交主要领导者手中，次要的、从属的、重复的工作叫下属负责；对于诚实、富有能力的人可放手授权，对自控力较差的下属，则要留有余地。

（3）要对授权对象的权力进行适当控制。

（4）应该要求下属在履职用权的过程中要请示汇报，使自己对下属履职用权的情况做到心中有数。

（5）应该对下属履职用权的过程保持关注和控制，当发现下属需要支持和帮助时及时提供必要的支持和帮助，当发现下属用权的行为出现偏差或发生问题时及时提醒和纠偏。

(6) 注意不同的授权方式。

(四)授权方式

授权方式可分为充分授权、不充分授权、弹性授权、制约授权。

充分授权，是指上级在下达任务后，允许下级自己决定行动方案，并创造所需要的一切条件。

不充分授权，是指由下属提出方案，上级审批或要求下属及时详细汇报后执行。

弹性授权，是一种动态授权的方式，可以在完成一个任务的不同阶段采取不同的授权方式。

制约授权，是指把某项重要职权分解后授予两个或多个系统，使子系统之间相互制约，从而避免出现漏洞。

(五)正确的授权程序

(1) 管理者要与被授予权力的下属深谈一次，说明他将被授予的责任、权力、待遇，让被授权者了解他面临的问题。

(2) 一旦决定，要公开宣布，至少要在这一下属工作的圈子里宣布，这涉及工作领导关系的名正言顺问题，同时要将权力和责任交割清楚。

(3) 在已授权给下属范围内的事，要处理的话，首先要尊重这一下属的意见。

(六)授权的技巧

(1) 在可能范围内应将尽量多的工作交托下属去完成。

(2) 授权之后，主管应强调下属的绩效，而不应斤斤计较其执行工作的手段；

(3) 授权应公开，亦即令有关的下属了解谁被授权执行任务。

(4) 主管在授权之后，应对被授权者进行追踪，追踪方式有二：视察被授权者的工作进度；要求被授权者定时提出进度报告。

(5) 除非事先经过协调，否则主管不应将两位或两位以上下属共同履行的工作交托单独一位下属去执行。

(6) 主管应由简而繁、循序渐进地从事授权。

(7) 当被授权者发生困难时，主管不应只是告诉他解决方法，而应帮他自行寻找解决方法。

(七)授权的常见误区

1. 授权不足

主要表现为，管理者对本该授权的事情不授权，由自己处理，更有甚者是“小权不放，大权独揽”，喜欢事事亲力亲为，事事自己说了算。这样做不仅增加了自己的负担，而且不利于发挥和调动下属的积极性，使他们对分内的事也不能做到全力以赴。

2．授权过度

主要表现为，管理者把本该由自己亲自处理的事情也授权给他人，甚至当“甩手掌柜”。这样做管理者虽然减轻了负担，但是必须由自己亲自处理的事情授权他人处理，可能会使事情得不到圆满处理，甚至会误了大事要事。

3．授权不明确

主要表现为，同一件事同时授予不同的人，或者授权的事体和内容不明确不具体。前者会使人责任不清，谁都负责，谁都不负责；后者会使人无法掌握授权的内容和范围，造成要么行使权力过度，要么不足。

4．授权对象不当

这主要是一个知人善用的问题。即将本该授予张三的权力授予了李四，或者是把授予张三更合适的权力授予了李四，这样就会使张三感觉饭店管理者偏心或不信任自己，影响他的士气，可能还会影响工作任务的圆满完成。

5．授权不放权

这种情况是指有些饭店管理者虽然名义上进行了授权，但是在实际工作中却还是时时处处事事要自己说了算，即使已经明确授权的事还是要求下属必须时时处处事事照自己的“指示”办，甚至对明确授权的事也经常一竿子插到底。这样的管理者是不得人心的，对他们授权的所谓事情，下属不可能尽心尽力去完成。

6．授权不控权

这种饭店管理者又走到了另一个极端，他们对自己授权的事从不关心和过问，完全是甩手不管，完全由下属自作主张，甚至发现明显的问题也不提醒不指出，一句话，他们对授权完全不控制。这样做也是危险的。在饭店管理中发生的许多问题不少正是由于授权不控权引起的。

第四节　基层员工层面提高执行力的举措

企业执行力的实现，每一个员工都有责任和义务，因此应该从每一个员工做起。

一、学会感恩

学会感恩，是执行力的源泉。员工要清楚自己和企业的依存关系、自己与顾客的关系，要了解努力工作的原因、为客人提供优质服务的原因。

二、树立正确的职业理念

员工只有树立了正确的职业理念，才会根据自身实际，规划自己的职业生涯，确定目标，努力学习业务，才会自觉遵守饭店的规章制度，才会努力去为客人提供优质服务。

三、了解服务属性，提供优质服务

饭店、餐饮企业要为顾客提供优质服务，优质服务要成为饭店员工的一种习惯。

餐饮产品的主要组成内容就是服务，因此自觉地树立服务理念，就成为员工最根本的要求。

目前，顾客的需求和期望越来越高，越来越多样化，也越来越讲究个性化。为满足客人不断变化的需求，以及应对激烈的市场竞争，企业可能会灵活机动地改变工作方针和策略。改变对企业来说，意味着机遇和发展；对员工来说，就意味着“打破”，这需要员工具有创新意识，从满足客人更高层次的需求出发，构思、组合新产品和新服务，跟上企业的经营策略。

四、要树立制度意识

员工要树立制度意识，自觉遵守饭店、部门的各项规章制度。

五、要有强烈的责任心

强烈的责任心表现在对客人负责及对本职工作负责等两个方面。

对客人负责，要求员工做到：

（1）最大限度地提供优质服务；

（2）满足客人心理要求；

（3）及时正确处理客人投诉；

（4）维护客人正当的权益。

对本职工作负责，要求员工做到：

（1）努力完成上级下达的任务；

（2）要善于团结同事；

（3）要善于与其他岗位协调；

（4）熟悉掌握本专业技能，解决管辖范围内的各种问题等。

六、重视素质的提升

重视自身素质的提升，特别是要重视创造性解决问题能力的提升。这就要求员工加强学习和充电，把自己打造成学习型人才。

七、要积极沟通

员工的沟通包括与客人的沟通、与上级的沟通、与部门的沟通、与同级的沟通等。与顾客沟通，要了解顾客需求，为顾客提供针对性、个性化的服务。与上级沟通，要做到不懂就问，多请示，多汇报，少犯错误。与部门沟通，要消除部门之间的偏见，不要把责任推给其他部门。与同级的沟通，就是同事之间互相理解，互相帮助，避免缺位，积极补位。

案例 10-1

肯德基的成功经验

根据全球著名的AC尼尔森调研公司在中国30个城市的调查，肯德基被中国消费者认为是“顾客最常惠顾的”品牌。

2000年11月，肯德基在中国突破400家餐厅规模。2001年10月发展到500家，2002年2月达600家，至2004年12月肯德基已在中国200多个城市开设了1200家餐厅，在中国餐饮业遥遥领先。不仅如此，肯德基的中国总部中国百胜餐饮集团连续三年居中国餐饮百强之首，2002年的营业额达到71亿元，其中绝大部分来自肯德基。

这样良好的经营业绩得益于肯德基独特的经营理念与良好的企业文化建设。

重视员工培训，建立激励机制

肯德基是一所培养餐饮管理人才的大学。每年都投入大量资金和人力对员工进行多方面、各层次的严格科学培训，使许多有志青年成为餐饮企业出色的管理人才。

从肯德基的餐厅服务员、餐厅经理到公司职能部门管理人员，根据各自的工作特点，都会接受一整套科学严谨的系统化培训。这些培训不仅提高了员工的工作技能，丰富和完善了员工的自身知识结构，更令许多有志伴随肯德基成长的年轻人成为出色的企业管理人才。16年来，肯德基共培训员工20多万人，培训资金投入超过2.4亿元。

肯德基有很好的激励机制，注重认同、赏识表现突出的员工。肯德基每月评出优秀服务员，并进行物质奖励，另外每月还举行各种类型的竞赛活动，如柜台新产品促销冠军、厨房烹鸡高手评选等，在全餐厅形成竞争的氛围，促进员工熟练度的提高。肯德基的用人机制也很灵活，重视个人能力，每个员工都有发展机会。员工从见习服务员开始，然后经过考核转正为正式服务员，表现突出的再升为星级训练员、金星级训练员、餐理组长、经理助理。因此，在肯德基每个人都有自己的发展空间，关键是看个人的能力。

家庭式温情管理肯德基的每家餐厅都是一个大家庭，在这个大家庭里没有明显的上下级关系，在称呼上以某哥、某姐称，非常亲切，大家像兄弟姐妹一样，共同经营这个家庭，相互间随时保持沟通与协作，到处体现出团队合作精神。

肯德基记得每个员工的生日，在员工生日那天餐厅点歌为过生日的员工送上祝福，生日贺卡签满了其他员工的祝福，这一点也让每一位过生日的员工感动，由此增强了集体凝聚力。肯德基还经常参加一些社会活动以提升品牌的亲和力，例如小学生开运动会了，肯德基的员工到现场助威；肯德基的员工在幼儿园和小朋友做游戏，在餐厅前教小朋友跳Parapara舞，盛夏为复习高考的学生提供凉爽的环境等等。这一系列举措已在孩子心中扎下了根，树立了可亲的形象。这就难怪为什么有那么多的中国孩子一味去肯德基了。

热心公益事业

肯德基还有长期的教育投资，其主要形式是赞助中国儿童和青少年教育事业。据统计，十多年来，肯德基直接和间接用于公益方面的捐款已达6500多万元。2002年9月，肯德基与中国青少年发展基金会合作建立了总额为3800万元的“中国肯德基曙光基金”，长期资助家境贫困但品学兼优的在校大学生。目前，曙光基金已经在全国24所大学实施，有近260名大学生接受了资助。

通过这种形式，肯德基不仅宣传了自己热心公益的企业形象，而且在潜移默化中为自己培养了潜在的顾客群体和员工。

特许经营的典范

特许经营是当前世界最流行的一种商业营销模式，也是全球公认的分销商品和服务的行之有效的方法。其核心是特许权的转让，主要是由特许商将自己的商标、品牌、技术、管理等授权给受许人使用，而受许人必须向特许商缴纳一定的特许加盟费用。风靡世界的“肯德基”、“麦当劳”都是特许经营的典型代表。

特许经营是一种一荣俱荣、一损俱损的商业经营模式。特许商通过受许人获取了资金、人才、市场以及社会关系等资源，既分销了商品和服务，又提升了品牌形象与知名度。对于加盟者而言，加盟一个成功的特许体系，相当于花钱购买了一个品牌与一套经营管理模式，而且在经营过程中将得到特许商的支持与服务，相比起其他创业者，加盟者能很快地进入“状态”。

肯德基是最先在中国尝试餐饮特许经营模式的国际公司之一。肯德基自1987年进入中国以来，一直秉承为中国人打造一个中国品牌的理念，并为之不断努力，通过十几年的摸索，成为了成功的范例。2003年肯德基被中国连锁经营协会评为“中国十大最佳连锁品牌”。

肯德基特许经营的成功主要来自其品牌的优良。正是因为这个优秀的品牌，肯德基的发展步伐才如此迅速。

本地化战略的样本肯德基1000家餐厅所需要的大量鸡肉100%都产自中国本地。肯德基每年在中国采购数十亿元的肉类、蔬菜、面包以及设备、建筑材料等，建立了拥有480多家本地企业的供应商网络。近年来，肯德基在推动更多品种由国外供应转为国内生产，逐步打造以中国为基地向全世界供应的新体系。

倡导健康生活理念

目前，世界上提出了VBN（多样化、均衡、适量）的营养观念，随着我国人民的生活水平不断提高，营养知识普及也应及时跟上。肯德基在推动均衡饮食、健康生活教育方面作出了扎扎实实的努力，值得我国餐饮业借鉴。

近年来，肯德基不断创新，增加消费者在餐厅的饮食选择品种，尤其注重蔬菜类、高营养价值食品的开发。现在肯德基开发上市的植物类产品共有22个，如胡萝卜面包、玉米沙拉、营养早餐(香菇鸡肉粥、枸杞南瓜粥、鸡蛋肉松卷)等产品深得消费者的肯定和喜爱，均衡、营养的快餐食品得到了广泛的认同。

肯德基还结合中国丰富的饮食文化资源以及不同地域的不同品味，推出许多具有浓郁中国特色的“京、川、粤”口味产品。据了解，仅去年一年，肯德基就推出了五款新鲜蔬菜、两款汤类产品，以及多款早餐和清爽不腻的烤制食品。肯德基的这一特点受到各个年龄层的不同消费群体的一致好评。

此外，肯德基“天天运动，健康一生，让我们动起来”的健康生活主题活动已经于2004年初拉开了帷幕。肯德基三人篮球赛覆盖全国30个省、市、自治区的172个城市，参加对象为16岁至19岁的青少年，为目前全国范围内规模最大、参与人数最多、持续时间最长的青少年篮球盛事。

事实证明，“立足中国，融入生活”是肯德基行之有效的中国战略，这一战略的成功实施，已使一条被学术界称为“魔链”的肯德基产业链走上良性发展之路。可以说，1000家肯德基的成功，为国内外餐饮企业提供了保持在中国市场长期发展的值得借鉴的经验。

——《肯德基的成功经验》，孔润常，《中国旅游报》2005年3月2日第12版。

案例 10-2

星巴克：向员工送股

“豆股票（Bean Stock）”就是一次革命。在知识经济时代，公司无一不将人作为企业最宝贵的资源，星巴克也不例外，它对员工的尊敬程度出乎商界的想象。星巴克上市的时候，舒尔茨向所有员工无偿送股，甚至包括每周工作20小时的兼职人员，一共700多人。并且从此以后，星巴克上下不再使用“员工”一词，而改用“伙伴（Partner）”。对于员工的重视，其实和舒尔茨的出身背景有关。舒尔茨小时候，父亲屡次失业，郁郁不得志。童年的阴影对长大后摇身一变成为老板的舒尔茨影响甚大，故而在创立星巴克后，他十分重视员工的福利，如将兼职员工纳入公司保险，并为员工提供无偿配股等，这些都是传统企业欠缺的做法。星巴克跟随科技的新潮，这是其革命之处。

——《星巴克的咖啡传奇》，《东方经济》2001年第8期。

案例 10-3

东坡酒楼：留住员工的策略

福建眉州东坡酒楼的店开多了，虽然生意很好，但是由于管理跨度增大，工作秩序有些忙乱。新员工也不太适应这种高强度、快节奏的工作，出现员工流动率上升的现象。对此，东坡酒楼向各店的经理提出“感情留人，待遇留人，环境留人”的要求。东坡酒楼认为，对员工的工作应该严格要求，但要讲究工作方法，要关心他们的生活，吃住要解决好，工资待遇要比其他企业略高，要多用激励的方法，来形成团队精神。东坡酒楼提出“惩罚不如启发”，不能滥用权力，不要轻易地运用惩罚手段，要营造一个好的工作和生活环境。东坡酒楼实行工龄工资，在企业多干一年就会多50元钱。最终，东坡酒楼不仅流动的员工大为减少，而且员工满意度大大提高，不少离开东坡酒楼的员工又要求回来了。

——《跨越临界点：解析眉州东坡酒楼现象》，刘学治，《中国烹饪》2002年第2期。

思考与讨论

1. 试分析你所在企业的执行力情况。
2. 试说明执行力与战略决策的关系。
3. 如何根据餐厅实际情况来考虑管理跨度?
4. 你是如何建立高效团队的?
5. 如何根据员工的成熟度来采取不同的督导方式?
6. 为什么要对下属授权? 如果授权给下属后，你该如何监控?
7. 管理者如何引导员工去提高执行力?

主要参考文献

1. 汪纯孝、谢礼珊等著:《智力型企业经营管理》,中山大学出版社,2001 年版。

2. 杨欣著:《餐饮市场调查与经营预测》,辽宁科学技术出版社,2000 年版。

3. 虞迅、严金明编著:《现代餐饮管理技术》,清华大学出版社、北方交通大学出版社,2003 年版。

4. 蔡万坤、刘捷、田彤编著:《新编酒店餐饮管理》,广东旅游出版社,2006 年版。

5. 陈祝平著:《餐饮营销策划与案例》,辽宁科学出版社,2003 年版。

6. 邹益民主编:《现代饭店餐饮管理艺术》,广东旅游出版社,2001 年版。

7. 余炳炎主编:《饭店餐饮管理》,旅游教育出版社,2004 年版。

8. 施涵蕴编著:《餐饮管理》,南开大学出版社,1993 年版。

9. 徐红军主编:《餐饮管理学》,经济科学出版社,2005 年版。

10. 王天佑编著:《饭店管理概论》,清华大学出版社、北京交通大学出版社,2006 年版。

11. 陈觉、黄波编著:《餐饮管理核心技能及训练》,辽宁科学出版社,2005 年版。

12. 林德荣编著:《餐饮企业经营与管理》,厦门大学出版社,2003 年版。

13. 饶勇编著:《现代饭店营销创新 500 例》,广东旅游出版社,2000 年第 1 版。

后 记

2006年10月我接到写作任务时，心里很犹豫，原因有三：一是餐饮部工作涉及面广，涉及人、财、物、时间、信息、市场、政策等方面，我怕自己把握不周；二是餐饮管理环节多，知识内涵丰富，单是服务环节就可单独成书，我唯恐自己对各环节的篇幅取舍有偏颇；三是自己才疏学浅，再加上时间紧张，怕辜负出版社的期望。

编写这本书，对我来说，既是挑战，又是一次归纳总结、学习提高的机会。我上大学期间，接受老师谆谆教诲，学习了餐饮管理的理论；我毕业后，曾从事过餐饮企业的管理工作，积累了一些经验；我多次参加过省旅游局餐饮部经理岗位培训班的授课，跟不少星级饭店的餐饮部总监（经理）有过沟通、交流，深知他（她）们的需要；我从事饭店管理专业教学已逾15个年头，对这个专业有比较深的了解。

思考再三，还是勇于承担任务。在编写过程中，我翻阅了不少的专业书籍、报刊（有的上了参考书目，有的则没上参考书目），并汲取了大量的精华，在此向有关的作者表示衷心的感谢！

由于本人水平有限，本书肯定会有一些错误和不当之处，恳切希望各位专家、读者提出宝贵意见。

最后，感谢旅游教育出版社编辑的辛勤劳动。

曾小力

2007年6月